Christian Dose

360 NEUSEELAND-TRÄUME

Tipps von Experten und Fans für einen traumhaften Aufenthalt am schönsten Ende der Welt

IMPRESSUM
360 NEUSEELAND-TRÄUME
Tipps von Experten und Fans für einen traumhaften Aufenthalt am schönsten Ende der Welt

Bibliografische Information der Deutschen Bibliothek
Die Deutsche Bibliothek verzeichnet diese Publikation in der deutschen Nationalbibliografie.
Detaillierte bibliografische Daten sind im Internet über http://dnb.ddb.de abrufbar

Redaktion und Lektorat: Christine Walter

Satz und Layout: Serpil Sevim-Haase

Gedruckt und gebunden:
Westmünsterland Druck GmbH & Co. KG | van-Delden-Str. 6-8 | 48683 Ahaus
www.lensing-druck.de

ISBN: 978-3-944921-57-0
Hergestellt in Deutschland

www.360grad-medien.de

360 NEUSEELAND-TRÄUME

Tipps von Experten und Fans für einen traumhaften Aufenthalt am schönsten Ende der Welt

360° medien
mettmann

Inhaltsverzeichnis

Vorwort
Kia Ora! ... 6
Über dieses Buch ... 8
Unsere Jury ... 10
Neuseeland – Das „grüne Ende der Welt“ ... 14

Natur & Outdoor ... 18

Nationalparks ... 22
Tierbeobachtungen ... 32
Strände der Nordinsel ... 42
Strände der Südinsel ... 52
Tageswanderungen ... 62
Mehrtageswanderungen ... 72
Seen ... 82
Wasserfälle ... 92
Abenteuer ... 102
Wintererlebnisse ... 112
Rundflüge ... 122
Radstrecken ... 132

Städte & Regionen ... 148

Auckland ... 152
Northland ... 164
Waikato & Bay of Plenty ... 174
Gisborne & Hawke's Bay ... 184
Taranaki & Manawatu-Wanganui ... 194
Wellington ... 204
Rund um Wellington ... 216
Tasman & Nelson ... 226
Canterbury ... 236
Christchurch ... 246
Otago ... 258
Southland ... 268
West Coast ... 278

Reisen & Übernachten 294

Traumstraßen 298
Campingplätze 308
Ungewöhnliche Übernachtungsplätze 318
Unterkünfte 328
Drehorte 336

Kultur & Lebensart 352

Maori-Kultur 358
Neuseeländische Spezialitäten 368
Restaurants 378
Persönlichkeiten 388
Künstler 398
Filme 408

Anhang 424

Stichwortverzeichnis 436

Danke 444

Kia Ora!

Montag frühmorgens auf dem Flughafen von Auckland auf der Nordinsel Neuseelands: Gerade bin ich aus Europa gelandet und warte auf meinen Anschlussflug auf die Südinsel. Plötzlich finde ich mich inmitten einer Gruppe von Neuseeländern wieder, die begeistert auf TV-Bildschirmen die Rugby-WM in Großbritannien verfolgen. Rugby ist der Nationalsport in Neuseeland schlechthin. Obwohl die „All Blacks“, wie die heimische Rugby-Nationalmannschaft liebevoll genannt wird, an diesem Morgen im Oktober 2015 nicht auf dem Platz steht, ist die Begeisterung der Fans so groß, dass sie mir als Ausländer gleich die Spielregeln erklären und mich mitfiebern lassen. Was für ein schönes „Kia Ora“, das Herzlich Willkommen in der Sprache der indigenen Maori.

Weitere Willkommenskultur folgt in 10.000 Metern Höhe über der Nordinsel: Aus der dichten Wolkendecke ragt ein schneebedeckter Berg empor. Schnell angle ich nach meiner Fotoausrüstung, mache ein paar Aufnahmen. Mein Sitznachbar erkennt meinen fragenden Blick und erklärt: Wir erhaschen einen Blick auf den Mount Ruapehu, den höchsten Berg im berühmten Tongariro National Park. Bis zum Anflug auf Nelson erklärt er mir die weiteren Naturschönheiten, die wir überfliegen, den schneebedeckten Gipfel des Vulkans Taranaki und die Marlborough Sounds der Südinsel. Am Ende lädt er mich ein, ihn einmal zu Hause zu besuchen.

Sehnsuchtsziel Neuseeland

Den Reisenden empfängt in Neuseeland eine selbstverständliche Gastfreundlichkeit, eingebettet in einen europäischen Lebensstil und geprägt von der faszinierenden Kultur der Maori. Das genaue Gegenteil symbolisiert zwar als Wappentier der sehr scheue und wenig heroische „Kiwi“, ein nicht flugfähiger Vogel. Die Neuseeländer lieben ihn aber trotzdem.

Vieles ist einfach liebenswert in Neuseeland. Kaum ein Land ist weiter entfernt von Europa als diese beiden Inseln im südwestlichen Pazifik. Kaum ein Land bietet so abwechslungsreiche Naturschönheiten: aktive Vulkane, gewaltige Fjorde, schneebedeckte Gipfel, atemberaubende Küstenstreifen, Südpazifik-Idyll. Abwechslungsreich ist auch die alte Kultur der Maori: die intim anmutende Begrüßungszeremonie des Nase-Aneinanderreibens einerseits, der furchteinflößende Kriegstanz Haka mit herausgestreckter Zappel-Zunge andererseits. Ihn führen die „All Blacks“ und andere Sportler noch heute vor jedem Spiel auf. Teilweise gehört es zum Pflichtprogramm an den Schulen.

Reiseland Neuseeland

Spätestens mit der Filmtrilogie „Herr der Ringe" ist Neuseeland als Paradies für Naturfreunde und Abenteurer weltweit bekannt geworden. Doch noch immer finden sich Plätze, wo Besucher die Weite und die Faszination der Landschaft nahezu für sich allein genießen können.

360 Top-Ziele

Dieser Reiseführer stellt Ihnen die 360 schönsten Orte von „Aotearoa" vor, dem „Land der langen weißen Wolke". Wir möchten Sie inspirieren und Ihnen Orientierung bei Ihrer Reiseplanung bieten. Das neue Werk zeigt jeweils die Top10 in 36 Kategorien aus den Rubriken Natur & Outdoor, Städte & Regionen, Reisen & Übernachten sowie Kultur & Lebensart. Mit dem Buch erhalten Sie einen einzigartig breiten Erfahrungsschatz. Jede Kategorie enthält Tipps, die von Neuseeland-Experten und der Redaktion des etablierten Reisemagazins 360° Neuseeland sowie deren Facebook-Fans ausgewählt und empfohlen worden sind. Sehr viel einfacher lässt sich eine Reise nicht planen. Mit unseren 360 Reiseträumen von Neuseeland haben Sie einen Anhaltspunkt ganz nach Ihren Interessen – ob Wandern oder Abenteuer. Und welches ist nun der schönste Ort Neuseelands? Der Abel Tasman National Park im Norden der Südinsel ist das Highlight schlechthin, ergaben unsere große Befragung am Ende, nachdem die Favoriten in 36 Einzelkategorien ermittelt wurden. Mehr zur Entstehung des Buches finden Sie auf Seite 8.

Wichtig ist uns, dass wir neuen wie erfahrenen Fernreisenden ebenso praktische wie persönliche Impulse zu Neuseeland bieten. Enthalten sind daher auch zwölf kurzweilige Lese- und Reisegeschichten von Neuseeland-Insidern – gedacht als Liebeserklärungen an das vielleicht schönste Ende der Welt. Überdies vermitteln rund 400 hochwertige Fotos erste Impressionen, während Karten und ungezählte Link-Tipps bei der konkreten Reiseplanung helfen.

Das ganze Team wünschen Ihnen eine sehnsuchtsvolle Lektüre mit 360 Reiseträumen vom „Land der langen weißen Wolke" – sowie hoffentlich bald auch eine gute Reise!

Kia Ora!

Christian Dose, im Februar 2017

Über dieses Buch

Dieser Reiseführer bietet Ihnen einen Kompass durch Neuseeland – von Cape Reinga auf der Nordinsel bis in die Catlins auf der Südinsel. Wir stellen Ihnen 360 Reiseträume in 36 Kategorien vor: die schönsten Plätze des Landes, romantische Strände, unvergessliche Wanderungen, Abenteuer pur und vieles mehr.

Mit diesem Buch navigieren Sie sich durch das Land und lernen es kennen.

1. Im ersten Kapitel „Natur & Outdoor" erhalten Sie einen Überblick über die schönsten Nationalparks, Strände und Wanderwege sowie beispielsweise die besten Plätze zur Tierbeobachtung.

2. Im zweiten Kapitel „Städte & Regionen" folgen Portraits der drei großen Städte Auckland, Wellington und Christchurch sowie der wichtigsten Orte in allen Regionen.

3. Kapitel 3 „Reisen & Übernachten" umfasst Empfehlungen beispielsweise für Panoramastraßen, Campingplätze und Restaurants.

4. Im vierten Kapitel „Kultur & Lebensart" lernen Sie den neuseeländischen Lifestyle, kulinarische Besonderheiten und die wichtigsten Persönlichkeiten des Landes kennen.

So wurden die 360 Reiseträume für Neuseeland ermittelt

- In einem Zeitraum von 18 Monaten haben die mittlerweile mehr als 3500 Mitglieder der Facebook-Gruppe „360° Neuseeland" in 36 nichtrepräsentativen Umfragen ihre Favoriten gekürt.

- Im Anschluss nannte eine fachkundige Jury aus professionellen Reiseexperten wiederum ihre Lieblingsorte (Portraits der Jury ab Seite 10).

- Auf dieser Basis wählte der Autor schließlich die 360 wichtigsten Ziele für eine Traumreise nach Neuseeland aus.

- Am Ende fand eine zusätzliche Umfrage bei Reise-Fans und Reise-Profis statt, um aus einer Vorauswahl von 40 Zielen auf Basis der vorherigen Auswertungen den schönsten Ort Neuseelands zu ermitteln.

- Jede der 36 Kategorien besteht aus jeweils zehn Empfehlungen. Die zwei beliebtesten Tipps sind jeweils ausführlich auf zwei Seiten dargestellt, weitere zwei Empfehlungen mit je einer Seite und abschließend sechs weitere Tipps in kompakter Form. Link-Tipps und Landkarten sowie zwölf „Liebeserklärungen“ und „Lieblingsorte“ von ausgewiesenen Neuseeland-Kennern ergänzen die 360 Reisetipps für eine unvergessliche Reise an das „grüne Ende der Welt“.

Reiseträume in Neuseeland

Platz 1	Abel Tasman National Park
Platz 2	Lake Tekapo
Platz 3	Milford Sound
Platz 4	Coromandel Peninsula
Platz 5	Catlins Coast
Top2 Nationalparks	Abel Tasman National Park, Fiordland National Park
Top2 Tierbeobachtungen	Curio Bay/Porpoise Bay, Otago Peninsula
Top2 Tageswanderungen	Tongariro Alpine Crossing, Abel Tasman National Park
Top2 Strände der Nordinsel	Cathedral Cove, Ninety Mile Beach
Top2 Strände der Südinsel	Wharariki Beach, Moeraki Boulders

Quelle: Umfragen unter Neuseeland-Fans und Reiseprofis

Unsere Jury

Michael Becker

... lebt mit seiner Familie seit 1993 in Neuseeland und ist seitdem im Tourismus tätig. 1995 gründete er KEA Campers, eine Wohnmobil Vermietung. Das Unternehmen wurde zweimal hintereinander bei den Tourism Awards mit dem Titel „Bestes Tourismus Unternehmen Neuseelands" ausgezeichnet. Seit 2010 ist er Mehrheits-Eigentümer von Wilderness Motorhomes - einer Premium Wohnmobil Vermietung, die ausschließlich deutsche Wohnmobile vermietet (Bürstner, Carado). Nicht nur durch seine Tätigkeit in der Tourismus Branche, sondern auch als leidenschaftlicher Motorradfahrer kennt er (fast) jede Ecke Neuseelands. Als alter Hamburger ist er immer noch Fan eines dort ansässigen Fußball Clubs mit Kult-Status. *www.wilderness.co.nz*

Christian Dose

... ist erfahrener Journalist und Kommunikationsberater sowie Reisevortragsreferent und Dozent. Der gebürtige Berliner erkundet die Welt seit seinem 20. Lebensjahr, als er erstmals in die USA reiste. Es folgten zahlreiche weitere Fernreisen, beispielsweise nach Nordamerika, Neuseeland und Australien sowie in den Nahen Osten und ins südliche Afrika. Hauptberuflich ist er als Berater für Public und Investor Relations tätig, zuvor war er unter anderem als Wirtschaftsredakteur aktiv. Er ist Absolvent der Berliner Journalisten-Schule und Betriebswirt (EBW); seit 2012 arbeitet er nebenberuflich als Reisejournalist, vornehmlich für den 360° medien Verlag zu den Ländern Australien, Neuseeland und Kanada. *www.cd-reisen.de, www.traumziele-von-oben.de*

Eva Hoetzel

... kam erstmals 2004 nach Neuseeland. Als Präsidentin der *Deutsch-Neuseeländischen Gesellschaft e.V.* fördert sie das interkulturelle Verständnis beider Länder, reiste gut zwanzig mal als Delegations- und Reiseleiterin nach Neuseeland und kennt „fast alles und jeden" dort. Gerade ihre Nähe zur Jugend und Schirmherrin des „Sun & Fun"-Schülerprogramms, das einen kleinen Kreis von „Schülerbotschaftern" beim Aufenthalt in neuseeländischen Schulen organisatorisch unterstützt, weist sie auch als Kennerin der Sport- und Abenteuerszene in Neuseeland aus. Ihren Beruf hat die einstmals Stuttgarter Anwältin in Deutschland inzwischen aufgegeben und sich mit Leidenschaft Neuseeland verschrieben. Dort beschäftigt sie sich als Fachautorin, liebt Fahrradfahren, Fischen und den Haka der All Blacks.

Jenny Menzel

... hat vor zehn Jahren ihr Diplom in Soziologie an den Nagel gehängt, um freiberuflich als Texterin und Lektorin zu arbeiten. Es ist die optimale Verbindung von Beruf und Lieblingsbeschäftigung, denn mit ihrer Familie geht sie fürs Leben gern auf Entdeckungsreisen. Sei es im Campervan in Neuseeland oder Japan, mit dem Zelt in Norwegen oder als Backpacker in Südostasien. Ihre Begeisterung über die Vielfalt und Schönheit der Welt möchte Jenny Menzel ihren drei Kindern zwischen zwei und zwölf Jahren mitgeben. Wenn die Dresdnerin nicht auf Reisen ist, schreibt sie darüber; auf Onlineportalen, in Reisemagazinen und in ihrem eigenen Neuseeland-Reiseblog. Soeben ist ihr fünftes Buch erschienen: „Neuseeland abseits der ausgetretenen Pfade. Die Südinsel" (Verlag 360° medien mettmann). *www.weltwunderer.de*

Oliver Rube

... kam 2009 als Praktikant nach Neuseeland, wo er bis 2016 lebte. In seiner Zeit in Neuseeland hat der gebürtige Trierer an zahlreichen bilateralen Projekten in Wirtschaft, Politik und Kultur als Mitarbeiter der NZGBA mitgewirkt. Highlight war der Auftritt von Neuseeland als Gastland während der Frankfurter Buchmesse 2012. Zudem betreibt er als Teil eines Künstler-Kollektivs mit Mitgliedern aus Neuseeland, Hamburg und Zürich das OFF THE RADAR Music & Arts Festival, welches die Kunstszene aus Europa mit der Neuseelands verbindet.

Privat wie auch beruflich hat Oliver viele Facetten von Aoteroa kennenlernen und tiefe Verbindungen mit den Menschen und dem Land erfahren. Er ist heute für den größten Importeur von Manuka Honig in Europa, Neuseelandhaus GmbH, in der Geschäftsleitung tätig. *www.neuseeland-haus.de*

Björn Spreitzer

... entdeckte zuerst als Backpacker Neuseeland als seine absolute Traumdestination. Nach mehreren Urlaubsbesuchen machte der gebürtige Oberpfälzer vor etwa sechs Jahren Auckland zu seiner neuen Heimat. Er ist verheiratet und hat zwei Kinder. Zur Zeit arbeitet er als General Manager Americas & Europe für Tourism New Zealand (die neuseeländische Tourismus-Marketing-Organisation) in Los Angeles und ist für die Werbeaktivitäten in den Ländern USA, Kanada, Deutschland, Großbritannien und Brasilien verantwortlich. Seine zweite Heimat ist Waldsassen in der nördlichen Oberpfalz. *www.tourismnewzealand.com*

Monique Surges

... leitet seit 2001 die offiziell vom Bundeswirtschaftsministerium (BMWI) anerkannte Repräsentanz der deutschen Wirtschaft. Als CEO der Außenhandelskammer Neuseeland (NZGBA) managt sie ihr Team in Auckland, ist jedoch oft unterwegs in Neuseeland und Deutschland. Die gebürtige Neuseeländerin spricht fließend Deutsch und weitere europäische Sprachen. Monique Surges ist immer gerne auf dem Fahrrad oder im BMW i3 unterwegs, wenn sie nicht gerade beim Skifahren ist.
www.neuseeland.ahk.de

Andreas Walter

... träumte schon in der Schulzeit in den 1980er-Jahren von einer Reise nach Neuseeland. Es sollte jedoch bis zum Jahreswechsel 2005/2006 dauern, bis er gemeinsam mit seiner Frau Christine das schönste Ende der Welt kennen- und liebengelernt hat. Die Eindrücke erwiesen sich als nachhaltig, denn nur zwei Jahre später gründeten beide den Verlag 360° medien und starteten im August 2008 das quartalsweise erscheinende Magazin 360° Neuseeland (*www.360grad-neuseeland.de*), um Aotearoa dauerhaft verbunden zu bleiben. Mittlerweile hat sich der Verlag zu einem etablierten Anbieter von hochwertiger Reiseliteratur in Form von Magazinen, Büchern, Kalendern und digitalen Plattformen, insbesondere für Neuseeland, Australien, Kanada, USA und das südliche Afrika, entwickelt.

Neuseeland – Das „grüne Ende der Welt“

„Aotearoa – Land der langen weißen Wolke“ nennen die Maori ihre Heimat. Verführerisch und verlockend. Kaum ein Reiseziel gilt so sehr als Sehnsuchtsziel wie Neuseeland, für uns Deutsche gern als „Ende der Welt“ tituliert und oftmals als eines der letzten Paradiese voll unberührter Natur gepriesen. Und so verführerisch und verlockend der traditionelle Name klingt, so vielfältig ist das Land im fernen Pazifik. Schneebedeckte Berggipfel treffen auf eine einzigartige Tierwelt, die ihresgleichen sucht. Schroffe Küstenlinien gesellen sich zu lieblichen verwunschenen Landschaften, einsame Strände und exzellente Wanderwege prägen das Bild, mondäne Städte und mächtige Fjorde bilden ungleiche Paare. Maori-Traditionen und Adrenalinkicks des 21. Jahrhunderts begeistern gleichermaßen. Vielfalt auf engstem Raum und in nahezu allen Dimensionen, gepaart mit entspannter Lebensfreude und einer perfekten Infrastruktur, macht Neuseeland zu einem Reiseziel par excellence.

Aus der Anfangszeit unseres Planeten

Die Urgewalten der erdgeschichtlichen Entwicklung sind in Neuseeland bis heute zu erleben. Vulkane und Erdbeben erschüttern immer wieder das Land, sorgen für horrende Schäden und bringen vor allem viel Leid über die einheimische Bevölkerung. Besonders in Erinnerung bleiben die Serie von Erdstößen, die im Jahr 2011 über Christchurch hereinbrachen, sowie die Beben vom November 2016 in Kaikoura. Die geografische Lage Neuseelands an der Grenze zweier Kontinentalplatten lässt die Erde beben, Vulkane ausbrechen und Gebirgsketten wie die Southern Alps entstehen. Die beiden Inseln liegen an der Grenze zwischen der Indisch-Australischen Platte und der Pazifischen Platte, die hier aufeinander stoßen. Seit mehr als 80 Millionen Jahren ist die Erde in Bewegung, seit sich die Landmasse vom Superkontinent Gondwana trennte und in die abgelegene Region im Pazifik driftete. Die abgeschiedene Lage und fehlende menschliche Besiedlung ließ die Natur sich viel länger ungestört entwickeln als in anderen Erdteilen. Gerade der flugunfähige Kiwi – der Nationalvogel des Landes – ist bis heute ein lebendes Beispiel für die lange Zeit der Isolation. Zugleich sind etwa 70 Prozent der Pflanzenwelt endemisch.

Die exponierte Lage an der Kante zweier Kontinentalplatten ist verantwortlich für diese Ereignisse. Und doch bringen sie nicht nur Schrecken über das Land: Sie machen die Landschaft unverwechselbar und locken Besucher aus aller Welt an. Spätestens die Verfilmungen der Tolkien-Romane „Der Herr der Ringe“ durch Star-Regisseur Peter Jackson hievten Neuseeland dank seiner prächtigen Natur in die Eliteklasse des internationalen Tourismus.

Die ersten Siedler und die stolze Maori-Kultur

Bewohner anderer pazifischer Inseln erreichten Aotearoa vermutlich vor etwa rund 1000 Jahren und besiedelten das Land in den folgenden Jahrhunderten allmählich. Im Vergleich zum relativ nahe gelegenen Australien, wo Aborigines schon vor 40.000 Jahren und mehr leben, also deutlich später. Die Mehrzahl der Maori wählte dabei die klimatisch günstigere Nordinsel. Vor allem die heutige Bay of Islands bildete den ersten Ballungsraum – ab dem 14. Jahrhundert entstanden dann auch erste kleine feste Siedlungen, die Pa (Wehrdörfer). Als erster Europäer erblickte der holländische Seefahrer Abel Tasman am 13. Dezember 1642 Aotearoa. Doch erst der berühmte britische Entdecker James Cook erkundete ab Oktober 1769 die beiden Inseln näher. Anschließend erreichten erste weiße Siedler – vor allem Walfänger – Neuseeland. Mit spürbaren Folgen auf der Seite der Maori und für die Natur. Zur Kronkolonie Großbritanniens wurde das Land mit dem Vertrag von Waitangi, der am 6. Februar 1840 in der Bay of Islands geschlossen wurde. Bis heute ist die Vereinbarung, die als erste Verfassung des Landes gilt und das Zusammenleben regeln sollte, heftig umstritten. Die Maori sind – wie viele weitere indigene Völker – bis heute deutlich benachteiligt. Entgegen der Befürchtungen aus dem 19. Jahrhundert ist die Lebensgemeinschaft bis heute aber nicht ausgestorben. Ganz im Gegenteil: Die Maori sind sich ihrer langen Tradition bewusst und versuchen, sie bis heute lebendig zu halten und auf sich aufmerksam zu machen. Mit Erfolg, wie die steigenden Angebote und Besucherzahlen von Touren und Ausflügen mit den Maori zeigen. Heute stellen die ursprünglichen Bewohner des Landes noch etwa 15 Prozent der insgesamt rund 4,7 Mio. Einwohner Neuseelands. Der Kriegstanz Haka ist dank der Rugby-Nationalmannschaft weltweit bekannt und zugleich Symbol für das gestiegene Ansehen und Selbstbewusstsein der Maori wie auch für das ganze Land. Gleichwohl gilt die indigene Bevölkerung noch immer als

sozial und wirtschaftlich benachteiligt – mutmaßlich aber weniger stark als die Aborigines in Australien.

Modernes Urlaubsziel

Vor allem seit den Kino-Blockbustern von Regisseur Jackson boomt der Tourismus in Neuseeland und ist nach der prosperierenden Landwirtschaft – das Land ist beispielsweise wichtigster Milchexporteur der Welt – eine der wichtigsten Einnahmequellen. Doch schon seit jeher lockt die vielfältige Natur Menschen aus der ganzen Welt. Erster Touristenmagnet schon im 19. Jahrhundert: die Thermalquellen rund um Rotorua mit ihren heilenden Kräften. Heute ist das ganze Land auf seiner Länge von rund 1700 Kilometern touristisch erschlossen. Doch neben Hotspots wie der Bay of Islands und dem Tongariro National Park auf der Nordinsel und beispielsweise Abel Tasman National Park und dem weithin bekannten Milford Sound auf der Südinsel lässt sich in manchen Regionen noch die Ruhe des Landes genießen. So gelten etwa das East Cape auf der Nordinsel oder die Catlins im Südosten der Südinsel noch immer als Geheimtipps abseits der Hauptrouten.

Das Image als grünes Ziel pflegt Neuseeland schon jeher. Dem ersten Nationalpark – dem Tongariro National Park im Jahr 1887 – folgten bis heute weitere zwölf Nationalparks. Hinzu kommen zahlreiche Schutzgebiete und Regionen, die ebenfalls von den Rangern der Naturschutzbehörde DOC (Department of Conservation) gepflegt und kontrolliert werden. Mit Blick auf sein grünes Image setzte das Land beispielsweise auch schon früh auf regenerative Energien. Gleichwohl, angesichts des Booms gerade auch aus asiatischen Ländern sowie bei Kreuzfahrtpassagieren und Backpackern aus aller Welt, wurde die zuvor große Freiheit mittlerweile leicht zurückgeschraubt. Zum Schutz der Natur und mit Blick auf die Bedürfnisse der Einheimischen ist beispielsweise freies („wildes“) Campen an zahlreichen Stellen nicht mehr oder nur mit Einschränkungen erlaubt. Und schon länger ist die Zahl der Wanderer auf den mittlerweile neun beliebtesten Wanderwegen – den Great Walks – zumindest in der Hochsaison begrenzt.

Doch ungeachtet dieser kleinen Einschränkungen gibt es wohl kaum ein Reiseziel, das so einfach zu bereisen ist und zugleich mit so großer Vielfalt glänzen kann. Nahezu alle Klimazonen in einem Land sorgen für eine einzigartige Landschaft, die trotz aller Urlaubermassen und des technischen Fortschritts weitgehend unzerstört ist. Noch heute dürfte es einzelne Flecken in Neuseeland geben, auf die bislang nur wenige Menschen ihre Füße gesetzt haben. An diesem Image als grünem Paradies werden die Kiwis, wie die Neuseeländer mit Blick auf ihren ungewöhnlichen Nationalvogel auch genannt werden, festhalten.

Nicht zuletzt prägt die Pracht der Natur den Lebensstil der Kiwis, der an Entspanntheit, Hilfsbereitschaft und herzlicher Sympathie kaum zu übertreffen ist. „Boote und Berge“ könnte als Synonym für Lebensgefühl und hohen Freizeitspaß herhalten – für Einheimische und Touristen gleichermaßen. Sowohl das Meer, die Seen und die Wasserarme als auch Berge jegliche Form und Höhe prägen die Landschaft. Und haben dafür gesorgt, dass die Menschen in Neuseeland die Natur auf ganz unterschiedliche Art erleben können: beschaulich auf Wanderungen oder vom Kanu aus, abenteuerlich vom Jet-Boat oder beim Fallschirmsprung. Wohl kein anderes Land bietet so vielfältige Natur und Erlebnisse wie das „grüne Ende der Welt“.

Wichtige Links

www.newzealand.com
www.doc.govt.nz
www.tourism.net.nz
www.360grad-neuseeland.de
www.auswaertiges-amt.de

Neuseeland und Deutschland im Vergleich

	Neuseeland	Deutschland
Einwohner	4,69 Mio.	81,8 Mio.
Lebenserwartung	81,16 Jahre	80,89 Jahre
Bruttoinlandsprodukt pro Kopf	41.556 US$	46.265 US$
Fläche	268.107 Quadratkilometer	357.376 Quadratkilometer
Bevölkerungsdichte	17 Einwohner pro Quadratkilometer	230 Einwohner pro Quadratkilometer
Küstenlinie	15.134 Kilometer	2389 Kilometer
Höchster Berg	Aoraki/Mount Cook – 3724 Meter	Zugspitze – 2962 Meter
Nationalfeiertag	6. Februar	3. Oktober
UNESCO-Welterbestätten	3	41

Quelle: Weltbank, Auswärtiges Amt, www.laenderdaten.de u.a.

Der Milford Sound wird gern als „achtes Weltwunder" gepriesen.

Natur & Outdoor

- Nationalparks
- Tierbeobachtung
- Strände der Nordinsel
- Strände der Südinsel
- Tageswanderungen
- Mehrtageswanderungen
- Seen
- Wasserfälle
- Abenteuer
- Wintererlebnisse
- Rundflüge
- Radstrecken

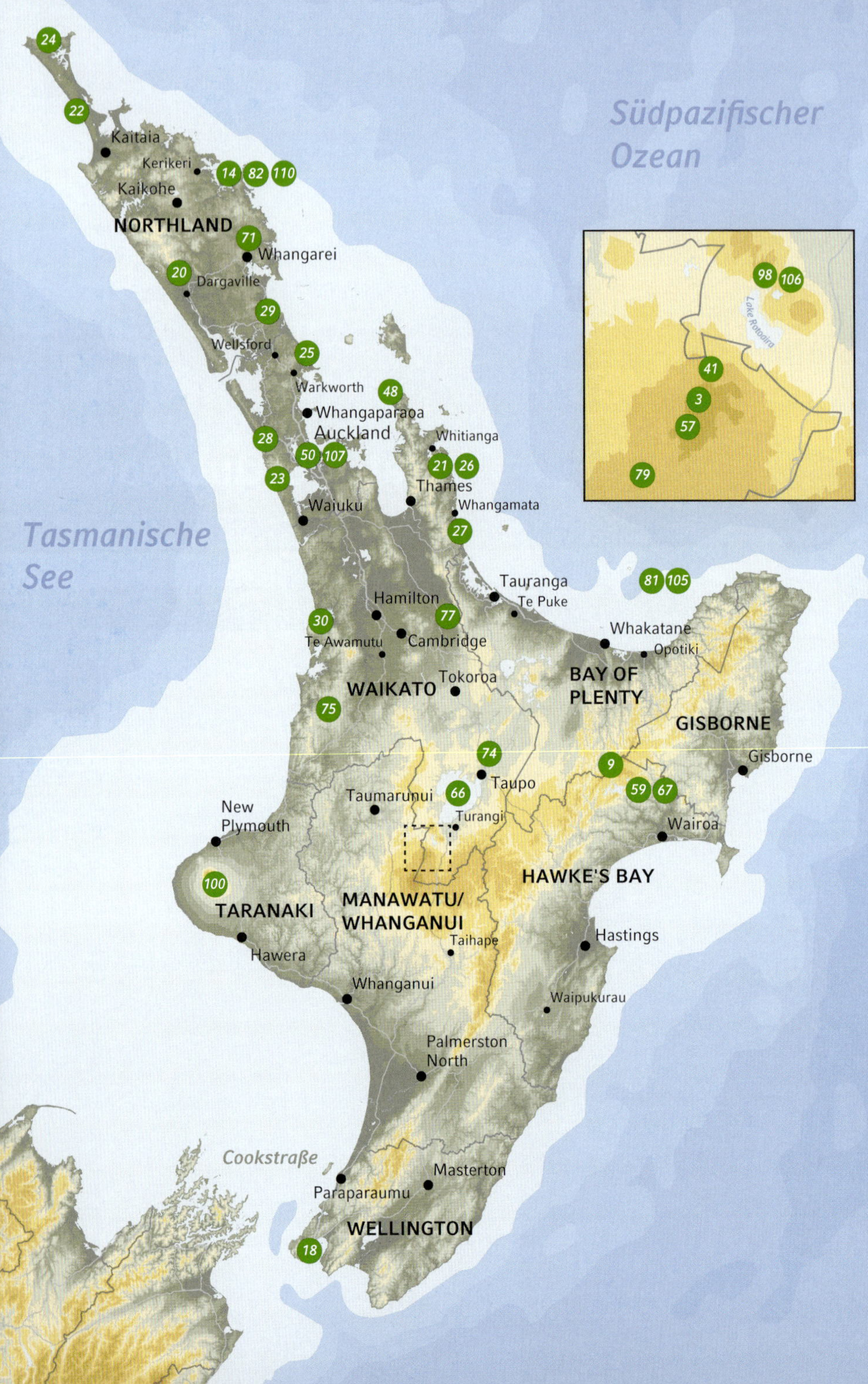

Südpazifischer Ozean
Tasmanische See
Cookstraße
NORTHLAND
WAIKATO
BAY OF PLENTY
GISBORNE
HAWKE'S BAY
TARANAKI
MANAWATU/ WHANGANUI
WELLINGTON
Kaitaia
Kerikeri
Kaikohe
Whangarei
Dargaville
Wellsford
Warkworth
Whangaparaoa
Auckland
Whitianga
Thames
Whangamata
Waiuku
Tauranga
Te Puke
Hamilton
Cambridge
Te Awamutu
Whakatane
Opotiki
Tokoroa
Taupo
Gisborne
Taumarunui
Turangi
Wairoa
New Plymouth
Hastings
Taihape
Hawera
Whanganui
Waipukurau
Palmerston North
Masterton
Paraparaumu
Lake Rotoaira
24
22
14
82
110
71
20
29
25
48
28
50
107
21
26
23
27
81
105
30
77
75
74
9
66
59
67
100
18
98
106
41
3
57
79

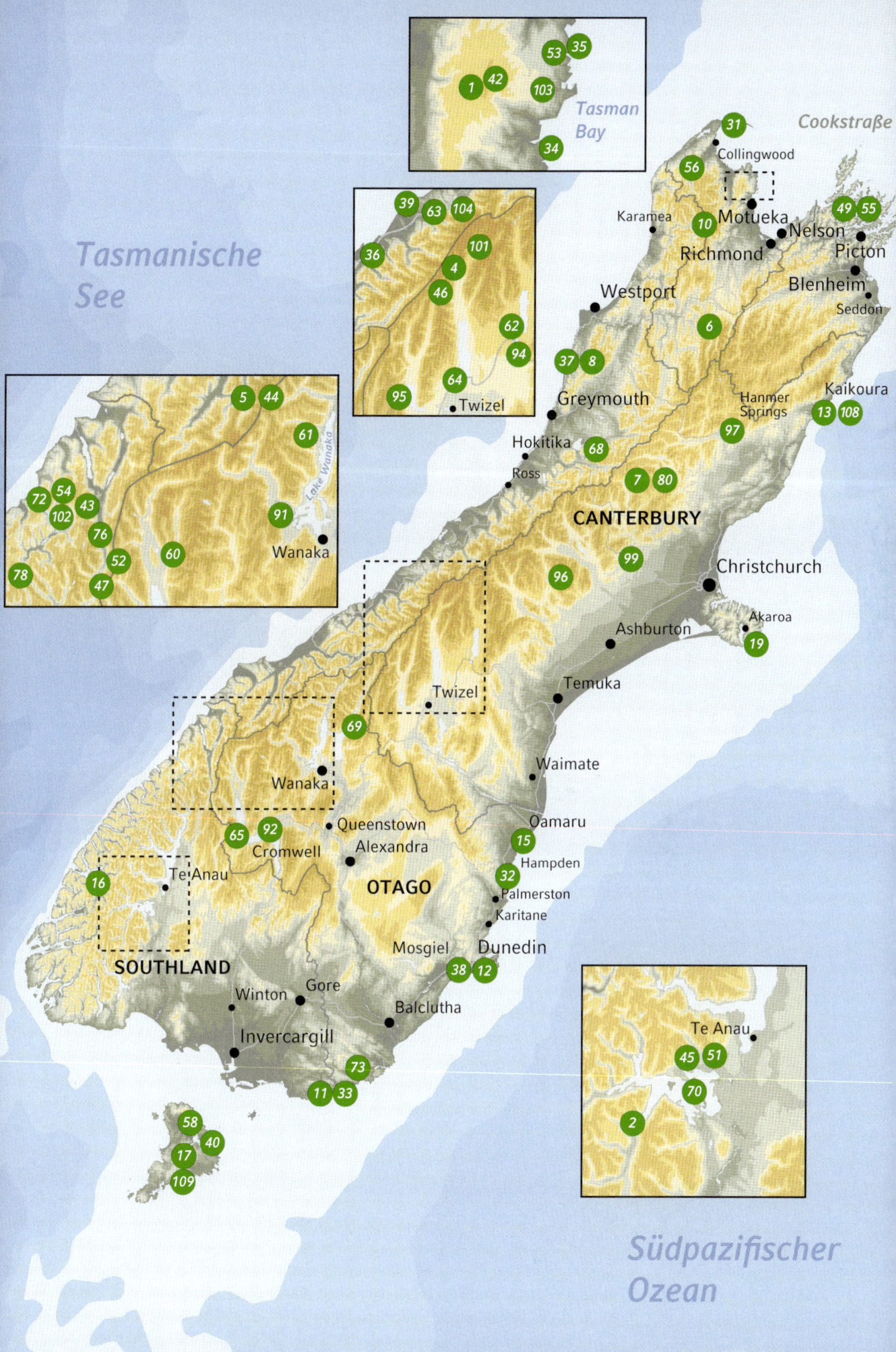

Tasmanische See
Südpazifischer Ozean
Cookstraße
Tasman Bay
Collingwood
Karamea
Motueka
Nelson
Richmond
Picton
Blenheim
Seddon
Westport
Greymouth
Hokitika
Ross
Hanmer Springs
Kaikoura
CANTERBURY
Christchurch
Akaroa
Ashburton
Temuka
Twizel
Waimate
Oamaru
Hampden
Palmerston
Karitane
Dunedin
Mosgiel
Wanaka
Lake Wanaka
Queenstown
Cromwell
Alexandra
OTAGO
Te Anau
SOUTHLAND
Winton
Gore
Balclutha
Invercargill

Die Küste des Abel Tasman National Park genießen Besucher vom Kanu oder Boot aus.

Nationalparks

Ob feurige Vulkane, weißfunkelnde Gletscher oder goldgelb strahlende Strände: Neuseeland steht in erster Linie für unberührte Natur und eine überbordende Vielfalt der Flora und Fauna. Allein 13 Nationalparks sollen die Schönheit der Natur bewahren und künftigen Generationen näherbringen. Reisende kommen gerade in den Nationalparks der schöpferischen Kraft von Mutter Erde besonders nah. Mehr als 30.000 Quadratkilometer geschützte Natur – entsprechend etwa einem Zehntel des gesamten Fläche Neuseelands – warten nur darauf, auf kurzen oder langen Touren erkundet zu werden.

www.doc.govt.nz/nationalparks

1 Abel Tasman – Sonniges Küstenparadies

Kann es einen schöneren Platz auf unserem Planeten als die Küste des Abel Tasman National Park geben? Grünglänzende riesige Farne wechseln sich ab mit goldgelben Sandstränden, Granit- und Marmorfelsen einzigartiger Prägung treffen auf dichten Regenwald mit hochgewachsenen Nikaupalmen, Robben schwimmen im Meer, während Wanderer in Lagunen mit türkis-grünem Wasser planschen und dem vielstimmigen Chor der Vögel lauschen. Und obendrein, nicht zu vergessen, so viele Sonnenstunden wie in diesem Nationalpark im Nordwesten der Südinsel gibt es sonst kaum in Neuseeland. Für viele der schönste Ort des Landes.

Es fällt wahrhaft schwer, das Besondere des Abel Tasman National Park zu bestimmen. Der Mix aus Landschaft, Flora und Fauna sowie Klima ist einfach zu perfekt. Kein Wunder, dass Heerscharen von Urlaubern ganzjährig den Küstenstreifen bevölkern. Neben der beeindruckenden Natur trägt auch das gute touristische Angebot zur Attraktivität des kleinsten neuseeländischen Nationalparks bei. Von gemütlichen Bootsfahrten bis hin zu geführten Mehr-Tages-Wanderungen – unter einer Vielzahl von Angeboten können Besucher wählen und der Natur je nach persönlicher Vorliebe näherkommen. Dank der zahlreichen Anbieter sowie der überschaubaren Größe des Parks lassen sich verschiedene Aktivitäten wie Wanderungen und Kajaktouren gut miteinander kombinieren. Schließlich ist der Park nur zu Fuß oder vom Wasser aus erreichbar.

Der Abel Tasman National Park wurde 1942 eröffnet und erinnert an Abel Tasman. Der niederländische Entdecker lag 300 Jahre zuvor im Dezember des Jahres 1642 in der angrenzenden Golden Bay mit ihren weiten Sandstränden vor Anker und gilt als erster Europäer, der diese Region im südöstlichen Pazifik erreicht hat. Heute besuchen jährlich rund 180.000 Gäste den Park. Während der Besiedlung des Landes wurden Flora und Fauna im heutigen Schutzgebiet kräftig zerstört, etwa durch die Gier nach Holz und Weideland. Mit der Gründung des Parks versuchten die Ranger das rund 220 Quadratkilometer große Areal zu renaturieren. Der Einsatz hierfür lohnt sich: Heute erobern sich Farne und Regenwald ihren ursprünglichen Lebensraum zurück, die Tierwelt von Robbe über den laut plappernden Tui bis hin zu kleinen blauen Pinguinen wächst kontinuierlich.

www.abeltasman.co.nz
www.aquataxi.co.nz

2 Fiordland – Fjorde in einsamer Landschaft

Die gewaltige Schaffenskraft der Natur bringt Besucher regelmäßig zum Staunen: Steil aufragende Berge mit ihren schneeweißen Gipfeln und tiefe Täler unterhalb des Wasserspiegels prägen die Landschaft im größten Nationalpark Neuseelands. Insgesamt 14 Fjorde und zwei der tiefsten Seen des Landes umfasst der Fiordland National Park im Südwesten der Südinsel. Zusammen mit Wasserfällen, die teils mehrere hundert Meter hinabstürzen, und undurchdringbarem Regenwald ergibt sich eine Szenerie, die nahezu unvergleichlich ist. Selbst beim zweiten Besuch erscheinen die Naturgewalten so beeindruckend, als wären sie nicht von der Natur geschaffen, sondern das Werk eines talentierten Landschaftsplaners.

Die landschaftlich vielleicht spektakulärste Region ist in 500 Millionen Jahren von Eis, Schnee und Regen sowie tosenden Stürmen geformt worden. Den abschließenden Feinschliff verpasste ihr die letzte Eiszeit vor rund 10.000 Jahren, als Eismassen die Täler gruben, in die sich dann das Wasser des Pazifik ergoss. Auch wenn sich dafür der Begriff „Sound“ etabliert hat, handelt es sich um Fjorde ähnlich wie beispielsweise in Norwegen. Und obwohl die neuseeländischen Prachtexemplare nicht an die europäischen Dimensionen heranreichen, zählen die hiesigen Fjorde zu den beliebtesten Zielen der Besucher. Allen voran ist der Milford Sound wegen seiner guten Erreichbarkeit ein Touristenmagnet und täglich Ziel zahlreicher Busgruppen. Im angrenzenden Doubtful Sound, immerhin drei Mal so groß und mit 421 Metern der tiefste der 14 Sounds des Landes, geht es hingegen gemächlicher zu. Und im Dusky Sound bestehen für Urlauber gute Chance, die Natur nahezu für sich allein zu erleben. Der mit 44 Kilometer längste Fjord ist schließlich nur über anstrengende Wanderungen, per Boot

oder aus der Luft erreichbar. Zudem durchziehen den Nationalpark zahlreiche kurze und längere Wanderwege wie der legendäre Milford Track.

Trotz der Besuchermassen im Milford Sound zählt der 1952 gegründete Nationalpark zu den am wenigsten erschlossenen Regionen des Landes. Die unwegsamen Wälder und teils kaum zu überwindenden Berge, gepaart mit heftigen Regenfällen von bis zu 6000 Millimeter pro Jahr, sind kein einladender Lebensraum. Im Gegensatz zum Menschen fühlen sich dafür die Tiere in dieser Pracht umso wohler: Während man auf die stechenden Sandflies getrost verzichten kann, zählen Robben, Delfine und Pinguine zu den Stars in den Fjorden. Zuweilen toben sich Wale an der Küste aus, während Vögel wie Keas und Kiwis den passenden Sound beisteuern.

www.realjourneys.co.nz
www.cruisemilfordnz.com

3 Tongariro – Feuerberge wie aus dem Bilderbuch

Die mächtigen Gipfel weisen bei guter Sicht schon von Weitem den Weg zur größten Attraktion der Nordinsel: Drei Vulkane bilden das Herzstück des Tongariro National Park. Seine Bedeutung bestätigt auch die UNESCO, die die Bergregion neben nur wenigen anderen Orten auf der Erde sowohl zum Natur- als auch zum Kulturerbe erklärt hat. Maori-Häuptling Te Heu Heu Tukino IV schenkte das Land in den 1880er-Jahren dem Staat, der auf Wunsch der Maori den ersten Nationalpark gründete. Wanderer durchqueren das Schutzgebiet heute auf mehreren beliebten Wegen (siehe „Tageswanderungen“, Seite 65, und „Mehrtageswanderungen“, Seite 80).

Bis heute kommen die drei Vulkane Ngauruhoe, Ruapehu und Tongariro nicht zur Ruhe. So stand im August 2012 über dem namensgebenden Krater eine hohe Aschewolke. Das größte Unglück indes ereignete sich an Weihnachten 1953, als ein überlaufender Kratersee eine Bahnbrücke einstürzen ließ und 151 Menschen eines heranrasenden Schnellzuges starben.

Die vulkanischen Aktivitäten begannen vor zwei Millionen Jahren, als Lava aus der pazifischen Erdplatte nach oben drang, ehe dann vor 200.000 Jahren Ruapehu und Tongariro entstanden. Mount Ngauruhoe hingegen bildete sich erst vor 2500 Jahren. Für die Maori nehmen die Feuerberge in ihrer Mythologie eine bedeutende Rolle ein. Spätestens die Film-Reihen „Herr der Ringe“ und „Hobbit“ machten den Nationalpark weltbekannt.

www.tongarirocrossing.org.nz
www.tongarirocrossing.com
www.adriftnz.co.nz
www.nationalpark.co.nz

4 Aoraki/Mount Cook – Höchster Berg des Landes

Edmund Hillary prägt bis heute die Geschichte des höchsten Berg Neuseelands: Am 3755 Meter hohen Aoraki/Mount Cook trainierte der wohl berühmtestes Sohn des Landes für seinen Gipfelsturm im Himalaya, wo er 1953 als erster Mensch den höchsten Berg der Erde bezwang. Weitere 18 Gipfel über 3000 Meter sowie fünf Gletscher umfasst der 1953 eingerichtete Nationalpark mit seinen zahlreichen Wanderwegen wie dem lohnenden Hooker Valley Track (siehe „Tageswanderungen“, Seite 70).

Der höchste Berg des Landes, dessen Gipfel erstmals 1899 erklommen wurde, nimmt in der Schöpfungsgeschichte eine bedeutende Rolle ein: Demnach sind die ganzjährig schneebedeckten Berge die Insassen des ersten Kanus, das im Sturm auf dem Pazifik kenterte und selbst zur neuseeländischen Südinsel wurde. In der Sprache der Maori hieß der höchste Gipfel „Wolkendurchbrecher“ (Aoraki) – heute wird der Doppelname verwendet. Der 700 Quadratkilometer große Park bildet zusammen mit Fiordland National Park im Süden, dem Westland Tai Poutini National Park an der Westküste sowie dem Mount Aspiring National Park die sogenannte Te Wahipounamu World Heritage Area, die zum Weltnaturerbe der UNESCO zählen. Der Name verweist auf die reichen Jade-Vorkommen in der Region – Te Wahipounamu steht für Jadeort.

www.mtcook.com
www.glacierexplorers.com
www.helicopter.co.nz
www.alpineguides.co.nz

5 Mount Aspiring

Die alpine Landschaft beherrscht der markante, an das Schweizer Matterhorn erinnernde Gipfel des Mount Aspiring. Der Mount Aspiring National Park im Herzen der Südinsel glänzt mit Wanderungen wie dem Rob Roy Valley Track und mehrtägigen Bergtouren wie dem leichten Routeburn Track (siehe „Tageswanderungen“, Seite 70 und „Mehrtageswanderungen“, Seite 76).

6 Nelson Lakes

Zwei Bergseen, zuweilen smaragd- oder türkisfarben glänzend, bilden das Herz des Nelson Lakes National Park. Geformt von eiszeitlichen Gletschern, prägen bis heute schneebedeckte Gipfel sowie dichter Wald die Landschaft. Die Konkurrenz des nahen Tasman National Park sorgt dafür, dass der Nationalpark bis heute vergleichsweise wenige Besucher zählt (siehe „Tasman & Nelson“, Seite 234).

7 Arthur's Pass

Der Pass auf 920 Meter Höhe markiert nicht nur die Grenze zwischen den Regionen Canterbury und West Coast – er ist zugleich der schönste und höchstgelegene Weg über die Alpen. Im Arthur's Pass National Park stehen Wanderern zahlreiche Wege offen. Zudem ist die Region mit ihren zahlreichen Gipfeln über 2000 Metern ein beliebtes Wintersportrevier. Überdies halten hier die Züge des „TranzAlpine“.

8 Paparoa National Park

Seine Gesteinsformationen in Streifenoptik sorgen für einen einprägsamen Spitznamen: Pfannkuchen-Steine. Die Pancake Rocks sind der Hauptanziehungspunkt im Paparoa National Park an der rauen Pazifikküste der Südinsel. Doch der 1987 gegründete Park bietet viel mehr, auch wenn viele Besucher an den Wasserfällen, Höhlen und bizarren Gesteinsformationen vorbei rauschen (siehe „West Coast“, Seite 282).

9 Te Urewera National Park

Nahezu mystisch präsentiert sich der dichte, oft in Nebel gehüllte Regenwald. Der Te Urewera National Park umfasst das größte zusammenhängende Waldgebiet der Nordinsel sowie den Lake Waikaremoana. Die Vegetation zieht sich hoch bis auf die Spitzen der Berge. Weite Teile sind trotz vieler Wanderwege wie dem Lake Waikaremoana Track bis heute unerschlossen (siehe „Gisborne & Hawke's Bay“, Seite 188).

10 Kahurangi

Die Maori nennen ihn „liebevoll behüteter Besitz“ – besser lässt sich der zweitgrößte Nationalpark kaum beschreiben. Dank seiner abgeschiedenen Lage im Nordwesten der Südinsel zieht der Karuhangi National Park trotz seiner vielfältigen Flora und Fauna kaum Besucher an: Mehr als 100 seltene Vogelarten wurden gezählt. Der Heaphy Track führt durch den Park (siehe „Mehrtageswanderungen“, Seite 80).

Tierbeobachtungen

Neuseelands abgelegene Lage auf den Weltmeeren hat eine ganz eigene Tierwelt hervorgebracht. Besonders der Nationalvogel Kiwi mit seinem charakteristisch langen Schnabel ist ein echtes Unikat. Neben weiteren einzigartigen Vogelarten ziehen Wale, Delfine und Pinguine die Besucher in ihren Bann. Vielfach lassen sich die Tiere direkt vom Strand oder Wegesrand beobachten. Geführte Touren, auch per Boot, erhöhen die Chancen beim Wildlife-Spotting.

www.doc.govt.nz/nature/native-animals

Wale sind die Stars vor Kaikoura.

11 Curio Bay/Porpoise Bay – Delfine und Pinguine

Keiner springt so anmutig durch das Wasser wie die kleinen und seltenen Hector Dolphins (Hector-Delfine). In den benachbarten Buchten Curio und Porpoise Bay kommen die maximal 1,50 Meter großen Meeressäuger teils bis auf zehn Meter nah an den Strand. Hector Dolphins leben ausschließlich in Neuseeland und sind mit gerade einmal 7000 Exemplaren eine der seltensten Delfinarten überhaupt – die kleinsten sind sie ohnehin. Im Sommer und Herbst sind die scheuen Delfine regelmäßig in den beiden Buchten in den Catlins (Südosten der Südinsel) anzutreffen, vorzugsweise am langen Sandstrand der Porpoise Bay. Die kleine Kolonie umfasst gera-

de einmal 20 Tiere, die dauerhaft in der Bucht leben. Zudem sind sie vor der Banks Peninsula bei Christchurch zu finden.

Doch für Reisende zählen die beiden Buchten nicht nur wegen der Delfine zu den schönsten Plätzen in Neuseeland, die einheimische Tierwelt zu erleben. Denn von der Aussichtsplattform lassen sich – gerade zum Sonnenuntergang – auch sehr gut Gelbaugenpinguine (Hoiho) beobachten, wenn sie abends aus dem Meer zurück an den Strand kehren. Trotz der rund 6000 bis 7000 Exemplare allein in Neuseeland zählen die bis zu 76 Zentimeter großen Geschöpfe zu einer der seltensten Arten. Außer auf der Südinsel leben die Meeresbewohner mit ihrem charakteristischen gelben Streifen sonst nur noch auf den subantarktischen Inselgruppen Auckland Islands und Campbell Island Group, die ebenfalls beide zu Neuseeland gehören.

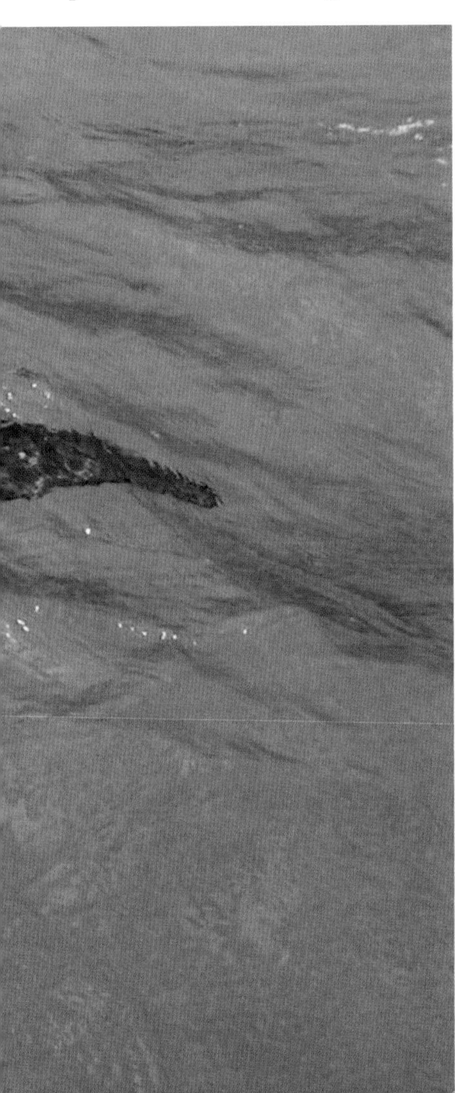

Das Wildlife-Erlebnis komplettieren mächtige Seelöwen, die bis zu drei Meter lang und 400 Kilogramm schwer werden. Besucher sollten auch ihnen nicht zu nah kommen und sich schon gar nicht zwischen die gemütlich aussehenden Tiere und das Meer stellen – dann werden die Seelöwen schnell sehr aggressiv. Da sie keine Scheu vor Menschen zeigen, sollte der Mindestabstand nie unter zehn Meter sinken.

Wer die drei interessanten und leider vom Aussterben bedrohten Arten gesehen hat, auf den wartet mit dem Versteinerten Wald eine weitere Eigenheit der Natur (siehe „Strände der Südinsel", Seite 58). Übernachtungsmöglichkeiten bestehen beispielsweise auf einem Campingplatz auf einer kleinen Landzunge zwischen den beiden Buchten und einem Hostel inmitten der Dünen (siehe „Campingplätze", Seite 310).

12 Otago Peninsula – Tierische Tagestour

Mächtig und majestätisch zugleich gleiten die Albatrosse über die Klippen und weiter gen Parkplatz. So schnell und so groß, dass es schwer fällt, die Vögel zu fotografieren. Der Anblick der Flügel mit einer Spannweite von bis zu dreieinhalb Metern bleibt ohnehin gut in Erinnerung. Im Royal Albatross Centre auf der Otago Pensinsula erleben Urlauber die Vögel in voller Pracht.

Selbst wer schon kostenlos vom Parkplatz aus seinen Erfolgsmoment genießen konnte, sollte sich einer geführten Tour anschließen: Es ist weltweit der einzige Platz auf dem Festland, wo Reisende eine Kolonie von Albatrossen beobachten können. Mit den vorhandenen, kostenlosen Ferngläsern blicken Besucher aus einem unterirdischen Versteck auf das Spektakel – während der Brutzeit von Mitte September bis Ende November ist das Zentrum allerdings geschlossen. Die 90-minütigen Führungen beinhalten zudem einen kurzen Abstecher zu den ehemaligen Festungsanlagen aus dem Zweiten Weltkrieg, als Neuseeland aus Angst vor Russen und Japanern aufgerüstet hatte. Eine drehbare Kanone aus dieser Zeit ist der Höhepunkt der kleinen Ausstellung.

Der Besuch der Albatross-Kolonie lässt sich auf einer Tagestour über die 34 Kilometer lange Halbinsel gut mit einem Ausflug zu einer der verschiedenen Pinguin-Kolonien verbinden. Vor allem lohnen sich die geführten Touren im privat betriebenen Naturschutzreservat Penguin Place. Von der Gründung 1985 als Teil einer Schaffarm stieg die Zahl der brütenden Pärchen von acht auf zwischenzeitlich 36. Besucher laufen durch gut getarnte Gräben, um die watschelnden Gelbaugenpinguine möglichst wenig zu stören. Gerade nachmittags lohnt der Besuch. Unvergesslich bleibt,

wenn sie aus dem Wasser empor kommen und über den Strand flitzen. Alternativ (oder zusätzlich) lassen sich zum Sonnenuntergang am kleinen Strand Pilots Beach unterhalb des Albatross Centre ebenfalls Pinguine beobachten. Auf eigene Faust, aber unter Aufsicht eines Rangers, warten Besucher hier allabendlich auf die Rückkehr der Zwergpinguine.

Robben und Seelöwen komplettieren die Wildlife Tour. Neben organisierten Touren können sie auf eigene Faust direkt vom Strand aus beobachtet werden, etwa rund um Taiaroa Head oder auf einem Rundgang über das Schutzgebiet Penguin Place. Wer viel Zeit hat, verbringt zusätzlich noch eine Stunde im Meereslaboratorium New Zealand Marine Studies Centre & Aquarium.

www.albatross.org.nz
www.penguinplace.co.nz
www.marine.ac.nz

13 Kaikoura – Wale (fast) garantiert

Vor allem für Bootsfahrten zur Walbeobachtung ist die Kleinstadt Kaikoura an der Ostküste der Südinsel bekannt. Pott- und Buckelwale, Orcas und weitere Delfinarten sowie Pelzrobben fühlen sich hier wohl: Während das Meer zunächst leicht abfällt, stürzt der Boden draußen am Kaikoura Canyon steil auf rund 1000 Meter ab. Zugleich treffen an dieser Stelle warme Strömungen aus den Tropen auf kaltes Wasser aus der Antarktis. Ideale Bedingungen für ein nährstoffreiches Meer, das viele Meerestiere anlockt.

Die PS-starken Boote des von Maori geführten Anbieters Whale Watch Kaikoura sind mit einem Unterwasser-Mikrofon ausgestattet, um die Wale zu orten. Besucher sollten bedenken, dass bei den oft ausgebuchten Touren selten mehr als ein oder zwei Wale gesichtet werden und das Meer oft unruhig bis stürmisch ist (Tabletten gegen Seekrankheit mitnehmen). Wer wider Erwarten keinen Wal sieht, bekommt ein Teil des Geldes zurück. Alternativ werden Rundflüge per Helikopter angeboten.

Ebenfalls begehrt sind Bootstrips zu einer Kolonie von Dusky Dolphins. Wer den bis zu zwei Meter langen, grauen Delfinen besonders nah sein möchte, kann mit Schnorchel und Taucheranzug zu ihnen ins Wasser steigen. Anders als bei den Waltouren sind hier die Gruppen kleiner.

www.whalewatch.co.nz
www.encounterkaikoura.co.nz

14 Bay of Islands – Schwimmen mit Delfinen

Einen Lebenstraum erfüllen sich viele Reisende in der Bay of Islands: einmal gemeinsam mit verspielten Delfinen schwimmen! Die tropische Inselwelt ist ein ideales Revier für Begegnungen zwischen Tier und Mensch. Allerdings sollte Teilnehmern bewusst sein, dass Umweltschützer Bedenken gegen diese Art von Urlaubsvergnügen haben.

Gleichwohl: Es ist ein unvergesslicher Moment, den bis zu vier Meter großen und mehreren hundert Kilogramm schweren Meeressäugern nah zu sein und sie aus dem Wasser statt vom Boot aus zu beobachten. Ausgestattet mit Schnorchelbrille und wärmendem Tauchanzug geht es auf den halbtägigen Touren ins Wasser, wenn sich die Delfine nähern. Zu den Höhepunkten der Ausflüge zählt, wenn sich die grauen Bottlenose Dolphins sprichwörtlich austoben und bis zu neun Meter hoch aus dem Wasser springen. Oftmals schwimmen sie parallel zu den Ausflugsbooten und werden dabei bis zu 50 Stundenkilometer schnell. Neben den rund 450 Bootlenose Dolphins tümmeln sich an manchen Tagen auch Common Dolphins (Gemeine Delfine), Orcas und Wale sowie Seehunde und Pinguine zwischen den Inseln. Manche Anbieter schenken ihren Gästen eine kostenlose zweite Fahrt, wenn keine Delfine gesichtet werden.

www.dolphincruises.co.nz
www.sailingdolphins.co.nz

15 Oamaru

„Achtung Pinguin" heißt es gelegentlich in Oamaru, wenn sich ein Pinguin in die Ostküstenstadt auf der Südinsel verirrt und durch die Straßen watschelt. Während es bei den Gelbaugenpinguinen in der Bushy Bay eher gemächlich zugeht, sitzen den Zwergpinguinen (Blue Penguins) abends bis zu 350 Zuschauer auf den kostenpflichtigen Tribünen bei. Besuche sind auch tagsüber möglich.
www.penguins.co.nz

16 Doubtful Sound

Gemütlich vom großen Schiff aus lässt sich Neuseelands Tierwelt im Doubtful Sound erleben (siehe „Southland", Seite 270). Pelzrobben (Fur Seals) und Tümmler-Delfine (Bottlenose Dolphins) leben hier ganzjährig. Gerade bei Übernachtungskreuzfahrten stehen die Chancen gut, Dickschnabelpinguine (Fiordland Crested Pinguins) mit ihren gelben Streifen über den Augen zu beobachten.
www.realjourneys.co.nz

17 Stewart Island

Neuseelands Nationalvogel, der Kiwi, lockt die Besucher nach Stewart Island (siehe „Southland", Seite 275). Auf der Insel südlich von Invercargill leben bis zu 20.000 der flugunfähigen Vögel, die trotz ihres markigen Zwitscherns nur schwer zu finden sind. Manchmal toben Kiwis quer durch den Ort. Alternativ werden geführte Touren angeboten.
www.ruggedyrange.com
www.kiwispotting.co.nz

18 Zealandia

Kiwis in Wellington? Das Naturschutzgebiet Zealandia im Westen der Hauptstadt gilt als einer der besten Plätze, die seltenen und scheuen Kiwis zu beobachten (siehe „Wellington“, Seite 213). Bei den abendlichen Führungen erleben Besucher neben Tuis und anderen Vögeln oft auch den nur 35 Zentimeter großen und bis zu 65 Zentimeter langen Kiwi.
www.visitzealandia.com

19 Akaroa

Die Halbinsel Banks Peninsula südöstlich von Christchurch ist eines der größten Reviere der kleinen Hector Dolphins. Neben regulären Bootsfahrten können Besucher auch zu den kleinen Meeresbewohnern ins Wasser steigen. Die Bucht von Akaroa ist somit eine gute Alternative zur Bay of Islands, um sich den Traum vom Schwimmen mit Delfinen zu erfüllen.
www.blackcat.co.nz
www.akaroadolphins.co.nz

20 Trounson Kauri Park

Kiwi trifft Kauri: In den unberührten Wäldern des Trounson Kauri Park fühlt sich Neuseelands Nationalvogel richtig wohl (siehe „Northland“, Seite 173). Rund 200 Kiwis sollen hier leben. Jeden Abend organisiert ein nahe gelegener Campingplatz gemeinsam mit dem DOC zweistündige geführte Wanderungen (auch für auswärtige Gäste). Eine gute Möglichkeit, Kiwis in der Natur zu sehen.
www.kauricoasttop10.co.nz

Von Auckland aus dauert es keine Stunde bis zum Piha Beach.

Strände der Nordinsel

Mehr als 15.000 Kilometer Küste prägen die beiden Hauptinseln Neuseelands. Der 200 Meter breite Ninety Mile Beach im Norden zählt zu den besonders beeindruckenden Stränden. Ebenso beliebt auf der Nordinsel: die zerklüftete Felslandschaft im Osten der Coromandel Peninsula, nur wenige Fahrstunden von Auckland entfernt. Indes ist bei der großen Vielfalt ein schöner und einsamer Platz am Meer selten weit entfernt – egal, wo man gerade reist.

21 Cathedral Cove – Felsgrotte am Strand

Eine Kathedrale am Strand? In der Tat, Urlauber können sie auf der Halbinsel Coromandel finden. Eine Höhle, deren Ausmaße sowie spitz zulaufende Wände und Decken tatsächlich an eine Kathedrale erinnern, ist die Hauptattraktion eines Strandes in der Nähe des Ausflugsorts Hahei an der Ostseite. Die riesige Höhle – passenderweise Cathedral Cave genannt – wurde in Millionen Jahren von Wind und Wasser geformt, Die Gezeiten haben nicht nur den rund 40 Meter hohen Kalkstein derart kreativ

modelliert – sie sorgen auch dafür, dass die beeindruckende Felsformation am Strand nur bei Ebbe besucht werden kann, da die Klippen teils bis an die Wasserlinie heranreichen. Ein nur wenige Meter vor dem Strand liegender großer Felsen (genannt Te Hoho) macht sie zur perfekten Foto-Location.

Die Cathedral Cove ist entweder direkt von Hahei in rund 60 Minuten erreichbar und dann gut mit dem Besuch eines ganz in der Nähe liegenden, alten befestigten Dorf (Pa) der Maori kombinierbar. Außerdem können Besucher zur Cathedral Cove von einem nah liegenden Parkplatz problemlos zu Fuß in gut 30 Minuten gehen. Dieser Weg ist gut beschildert, eine steile Treppe führt hinunter zum Strand. Alternativ werden Bootstouren oder Ausflüge mit dem Kanu angeboten. Beides ermöglicht einen wohl noch besseren Blick auf die schroffe und sehenswerte Küstenlinie mit weiteren Höhlen und Grotten. Insgesamt rund 150.000 Besucher pro Jahr machen die Cathedral Cove zu einer der meistbesuchten Attraktionen in ganz Neuseeland. Der Strand – einer der landschaftlichen Höhepunkte der Halbinsel – ist zugleich ein schöner Picknick-Platz.

Das Gebiet rund um die Cathedral Cove wurde 1993 unter dem Maori-Namen Te Whanganui-A-Hei zum ersten Naturschutzgebiet an der Küste der Halbinsel Coromandel erklärt. Hahei liegt etwa 40 Kilometer von Whitianga entfernt. Wer die Cathedral Cove besucht, sollte einen Abstecher zum nah liegenden Hot Water Beach nicht auslassen. Auch der nahe Hahei Beach mit seinen Muschelfunden ist einen Abstecher wert, sofern die Tour zur Cathedral Cove nicht ohnehin dort startet.

www.cathedralcovecruises.co.nz

22 Ninety Mile Beach – Längster Strand des Landes

Beim Rennen um den schönsten Sonnenuntergang Neuseelands liegt der Ninety Mile Beach ganz vorn mit dabei. Hier erstrahlt die Sonne jeden Abend in einem anderen Glanz, der sich in den tosenden Wellen und im breiten, nassen Sand spiegelt. Dazu glühen die Dünen förmlich im letzten Tageslicht. Und mit viel Glück galoppiert noch eines der seltenen Wildpferde vorbei – Romantik pur. Bei einer Länge von tatsächlich nur 88 Kilometern (also entsprechend 55 Meilen, anders als der Name suggeriert) und einer Breite von bis zu 200 Metern findet hier jeder Besucher ein Plätzchen für sich, um das Lichterspektakel zu genießen.

Doch auch tagsüber ist ein Besuch am Ninety Mile Beach auf der Westseite der Aupouri Peninsula aufregend: Denn der breite Strand ist für den Straßenverkehr freigegeben. Ähnlich wie in St. Peter-Ording an der deutschen Nordseeküste dürfen Autos im Sand fahren. Aber Vorsicht: Die Polizei soll angeblich auch hier blitzen und so die Höchstgeschwindigkeit von 100 Stundenkilometern kontrollieren. Hinzu kommt, dass Mietwagenverleiher im Regelfall das Fahren außerhalb geteerter Straßen verbieten. Wenn überhaupt, ist es Mietern von Allrad-Fahrzeugen gestattet, über den Strand zu fahren. Und selbst mit Allrad-Fahrzeugen sind Besucher nicht vor dem Steckenbleiben im tiefen Sand oder in überschwemmten Gebieten gefeit. Autowracks sind blecherne Zeugen von den etlichen Unglücken. Daher ist es ratsam, einen der zahlreichen Parkplätze anzusteuern und die wenigen Meter zum breiten, leeren Stand zu Fuß zurückzulegen. Alternativ bieten zahlreiche Tourveranstalter, beispielsweise ab dem nahen Kaitaia Fahrten in speziell ausgerüsteten Bussen an. Diese organisierten Touren

schließen meist den Besuch von Cape Reinga (siehe „Northland“, Seite 172) an der Nordspitze Neuseelands ein.

Der breite, flache Strand zieht beileibe nicht nur Urlauber an, sondern immer wieder auch professionelle Rennfahrer. So stellte der Australier Norman „Wizard“ Smith hier im Jahre 1932 einen neuen Geschwindigkeits-Weltrekord mit 264 Stundenkilometern auf. Heute finden regelmäßig Langstrecken-Laufrennen und Angelwettbewerbe statt. Bei Ebbe lässt sich beispielsweise nach Muscheln, den Tatua, graben. Für Neuseeländer eine echte Delikatesse. An einigen Stellen werden auch Quadtouren angeboten.

www.capereingatours.co.nz
www.sandsafaris.co.nz
www.harrisonscapereingatours.co.nz

23 Piha Beach – Strand der Auckländer

Stürmische Wellen rollen auf den dunklen, groben Quarzsand; ein rauer, aber romantischer Ort. Piha Beach entspricht bei Weitem nicht den gängigen Schönheitsidealen für einen perfekten Strand. Und gerade deswegen ist dieser Ort bei den Auckländern – ob gestresste Manager oder entspannte Aussteiger – besonders beliebt. Surfer schätzen die gute, stetige Brandung. Und im Hochsommer, wenn die Rettungsschwimmer Wache schieben, können sich auch Schwimmer weitgehend gefahrlos in die Wellen stürzen.

Die schroffen Klippen des Lion Rock zerteilen den Strand in zwei Teile und geben mit ihrer Löwenform ein gutes Fotomotiv ab. Die angrenzende Bucht des Karekare Beach dürfte gerade Filmfans wohl bekannt sein: Hier spielt die weltberühmte Anfangsszene aus dem Oscar-gekrönten Film „The Piano“ (siehe „Filme“, Seite 412, und „Drehorte“, Seite 345).

Piha Beach liegt etwa 30 Kilometer westlich von Auckland. Die schmale Straße dorthin führt durch die Waitakere Ranges (siehe „Auckland“, Seite 162), die mit ihren dichten Wäldern und einigen Kauri-Bäumen selbst ein lohnendes Ziel sind.

www.piha.co.nz

24 Tapotupotu Bay – Traumbucht an der Nordspitze

Kurz bevor Neuseeland endet, lockt eine traumhafte Bucht: Die Tapotupotu Bay liegt, fast noch unentdeckt, nur wenige Kilometer vom berühmten Cape Reinga entfernt. Eine schmale und hüglige Schotterstraße führt von der Hauptstraße gen Norden zur Bucht, die mit feinem Sandstrand und türkisfarbenem Wasser ihre Aufwartung macht.

Der Strand selbst lädt zum Entdecken ein. Ein kleiner, gezeitenabhängiger Strom schlängelt sich quer durch, Schwimmen, Angeln und Relaxen sind hier in weitgehender Einsamkeit und Ruhe möglich. Einige Klippen können erklommen werden und bieten eine schöne Sicht hinüber zu weiteren Buchten. „Schönheit der Natur, die puren Luxus bietet“, schreibt eine Besucherin über die Tapotupotu Bay später in ihrem Blog. Und passend dazu betreibt der DOC hier einen kleinen Campingplatz, den nördlichsten im ganzen Land (siehe „Campingplätze“, Seite 316).

Zugleich ist die Tapotupotu Bay ein guter Ausgangspunkt, sich der Nordspitze Neuseelands zu nähern: Hier startet ein knapp fünf Kilometer langer Wanderweg zum berühmten Leuchtturm von Cape Reinga. Gut zweieinhalb Stunden (eine Strecke) sollten Wanderer hierfür einplanen.

25 Pakiri Beach

Vor allem Surfer und Pferdefreunde kommen am Pakiri Beach auf ihre Kosten: 14 Kilometer feinster und nahezu unberührter Sandstrand ziehen sich die Ostküste entlang. In den tosenden Wellen können sich Surfer austoben. Zugleich ist der Strand mit seiner umliegenden Buschlandschaft ein ideales Reitrevier. Pakiri Beach liegt etwa 90 Fahrminuten nördlich von Auckland.

26 Hot Water Beach

Am Strand mit seinen unterirdischen Quellen können sich Besucher bei Ebbe ihren eigenen Pool schaufeln. Dank der brodelnden Quellen füllen sich die Löcher im Sand sofort mit heißem Wasser. Der Hot Water Beach zählt zu den bekanntesten Strand-Attraktionen. In der Hochsaison sollen hunderte Menschen mit der Schaufel unterwegs sein. Angesichts der gefährlichen Strömungen vor Ort nach einer Gezeitentabelle fragen!

27 Whangamata Beach

Der sechs Kilometer lange Strand des Ferienortes ist ein echtes Paradies für Wassersportler. Urlauber können Surfboards und Kajaks mieten oder sich in der neuen Trendsportart Stand Up Paddling probieren. Whangamata ist zu Silvester ein beliebtes Ziel für jüngere Auckländer mit insgesamt bis zu 40.000 Besuchern. Auch während des gesamten Sommers zählt der Ort zu den populärsten an der Ostküste.

28 Muriwai Beach

Der größte Strand der Westküste ist für seine Kolonie Australischer Tölpel (Gannets) berühmt. Bis zu 1200 Vögel machen es sich am rund 50 Kilometer langen Muriwai Beach gemütlich. Der Ort zählt zu den wenigen auf dem Festland, wo sich die Tölpel – am besten von August bis März – beobachten lassen. Der schwarze Sandstrand mit bizarren Felsformationen liegt 45 Fahrminuten von Auckland entfernt.

29 Waipu Cove Beach

Der langgezogene Strand an der Bream Bay (30 Minuten südlich von Whangarei) allein lohnt schon einen Besuch. Besonders sehenswert ist aber auch die namensgebende Waipu Cave. In der Höhle befinden sich mit die längsten Stalaktiten des Landes, beleuchtet von Glühwürmchen. Der Besuch ist kostenlos. In der Nähe liegen die Sanddünen vom Mangawhai Harbour sowie das Schnorchelrevier im Marine Reserve an Cape Rodney.

30 Whale Bay

Der Strand bei Raglan an der Ostküste gilt als einer der weltweit besten Surfspots. Lange Wellen machen den perfekten Ritt auf dem Board möglich. Der Films „Endless Summer" machte die Whale Bay international bekannt. Einsteiger können bei einer lokalen Surfschule erste Versuche starten. Für Nicht-Surfer stehen Aussichtsplattformen oder Kajaks zur Verfügung.

www.raglansurfingschool.co.nz

Strände der Südinsel

Wildumtoste Strände, einzigartige Steinformationen und malerische Buchten prägen die Südinsel. Zwar eignen sich nur wenige Stellen wie der Kaiteriteri Beach gut zum Baden. Dafür begeistern Delfine und Pinguine, etwa an der Curio Bay im Südosten, Jung und Alt gleichermaßen. Und nahezu mystisch wirken die Steinkugeln (Moeraki Boulders) bei Oamaru.

Archway Islands am Wharaiki Beach bestehen aus vier kleinen Felseninseln.

31 Wharariki Beach – Wilde Nordspitze

Der Takt von Ebbe und Flut bestimmt den Punkt, wann die Zeit reif ist für einen Besuch an einem Strand der Extraklasse: Wharariki Beach am Cape Farewell, dem Nordkap. So rau der Wind hier stürmen kann, so einladend ist dieser Platz an einem der vielen gefühlten Enden der Welt in Neuseeland. Allerdings ist ein Besuch nur im Zeitfenster von zwei Stunden vor Niedrigwasser bis zwei Stunden danach möglich. Nur dann erreichen Wanderer das Ende der Bucht: mit dem besten Blick über die zerklüftete Landschaft mit Klippen, Felsbögen, langen Stränden und Wanderdünen. Beim Blick aufs Meer fällt der Blick auf Archway Islands mit vier kleinen,

steinernen Inseln. Quasi als I-Tüpfelchen statten Robben regelmäßig dem Strand einen Besuch ab. Nur zum Baden ist die malerische Bucht nicht gut geeignet.

Wer wenig Zeit hat, fährt vom Farewell Spit Visitor Centre mit angeschlossenem Café eine unbefestigte Piste sechs Kilometer direkt zum Parkplatz und läuft noch etwa 20 Minuten zum Wharariki Beach. Alternativ lohnt der drei Stunden dauernde Hilltop Walk, der am Besucherzentrum beginnt. Dieser Weg führt über das Weideland einer Farm, die vom DOC betrieben wird, weiter gen Steilkliff und zum Strand. Unter Umständen muss ein kleiner, kniehoher Bach durchquert werden. Der Hilltop Walk führt am nah gelegenen Parkplatz vorbei – Wanderer können hier möglicherweise andere Besucher um einen Shuttle zurück bitten.

Zudem kann diese Wanderung um einen bis zu vierstündigen Abstecher gen Farewell Spit erweitert werden. Die Landzunge wurde in Millionen Jahren von Sand, Wasser und Wind geformt. Die gewaltige Dünenlandschaft wächst hier gut 30 Kilometer ins Meer hinaus. Der größte Teil des bedeutenden Vogelschutzgebietes ist jedoch für Individualbesucher gesperrt. Nur die ersten vier Kilometer Küste sind frei zugänglich, allerdings werden täglich geführte Touren angeboten (siehe „Tasman & Nelson“, Seite 232). Auch das nahe Cape Farewell lohnt einen Besuch.

Das Café in Puponga auf dem Weg zum Wharariki Beach ist für Kuchen und Lunch sowie vor allem für seinen schönen Blick berühmt. Es fungiert auch als Besucherzentrum. Überdies werden in der Region geführte Reittouren mit Längen zwischen 90 Minuten und drei Stunden angeboten.

www.horsetreksnz.co.nz

32 Moeraki Boulders – Bizarre Kugeln

Auf den ersten Blick erinnern die grau-runden Felsen an überdimensionierte Murmeln, die am Strand versehentlich verstreut wurden. Mit ihrer ungleichförmigen Kacheloptik könnte es sich alternativ auch um steinerne Fußbälle handeln. Die Moeraki Boulders mit einem Durchmesser von bis zu zwei Metern am Koekohe Beach von Moeraki, rund 30 Kilometer südlich von Oamaru, zählen zu den eigenwilligsten Gesteinsformationen von Neuseeland – und zu den meistfotografierten ohnehin.

Wer hier nicht wenigstens einen kurzen Spaziergang vom etwa 300 Meter entfernten Parkplatz unternimmt, verpasst einen der schönsten Strände des Landes und eine echte Laune der Natur. Für die Maori symbolisieren die Felsen verschiedene essbare Gaben eines gesunkenen Kanus, das wiederum heute ein nah gelegenes Riff darstellt. So oder so – die Moeraki Boulders gehören zu einem der schönsten Abschnitte an der Ostküste. Wer es einrichten kann, plant seinen Besuch bei Ebbe – bei Flut liegen die bizarren Formationen teils unter Wasser. Zuweilen verirren sich die kleinen Hector-Delfine in die hiesigen Küstengewässer und komplettieren das Stranderlebnis.

Wissenschaftler datieren den Ursprung der tonnenschweren Kugeln auf etwa 65 Millionen Jahre zurück. Einst waren die Felsen Teil des Kliffs, das nach und nach vom Pazifik ausgewaschen wurde. Übrig blieben die Kugeln, deren zunächst glatte Oberfläche von der Erosion im Laufe der Jahrtausende ihr heutiges Muster erhielt. Durch die gesunkenen Meeresspiegel tauchten die Moeraki Boulders mit ihrem Kalkkristallkern schließlich

an der Oberfläche auf. Heute sind leider nur noch die größten Felsen zu bestaunen – Souvenirjäger haben die kleineren Exemplare verbotenerweise als Urlaubserinnerung mit nach Hause genommen.

Ein Stopp an den Moeraki Boulders lässt sich gut mit einer Pause verbinden, als Picknick am Strand oder im angrenzenden Café. Zudem liegt im nahe gelegenen Fischerdorf Moeraki mit dem Restaurant Fleurs Place eine der besten Adressen des Landes (siehe „Restaurants", Seit 384).

www.moerakiboulders.com
www.fleursplace.com

33 Curio Bay/Porpoise Bay – Weltweit einzigartig

In den einsamen Catlins im Südosten der Südinsel wetteifern viele Strände und Buchten um den Titel des schönsten Platzes am Wasser. Doch mit jährlich rund 100.000 Besuchern liegen die Curio Bay und die angrenzende Porpoise Bay in der Gunst der Besucher ganz eindeutig vorn. Hector Dolphins und Gelbaugenpinguine sowie zuweilen Wale verzücken Jung und Alt gleichermaßen (siehe „Tierbeobachtungen“, Seite 34).

Doch das ist nicht die einzige Sehenswürdigkeit: Überdies lockt die westlicher gelegene Curio Bay bei Ebbe mit einem Blick auf einen versteinerten Wald. Vor rund 180 Millionen Jahren, als Neuseeland noch Teil des Superkontinents Gondwana war, begruben Lava und Asche den Wald, der seinerzeit in einem Überschwemmungsgebiet lag. Heute bietet sich ein surrealer Anblick auf die Wattfläche mit ihren Fossilien. Die hiesige Pflanzenwelt ist beispielsweise mit unseren heutigen Kauri-Bäumen verwandt. Weltweit ist von den wenigen vergleichbaren Naturschauspielen kein anderer versteinerter Wald so gut erhalten wie hier an der Curio Bay. Das Betreten des rund zwölf Kilometer breiten Strandstreifens am Südostzipfel Neuseelands ist daher streng verboten, eine Aussichtsplattform wurde extra für Besucher errichtet.

34 Kaiteriteri Beach – Tor zum Nationalpark

Sanft rollen die türkis schimmernden Wellen auf den Strand, der sich in goldenem Glanz von seiner besten Seite zeigt. Links und rechts umschließen kleine Felsspitzen mit dichtem Bewuchs die Bucht. Am Ufer genießen Urlauber und Einheimische die wärmenden Sonnenstrahlen des Nachmittags, ganz friedlich und still präsentiert sich der Strand von Kaiteriteri. Der kleine Ferienort zählt zu den beliebtesten Zielen Neuseelands und ist wichtiger Ausgangspunkt für Ausflüge in den weithin bekannten Abel Tasman National Park (siehe „Nationalparks", Seite 24, und „Tasman & Nelson", Seite 228). Der Ort ist sehr beliebt – sowohl Stellplätze als auch Zimmer sollten daher möglichst frühzeitig gebucht werden.

So sehr der Strand zum Relaxen einlädt – erst auf einer kleinen Wanderung kommt die volle Pracht voll zur Geltung. In einer schmalen Lagune am rechten Ende sammelt sich das Wasser im schönsten Grünton. Von da aus geht es leicht bergan auf eine kleine Landzunge – von der Spitze genießen Besucher dann einen schönen Blick auf Kaiteriteri Beach sowie rechterhand auf Little Kaiteriteri Beach in der Bucht nebenan. Und abends kommen angeblich Pinguine vorbei – zumindest weist ein Schild auf sie hin.

35 Mosquito Bay

Fast wie am Ende der Welt und doch mittendrin im Abel Tasman National Park: Die kleine Bucht ist ausschließlich per Boot erreichbar. Selbst von der nahen, viel frequentierten Bark Bay führt kein Fußweg zur Mosquito Bay. Ideal für Tagesbesucher per Wassertaxi oder zum Übernachten (20 Stellplätze) für Reisende mit Kajak.

36 Bruce Bay

Auf halben Weg zwischen Haast und dem Fox Glacier liegt die zehn Kilometer lange Bucht, die von beiden Seiten von Felsen umgeben ist. Der Name Bruce Bay erinnert an das Schiff „Bruce“, das hier 1865 ankerte. Kapitän Gibson erkundete im Auftrag des Staates die Küsten und den nahen Hokarita River. Zudem transportierte das Schiff die Goldfunde aus der Region.

37 Punakaiki Beach

Dieser Strand an der windumtosten Westküste zählt für viele Reisende zum Pflichtprogramm. Punakaiki ist berühmt für seine Pancake Rocks und die Blowholes bei Flut. Die gestreiften Felsen erinnern an geschichtete Pfannkuchen und sind Ziel Nummer eins im Paparoa National Park (siehe „West Coast“, Seite 282, und „Nationalparks“, Seite 31). Besonders sehenswert ist der Strand zum Sonnenuntergang.

38 Tunnel Beach

Der Name ist Programm: Durch einen Tunnel, der im 19. Jahrhundert in den Fels geschlagen wurde, führt der Weg zum gleichnamigen Strand. Nur zwei Kilometer von Dunedin entfernt, ist der Tunnel Beach angesichts des abenteuerlichen Zugangs mit leichten Kletterpassagen selten stark bevölkert. Die Sandsteinklippen verleihen dem Ort eine romantisch-raue Atmosphäre. Bei Flut besser nicht hinlaufen.

39 Gillespies Beach

Den spektakulären Blick auf schneebedeckten Berge sollten Reisende bei gutem Wetter bei einem Abstecher zum Gillespies Beach, rund 20 Kilometer vom Fox Glacier, nicht verpassen. Mehrere Wanderungen führen durch die Bucht. Die beste Aussicht genießen Besucher von einer Lagune, 50 Minuten vom Parkplatz entfernt. Die längste Tour von rund dreieinhalb Stunden (hin und zurück) endet bei einer Seerobbenkolonie.

40 Boulder Beach

Der breite, mit Steinen gesäumte Strand ist ein Geheimtipp: Die kleine Insel Ulva Island, zehn Bootsminuten von Stewart Island entfernt, ist ein Vogelschutzgebiet und bietet nahezu unberührte Natur, beispielsweise am Boulder Beach. Austernfischer, Tuis und Kakas fühlen sich hier wohl. Auf geführten Touren stehen die Chancen höher, die scheuen Vögel zu erleben.

www.stewartislandwatertaxi.co.nz
www.ruggedyrange.com

Tageswanderungen

Ab in die Natur! Schon auf kurzen Touren erleben Reisende die Pracht der neuseeländischen Natur. Duft und Farben der Pflanzen, klares Wasser in Flüssen und Seen, das Zwitschern der eigenwilligen einheimischen Vögel, dazu oft ein Panoramablick über Berge oder Küsten. Vielfach sind die Wege gut ausgebaut, so dass auch ungeübte Wanderer die Komfortzone ihres Autos verlassen und sich problemlos Flora und Fauna nähern können. Wanderwege zwischen drei und zehn Stunden zählen zu den schönsten Tagestouren Neuseelands – jeder von ihnen mit unvergesslichen Momenten.

www.doc.govt.nz/parks-and-recreation/things-to-do/walking-and-tramping

Eine der schönsten Tageswanderungen weltweit: Tongariro Alpine Crossing

41 Tongariro Alpine Crossing – Keiner ist schöner

Die Kontraste könnten stärker kaum sein: Innerhalb weniger Stunden bestaunen Wanderer smaragdfarbene Kraterseen, erleben dampfende Vulkane und durchqueren mondähnliche Landschaften. Die sechs- bis neunstündige Wanderung entlang des Tongariro Alpine Crossing Track gilt mit ihrer Schönheit und Vielfalt nicht nur als schönste Tageswanderung Neuseelands, sondern zählt auch weltweit zu den attraktivsten Wegen.

Den Mittelpunkt des Nationalparks bilden die drei Vulkane Tongariro, Ngauruhoe und Ruapehu, die bis heute immer wieder aktiv sind. Das Schutzgebiet wurde als erstes seiner

Art in Neuseeland 1887 gegründet und war damit weltweit Vorreiter in Sachen Naturschutz. Angesichts seiner mythologischen wie ökologischen Bedeutung zählt der Park heute sowohl zum UNESCO-Kulturerbe als auch zum UNESCO-Naturerbe der Menschheit.

70.000 Wanderer nehmen alljährlich die 19 Kilometer lange Strecke in Angriff, die keinen Rundkurs darstellt. Insgesamt sind rund 2000 Höhenmeter, davon etwa 750 Meter bergauf, zu bewältigen. Nach dem Start durch eine karge Ebene führt der Weg langsam aufwärts. Nach Passieren der Soda Springs wird es über altem Lavagestein beschwerlicher. Einem steilen Anstieg folgt bei gutem Wetter ein grandioser Ausblick auf den weit entfernten Mount Taranaki an der Westküste. Trainierte Wanderer nehmen zusätzlich den dreistündigen Rundkurs auf den Mount Ngauruhoe mit, während die überwiegende Mehrheit direkt den South Crater ansteuert.

Nach der kargen Hochebene mit Blick auf die rote Spitze des Mount Ngauruhoe folgt ein steiler Anstieg zum Red Crater, ehe die höchste Stelle mit 1886 Meter erreicht wird. Schließlich folgt der Höhepunkt mit dem Blick auf den Emerald Lake. Dann beginnt der mehrstündige Schlussspurt, der teils sehr steil und somit streckenweise recht beschwerlich ausfällt. Wanderstöcke sind hilfreich. Auf den letzten Metern passieren die Wanderer noch einige heiße Quellen (Hot Springs), die aber nicht benutzt werden dürfen.

Wanderer sollten für die alpine Tour gut trainiert und ausgerüstet sein. Bustransfer zu Start- und Zielpunkt vorab organisieren. Geführte Touren sind buchbar.

www.tongarirocrossing.org.nz
www.tongarirocrossing.com
www.adriftnz.co.nz

42 Abel Tasman National Park – Grünes Paradies

Groß, größer, Baumfarne: Mit ihren eleganten weiten Wedeln und Kronen verzaubern die immer grünen Pflanzen die Wanderer im Abel Tasman National Park (siehe „Nationalparks“, Seite 24). Mit seinen Buchten und schroffen Felsformationen in der sonnenreichen Region gilt der Park als eine der schönsten Küstenlandschaften weltweit. Der 51 Kilometer lange Abel Tasman Coast Track entlang der Küste ist der beliebteste der neun Great Walks. Doch gerade diese Mehrtageswanderung eignet sich auch für Tagesgäste: Örtliche Veranstalter steuern mit Booten und Wassertaxis die Buchten an. So können sich Wanderer an jeder Stelle absetzen und später woanders abholen lassen. Die Touren in den Nationalpark – an der nördlichen Spitze der Südinsel – starten in den kleinen Städtchen Marahau und Kaiteriteri (siehe „Tasman & Nelson“, Seite 228, und „Strände der Südinsel“, Seite 59).

Zu den schönsten Abschnitten für Tagesgäste zählt die elf Kilometer lange Wanderung vom Medlands Beach an der Bark Bay zur Bucht The Anchorage. Die Boote passieren zumeist den Split Apple Rock. Der gespaltene Felsblock zählt zu den berühmtesten Felsformationen im Park. Ebenfalls auf vielen Fahrten zu bestaunen: die Seelöwenkolonie auf Tonga Island.

An der weiten Bark Bay startet die etwa vierstündige Wanderung. Mit ihrem goldglänzenden Sand ist die Bucht ein begehrter Picknickplatz. Von dort zieht sich der Weg langsam ansteigend durch dichten Regenwald. Schließlich erreichen Wanderer eine 47 Meter lange Hängebrücke über den Falls River. Einer der schönsten Blicke fällt auf die malerische Frenchman Bay, wo ein kleiner Fluss schwungvoll ins Meer mündet. Das klare Wasser

lädt immer wieder zum Baden ein – beispielsweise an der Torrent Bay mit seiner gezeitenabhängigen Lagune.

Wie in den anderen Buchten mit dem türkisfarbenen Wasser gilt auch hier: bei Ebbe unten am Strand, bei Flut oben entlang. Ziel ist die halbkreisförmige Bucht von Anchorage. Von dort geht es dann mit dem Wassertaxi zurück nach Marahau oder Kaiteriteri. In Marahau oder Kaiteriteri finden sich Anbieter für Wander- und Kajaktouren. Das Angebot reicht vom reinen Transport bzw. Verleihen des Bootes bis hin zu organisierten Touren, die auf Wunsch Wanderungen und Kajaktouren kombinieren.

www.abeltasman.co.nz
www.aquataxi.co.nz
www.abeltasmantravel.co.nz

43 Milford Sound – Schnuppertour auf dem Track

Der Milford Track ist vermutlich die bekannteste Treckingtour der Welt. Über knapp 54 Kilometer schlängelt sich der Weg sich durch unwegsames, abgelegenes Terrain. Vom pittoresken Lake Te Anau geht es über den 1073 Meter hohen Mackinnon Pass bis zum Milford Sound. Teiletappen wie etwa beim Abel Tasman National Park sind unmöglich, da nur Start und Ziel öffentlich zugänglich sind. Allerdings bieten Outdoor-Anbieter mittlerweile geführte Tagestouren auf den ersten Kilometern an.

Die Schnuppertour startet mit einer Bootsfahrt über den Lake Te Anau. Nach einem Besuch im historischen Glade House mit kleinem Museum beginnt die Wanderung. Mit einer Länge von neun bis elf Kilometern ist sie für ungeübte Wanderer gut machbar. Über eine Brücke führt der Weg entlang des Clinton River in einen mystisch wirkenden Buchenwald. Nur unterbrochen von zwitschernden Vögeln genießen die kleinen Wandergruppen Stille und Schönheit der Natur. Smaragdgrünes Wasser lädt zum Fotografieren ein.

So sammeln Urlauber auf einer fünfstündigen Wanderung erste Impressionen entlang des berühmten Wanderwegs, ehe die Rückkehr via Boot nach Te Anau startet. Je nach Lust und Zeit können Teilnehmer vor der Abfahrt noch einen Abstecher über den Glade Burn Track machen – dort lockt ein traumhafter Blick auf den See, der Ausgangspunkt für viele Touren ist.

www.ultimatehikes.co.nz
www.realjourneys.co.nz

44 Rob Roy Valley Track – Gletscher und Keas

Der Ausblick am Ende des Weges ist wahrlich spektakulär: Besucher schauen direkt auf die steilen Hänge des Rob Roy Glacier im Mount Aspiring National Park (siehe „Nationalparks“, Seite 30). Und trotz des Panoramablicks vom Aussichtspunkt auf 760 Metern Höhe gilt die drei- bis vierstündige Wanderung noch eher als ein Geheimtipp.

Ausgangspunkt ist der Parkplatz Raspberry Creek, etwa eine Auto-Stunde von Wanaka entfernt (siehe „Otago“, Seite 260, und „Seen“, Seite 84). Nach dem Start überqueren Wanderer eine Hängebrücke am Zusammenfluss zweier Gletscherflüsse, ehe ein schöner Ausblick über das Matukituki Valley folgt. Dann geht es durch das Rob Roy Valley bergauf. Unterwegs lohnt ein Wasserfall als weiteres Fotomotiv. Nach etwa 75 Minuten lockt ein erster Blick auf den Gletscher. Irgendwann löst karge alpine Vegetation den Buchenwald ab, bis schließlich der spektakuläre Aussichtspunkt Rob Roy Glacier Lookout erreicht wird. Mit einer Gesamtlänge von zehn Kilometern sowie einem Höhenunterschied von 400 Metern ist der Rob Roy Valley Track vergleichsweise einfach. Manchmal unterhalten Keas die Wanderer.

Die Piste zum Parkplatz ist streckenweise nicht geteert, unter Umständen müssen kleine Flüsse durchquert werden. Daher besser einen Transport ab/bis Wanaka organisieren. Geführte Touren sind möglich.

www.alpineconnexions.co.nz
www.ecowanaka.co.nz

45 Kepler Track

Gebirge oder See? Auf zwei Etappen können Wanderer den Kepler Track am Lake Te Anau erkunden. Über 14 Kilometer geht es in zehn Stunden hoch zur Luxmore Hut auf 1085 Metern und zurück (siehe „Mehrtageswanderungen", Seite 74). Wer Zeit sparen will, bucht für den Hinweg einen Helikopter. Nur drei Stunden zieht sich ein Weg am See, wenn man für den Hinweg das Wassertaxi bucht. *www.fiordlandtours.co.nz*

46 Hooker Valley Track

Ihr Ziel haben Wanderer auf diesem Weg fest im Blick: Der Hooker Valley Track steuert den Hooker Lake unterhalb des höchsten Bergs Neuseelands an. Und auf dem Weg fällt der Blick immer auf den Gipfel des Aoraki/ Mount Cook. Mit kleinen Eisbergen im See erleben Besucher den wohl schönsten Platz am Berg. Der drei Stunden lange und kaum ansteigende Weg führt über drei Hängebrücken.

47 Key Summit Routeburn Track

Auch wer im Fiordland National Park entlang der Milford Road nur wenig Zeit zum Wandern hat – für den etwa dreistündigen Weg zum Key Summit sollte Zeit sein. Von der Spitze aus erleben Wanderer einen famosen Blick über die alpine Landschaft des Fiordland National Park und den Routeburn Track. Auf dem Weg werden mehrere Vegetationszonen durchquert.

48 Coromandel Coastal Walkway

Der Küstenwanderweg Coromandel Coastal Walkway verbindet auf einer Länge von zehn Kilometern die Stony Bay mit der Fletcher Bay. Aufgrund der abgelegenen Lage sind hier, 53 Kilometer nördlich von Coromandel, wenige Wanderer unterwegs. Während der drei- bis vierstündigen Tour (einfache Strecke) genießen sie schöne Blicke auf Great Barrier Island sowie zum Mount Moehau. Shuttle für den Rückweg organisieren.

49 Queen Charlotte Track

Die erste Etappe ist die Schönste: Vom Startpunkt Ship Cove am Meer führt der Queen Charlotte Track zum Endeavour Inlet. Von der Spitze eines 400 Meter hohen Hügels genießen Wanderer einen Panoramablick über die Buchten in den Marlborough Sounds. Nach fünf Stunden ist der Anleger in der Furneaux Lodge erreicht, wo das Wassertaxi für den Rückweg nach Picton anlegt.
www.qctrack.co.nz

50 Auckland Coast to Coast Walk

Der Coast to Coast Walk führt quer durch größte Stadt Neuseelands. Rund vier Stunden sollten sich Urlauber für den 16 Kilometer langen Sightseeing-Trip durch Auckland einplanen. Unterwegs passieren sie Viaduct Harbour, den Garten der Domain sowie die Spitzen der Vulkankegel Mount Eden und One Tree Hill (siehe „Auckland“, Seite 161).
www.aucklandcouncil.govt.nz/EN/parksfacilities/walkingtracks

Mehrtageswanderungen

Neuseeland gilt als das Wanderparadies schlechthin. Ob Vulkane, Gletscher oder goldgelbe Strände: Die Auswahl an mehrtägigen Wanderungen ist so vielfältig wie wohl in keiner anderen Region der Welt. Schon 1908 wurde der Milford Track in der Fjordlandschaft als weltweit schönste Trekking-Strecke gewürdigt – ein Lob, das bis heute gilt und den Mythos vom Wanderparadies begründete. Die angeblich acht schönsten Wanderungen sowie eine Kajaktour auf einem der längsten Flüsse tragen heute das Signet „Great Walk" – und locken jährlich rund 80.000 Wanderer an. Die Great Walks werden von der Naturschutzbehörde Department of Conservation (DOC) besonders gut gepflegt. Kritiker verteufeln sie schon als „Wanderautobahn", weil sie mit Brücken und festen Passagen aus Holz versehen sind und so die Touristenmassen anziehen. Parallel zu den „Great Walks" stehen zahlreiche weitere Trekking-Strecken zur Auswahl – beispielsweise der hochalpine Rees-Dart Track und dem pittoresken Queen Charlotte Walk in den Marlborough Sounds.

www.doc.govt.nz/great-walks

Auf dem Routeburn Track erleben Wanderer drei Tage Natur pur.

51 Kepler Track – Gipfel mit Gletscherblick

Ungezählte Fernblicke lassen die Strapazen des langen steilen Anstiegs über hunderte Höhenmeter schnell vergessen: Der Abstecher zum 1472 Meter hohen Mount Luxmore am zweiten Tag ist gleich in doppelter Hinsicht der Höhepunkt des Kepler Track. Der Gipfel markiert den höchsten Punkt der im Regelfall viertägigen Tour. Zugleich erleben Wanderer den ultimativen Panoramablick über das Fiordland mit seinen Bergen und unberührten Wäldern, zwischen denen immer wieder Gletscher weißglänzend im Sonnenlicht erstrahlen.

Nicht nur auf dem Gipfel, der einen kurzen Umweg von der Hauptstrecke

erfordert, genießen Wanderer immer wieder beeindruckende Ausblicke. Unvergesslich ist sicherlich der Anblick auf die beiden Schwesterseen Lake Te Anau und Lake Manapouri am ersten Tag, kurz bevor der Übernachtungsplatz in der Luxmore Hut erreicht wird. Ebenfalls auf der ersten Etappe führt der Weg entlang der bizarr erscheinenden Limestone Bluffs: In den teils überhängenden Kalk-

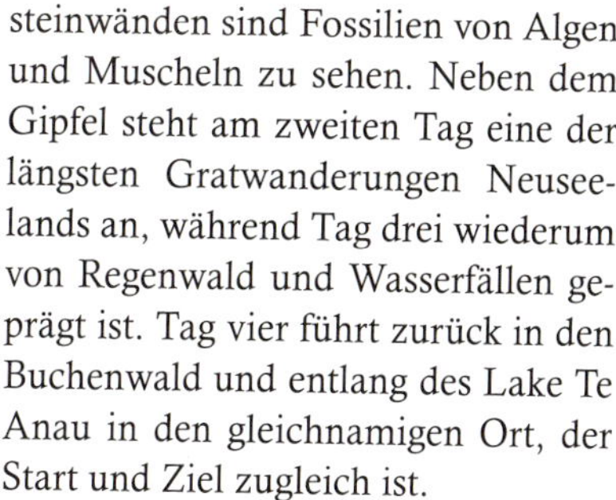

steinwänden sind Fossilien von Algen und Muscheln zu sehen. Neben dem Gipfel steht am zweiten Tag eine der längsten Gratwanderungen Neuseelands an, während Tag drei wiederum von Regenwald und Wasserfällen geprägt ist. Tag vier führt zurück in den Buchenwald und entlang des Lake Te Anau in den gleichnamigen Ort, der Start und Ziel zugleich ist.

Der Kepler Track wurde 1988 eröffnet, um die beliebten Weitwanderwege in der Umgebung – Milford und Routeburn Track – zu entlasten. In voller Länge umfasst der gute markierte Weg 70 Kilometer. Wer es sich leichter machen möchte oder Zeit sparen muss, kann mit Transfers per Bus und Wassertaxi 25 Kilometer einsparen. Neben dem kurzen Abstecher zum Gipfel des Mount Luxmore lohnen auch der Besuch der öffentlichen Tropfsteinhöhe Luxmore Caves (Tag 1) sowie der Wasserfälle Iris Burn (Tag 2) nah der zweiten Hütte. Neben drei festen Hütten existieren zwei Campingplätze. In der Hauptsaison („Great Walks Season“) von Ende Oktober bis Ende April müssen Schlafplätze in den Hütten bzw. auf den Zeltplätzen vorgebucht werden.

Örtliche Veranstalter organisieren auch Tagestouren. Besonders spektakulär: der Flug mit dem Helikopter hoch zur Luxmore Hut mit anschließendem Abstieg und einem Finale im Boot über den Lake Te Anau.

www.fiordlandtours.co.nz

52 Routeburn Track – Drei Tage im Weltnaturerbe

Gleich zwei Nationalparks der Gipfelklasse verbindet der Höhenwanderweg, den viele zu den weltweit schönsten alpinen Touren zählen: Auf vergleichsweise kurzen 32 Kilometern windet sich der Routeburn Track durch die spektakulären Berglandschaften des Mount Aspiring und des Fiordland National Park. Geformt von den Gletschern nach der letzten Eiszeit, gehört die Region zum Weltkulturerbe Te Wahipounamu South West New Zealand World Heritage Area.

Gletscherseen und rauschende Wasserfälle sowie eine vielfältige Flora bis hin zu bunt leuchtenden Orchideen und 800 Jahre alte Südbuchen passieren die Wanderer. Besonders beeindruckend ist der Aufstieg zum blau schimmernden Lake Harris, gelegen auf 1255 Metern, der höchste Punkt der Tour. Zu den schönsten Passagen zählt am zweiten Tag die Strecke entlang des Hollyford Valley. Die gute Aussicht entschädigt für den teils mühevollen Weg, oftmals ungeschützt oberhalb der Baumgrenze. Entlang des Tracks sehen Wanderer häufig Keas, den einzigen alpinen Papagei der Welt, und mit viel Glück auch die flugunfähigen Takahe, die weitestgehend ausgestorben sind. Mehrere Hängebrücken sorgen gerade bei Wind und Regen für abenteuerliche Stimmung.

Die Strecke ist in beiden Richtungen begehbar, bevorzugt wird jedoch der Start in Glenorchy (nahe Queenstown) und dem Ziel an der Milford Road. Im Regelfall planen Wanderer drei Tage ein. Die insgesamt vier Hütten bzw. drei Campingstellen erlauben aber auch eine andere Streckenführung, zumal zahlreiche Abstecher

lohnen wie beispielsweise zum Conical Hill oder zum Key Summit mit seinem bekannten Drei-Flüsse-Blick.

Für Wanderer, die mehr Komfort wünschen oder sich den Track auf eigene Faust nicht zutrauen, bieten mehrere Veranstalter auch geführte Touren. Neben Tagestouren gibt es Wanderungen mit Guide über den kompletten Kepler Track samt Übernachtung in Lodges. Im Winter ist der Routeburn Track nur teilweise begehbar, da auf manchen Passagen hohe Lawinengefahr besteht.

www.ultimatehikes.co.nz
www.nzwalks.com

53 Abel Tasman Coast Track – Liebling der Wanderer

Eine Natur, die Wanderer immer wieder zum Staunen und Innehalten bringt, gepaart mit einem vergleichsweise leichten Track und einer perfekten Infrastruktur: Kein Wunder, dass der 51 Kilometer lange Weg im Abel Tasman National Park der beliebteste unter den neun Great Walks des Landes ist. Rund 30.000 Wanderer im Jahr sind hier an der der Küste im Nordwesten der Südinsel unterwegs. Und dank des milden Klimas kann der Küstenwanderweg das ganze Jahr über genossen werden.

Für den Abel Tasman Coast Track sollten Wanderer rund drei bis fünf Tage einplanen. Drei feste Hütten sowie 18 Campingplätze bieten Schlafplätze, die in der Hauptsaison zwischen Oktober und April vorreserviert werden müssen. Der Küstenwanderweg schlängelt sich von Marahau gen Westen nach Wainui in der Golden Bay, kann aber in beiden Richtungen problemlos gewandert werden.

Dank der vielen Tagesbesucher und örtlichen Anbietern von Wassertaxis und Kajaktouren ist die Infrastruktur gut ausgebaut und manchen Besuchern sogar schon zu touristisch. Auch geführte Mehrtageswanderungen sind möglich.

www.abeltasman.co.nz
www.abeltasmantours.co.nz
www.abeltasmantravel.co.nz

54 Milford Track – Der Klassiker

Der 54 Kilometer lange Weg hat zu Beginn des 20. Jahrhunderts den Mythos von Neuseeland als Wanderparadies begründet. Nachdem erste Wanderer den Milford Track im Jahr 1889 passierten, würdigte ihn 1908 die renommierte Londoner Spectator-Zeitung als „schönsten Wanderweg der Welt". Der Weg führt durch unberührten Regenwald in der Berg- und Gletscherwelt des Fiordland National Park von Te Anau bis zum gleichnamigen Fjord.

Zu den Höhepunkten zählen die Überquerung des 1073 Meter hohe Mackinnon Pass sowie die Mackay Falls. Ein Muss: der Abstecher zu den Sutherland Falls, die sich als Neuseelands höchster Wasserfall sehenswerte 580 Meter in die Tiefe stürzen. Unvergesslich ist am Ende der Blick auf den Milford Sound.

Zwar gilt die Viertagestour als „finest walk in the world" – doch der Titel ist umstritten. Aufgrund des Andrangs müssen die Hütten in der Hauptsaison (wie bei anderen Great Walks) vorreserviert werden, allerdings ist jeweils nur eine Übernachtung gestattet. Zudem darf der Track nur westwärts gelaufen werden. Kosten fallen zudem für zwei Bootsfahrten an. Geführte Touren auf der ersten Etappe (siehe „Tageswanderungen", Seite 68) sowie geführte mehrtägige Wanderungen mit Übernachtungen in Lodges werden angeboten.

www.ultimatehikes.co.nz
www.fiordlandwatertaxi.co.nz

55 Queen Charlotte Track

Dank vieler schöner Buchten gilt der Queen Charlotte Track in den Marlborough Sounds als eine der schönsten Wanderungen, die nicht zu den neun Great Walks zählen. Vom Ausgangspunkt Ship Cove, wo ein Denkmal an James Cook erinnert, laufen Wanderer in vier Nächten 70 Kilometer zurück nach Anakiwa (bei Picton). Bei Bedarf übernehmen Wassertaxis den Gepäck-Transport. *www.qctrack.co.nz*

56 Heaphy Track

Inmitten des weniger populären Kahurangi National Park gilt der wenig frequentierte Heaphy Track als Hauptattraktion. Der 78 Kilometer lange Weg verbindet in vier bis fünf Tagen die Golden Bay mit der Westküste. In der abwechslungsreichen Landschaft mit wilden Flüssen und zahlreichen Nikau-Palmen stehen den jährlich rund 4000 Wanderern auf dem Great Walk sieben Hütten und neun Zeltplätze zur Verfügung.

57 Tongariro Northern Circuit

Während der 42 Kilometer fällt der Blick immer wieder auf den berühmten Mount Ngauruhoe und die prächtige Vulkanlandschaft des Tongariro National Park. Der Rundweg Tongariro Northern Circuit (einer der Great Walks) mit drei Übernachtungen ist die längere Version des Tongariro Alpine Crossing (siehe „Tageswanderungen“, Seite 64). In der Hochsaison müssen Schlafplätze vorab reserviert werden.

58 Rakiura Track

Ob Kiwi oder Tui – ein vielstimmiges Vogelorchester begleitet Wanderer auf dem 32 Kilometer langen Great Walk durch den Rakirura National Park auf Stewart Island. Der Rakiura Track führt in drei Tagen entlang der wilden Küsten zu einsamen Buchten und durch dichten Regenwald. Für Naturfans und Vogelkundler ist dieser Weg auf der vergleichsweise kleinen Insel der ultimative Geheimtipp.

59 Lake Waikaremoana Track

Der 46 Kilometer lange Weg zählt zu den einfacheren der neun Great Walks des Landes. In drei bis vier Tagen laufen Wanderer entlang des beliebten Lake Waikaremoana im Te Urewera National Park im Osten der Nordinsel (siehe „Gisborne & Hawke's Bay“, Seite 188). Neben den mächtigen Bäumen locken einsame Sandbuchten zum Schwimmen oder Angeln. Mit Schnee müssen Wanderer nahezu ganzjährig rechnen.

60 Rees-Dart Track

Mit seinen Flussdurchquerungen und bis zu achtstündigen Etappen gilt der 58 Kilometer Weg als einer der schwierigsten des Landes. Zu den Höhepunkten des quer durch den Mount Aspiring National Park verlaufenden Rees-Dart Track zählt der Abstecher zum Dart Glacier. Aufgrund der alpinen Lage ist gerade im Winter die Gefahr von Lawinen recht hoch.

Atemberaubende Szenerie: Lake Tekapo vor den Southern Alps

Seen

Mehrere hundert Seen strahlen in Neuseeland um die Wette. Urlaubern bleiben vor allem auf der Südinsel die einzigartigen Farben der Gletscherseen und die umliegenden Bergpanoramen in Erinnerung. Auf der Nordinsel findet sich indes der größte und einer der beschaulichsten Seen des Landes. Die Seen strahlen in verschiedenen leuchtenden Farben und animieren zu Bootsfahrten und Kajaktouren – oder einfach nur zum Seele-Baumeln-Lassen.

61 Lake Wanaka – Wassersport mit Bergblick

Ob Segler oder Paddler: Am viertgrößten See Neuseelands kommen Wassersportler voll auf ihre Kosten. Aber auch wer den Lake Wanaka nur geruhsam vom Boot aus erkunden oder gemächlich auf einer Wanderung genießen möchte, sollte Zeit mitbringen. Allein der Blick auf die Berge mit dem berühmten Mount Aspiring sowie die zahlreichen Buchten als verträumte Picknick-Plätze rechtfertigen einen längeren Aufenthalt am See mit dem sehenswerten Ort Wanaka am südlichen Ufer (siehe „Otago“, Seite 260). Der Name des Sees erinnert mutmaßlich an den früheren Maori-Häuptling Anaka („The place of Anaka“).

Sein kristallklares Wasser lässt den 45 Kilometer langen und bis zu zwölf Kilometer breiten See anmutig erscheinen. Die tiefste Stelle des Sees (311 Meter) liegt sogar unterhalb des Meeresspiegels. Entstanden sind Lake Wanaka und sein Nachbarsee Hawea vor 20.000 Jahren, als mächtige Gletscher die Region bedeckten und so die Landschaft formten. Mehrere Inseln inmitten des Sees sind als Schutzgebiet ausgewiesen und bieten Lebensraum für eine Fauna und Flora, die auf dem Festland ausgestorben ist. Auf Te Peka Karara (Stevensons Island) lebten beispielsweise noch einige Weka, die so die Rückkehr des flugunfähigen Vogels auf die gesamte Südinsel ermöglichten. Auf Mou Waho wiederum führt ein Wanderpfad zum Arethusa Pool, einem kleinen Süßwassersee rund 150 Meter hoch über dem Lake Wanaka. Der schönste Blick über den See bietet sich angeblich von der Glendhu Bay mit einem von Bäumen gesäumten Campingplatz. Und besonders sehenswert erscheint die Landschaft im Herbst, wenn sich die Blätter goldgelb färben und im warmen Licht der Sonne erstrahlen oder sich funkelnd im Kontrast zu den schneebedeckten Gipfeln im klaren Seewasser spiegeln.

Vom Ort Wanaka starten täglich Touren über den See und die angrenzenden Flüsse. Neben Bootsfahrten werden geführte Kajaktouren sowie Angelausflüge angeboten. Überdies können Segelboote geliehen werden. Abenteuerlicher verlaufen Jetboat- oder Rafting-Fahrten auf dem Clutha River, dem Ablauf des Sees und zweitlängsten Fluss des Landes.

www.lakewanaka.co.nz
www.glendhubaymotorcamp.co.nz
www.wanakacruises.co.nz
www.wanakakayaks.co.nz
www.fishcruisewanaka.co.nz
www.lakelandadventures.co.nz
www.ecoraft.co.nz

62 Lake Tekapo – die Farbe Türkis

Schon die Maori wussten um die beruhigende Kraft der Landschaft am türkis-schimmernden Gletschersee. Der Name Lake Tekapo leitet sich von den Maori-Wörtern „taka“ und „po“ für Schlafmatte und Nacht ab – was für einen bedeutenden Ort als Rastplatz spricht. Auch heute ist noch etwas von der stillen Atmosphäre zu spüren, die der Bergsee versprüht. Dazu sollten sich Besucher möglichst fernab des kleinen gleichnamigen Ortes bewegen, den viele Reisende für einen Zwischenstopp nutzen (siehe „Canterbury“, Seite 238). Denn die wahre Pracht kommt abseits der quirligen Hauptstraße zur Geltung, wenn keine Touristengruppen lärmen. Die Church of the Good Shepherd ist eines der Wahrzeichen des Sees. Hinzu kommt: Dank der klaren Luft – weitab jeder Großstadt und Fabrik – scheinen die Farben der Natur besonders intensiv zu strahlen. Nicht nur Fotografen kommen bei diesem Anblick ins Schwärmen.

Seine charakteristische Farbe verdankt Lake Tekapo (rund 700 Meter über dem Meeresspiegel gelegen) dem Schmelzwasser der nahen Gletscher, das über den Godley River in den See fließt. Darin werden seit Jahrtausenden feinste Gesteinspartikel transportiert, die sich am Grund des Sees ablagern und einfallendes Sonnenlicht brechen. Im Ergebnis ein Farbenspiel, das sich in dieser Klasse sonst nur am benachbarten Lake Pukaki (am Aoraki/Mount Cook) wiederholt.

Der etwa 25 Kilometer lange und bis zu sechs Kilometer breite Lake Tekapo ist der östlichste von drei Gletscherseen, die sich an der Ostflanke der Southern Alps entlangziehen. Zu dem Trio zählen noch der benachbarte Lake Pukaki sowie weiter westlich der Lake Ohau. Der Ablauf des Wassers am Tekapo River wird seit 1951 für ein kleines Wasserkraftwerk genutzt,

das ursprünglich schon 1934 geplant wurde. Zur Nutzung der Wasserkraft wurde der See aufgestaut.

Den Lake Tekapo und seine Umgebung erkunden Besucher idealerweise zu Fuß auf einer der zahlreichen Wanderungen. Selbst bei einer kurzen Tour am Seeufer in Sichtweite des Ortes verspürt man die schon fast magische Stimmung. Legendär ist überdies ein 50-minütiger Rundflug namens „Grand Traverse“, der am See startet und bis zum höchsten Berg des Landes sowie zu den drei Gletschern Tasman, Franz Josef und Fox führt. Zudem werden Bootsfahrten und Reitausflüge angeboten.

www.tekapotourism.co.nz
www.airsafaris.co.nz
www.cruisetekapo.co.nz
www.tekaposprings.co.nz
www.maht.co.nz

63 Lake Matheson – See mit Aussicht

Spieglein, Spieglein: Es ist wahrlich nur ein kurzer Spaziergang vom Parkplatz zum Lake Matheson, wenige Kilometer vom Fox Glacier entfernt. Allerdings ist frühes Aufstehen Pflicht. Denn gerade zu früher Morgenstunde wird der kleine See seinem Ruf gerecht, die schönsten Spiegelungen der Southern Alps zu zeigen. Die kurzen Wanderungen zählen daher zu den beliebtesten Touren an der Westküste.

Voraussetzung ist allerdings ein möglichst wolkenfreier Himmel sowie wenig bis kein Wind, letzteres ist zumindest meist bei Sonnenaufgang oder -untergang zu erwarten. Für die berühmten Reflektionen von Aoraki/Mount Cook und Mount Tasman sorgen die längliche Form des Lake Matheson und der umliegende Wald, dessen Ablagerungen das Wasser bräunlich färben. Der Weg rund um den kleinen See, der vor etwa 14.000 Jahren dank Verwerfungen des Fox Glacier entstand, dauert etwa 60 bis 90 Minuten. Und erst an der Spitze des Lake Matheson ist der „Blick der Blicke" zu erhaschen. Doch auch der kürzere Weg zum Jetty Viewpoint verspricht bleibende Erinnerungen. Gute Fotos von den sich im See spiegelnden Berggipfeln sind begehrt (und wegen der Wetterkapriolen eher rar). Direkt am Weg zum See liegt das Café Matheson, das ganztägig geöffnet ist.

www.lakematheson.com

64 Lake Pukaki – Blick auf Aoraki/Mount Cook

Einen der schönsten Fotostopps (und vieles mehr) verpassen etliche Reisende, wenn sie auf einen Abstecher ins Landesinnere und zum höchsten Berg des Landes verzichten. Der Lake Pukaki als größter von drei nebeneinander liegenden Gletscherseen ist mit seinem türkis-schimmernden Wassern und dem Bergpanorama ein lohnendes Fotomotiv.

Selbst wer keine Zeit hat, am See entlang zum Aoraki/Mount Cook zu fahren, sollte am Parkplatz samt Informationszentrum am Highway SH8 eine kurze Pause einlegen. Vom schmalen Südufer blickt man dann auf die türkisfarbene Weite des Lake Pukaki und den dahinterliegenden höchsten Gipfel Neuseelands. Wie am östlich gelegenen Lake Tekapo, etwa 75 Fahrminuten entfernt, verleihen die Gletscher mit ihrem zermahlenen Felsen dem See seine beeindruckende Färbung. Wer tatsächlich auf die Stichstraße zum Nationalpark am Aoraki/Mount Cook abbiegt, findet mit Peter's Lookout einen schönen Aussichtspunkt am Westufer des 30 Kilometer langen Sees. Mit der Schneeschmelze im Frühjahr legt der Lake Pukaki regelmäßig größenmäßig zu, um sich später wieder zurückzuziehen.

65 Lake Wakatipu

Im festen Takt schwankt der Wasserspiegel des Lake Wakatipu alle 27 Minuten um zwei Zentimeter. Doch nicht das Naturphänomen macht den See bei Queenstown so attraktiv, sondern die umliegenden Berge. Über Neuseelands längsten See fahren Ausflugsboote, etwa das Dampfschiff TSS Earnslaw (siehe „Otago“, Seite 265).

www.realjourneys.co.nz
www.southerndiscoveries.co.nz

66 Lake Taupo

Neuseelands größter See ist eine Caldera: Einst befand sich hier ein riesiger Vulkan, der vor 250.000 Jahren kollabierte. Besonders lohnend sind Ausflugsfahrten (siehe „Waikato & Bay of Plenty“, Seite 180). Zudem locken Aktivitäten von Angeln bis Kajakfahren sowie ein Abstecher zu den Huka Falls (siehe „Wasserfälle“, Seite 99).

www.ernestkemp.co.nz
www.sailbarbary.com

67 Lake Waikaremoana

Der erst vor 2000 Jahren entstandene See ist die größte Attraktion des Te Urewera National Park (siehe „Gisborne & Hawke's Bay“, Seite 188). Neben kurzen Wanderungen lässt er sich auf dem gleichnamigen Great Walk erkunden. Der Lake Waikaremoana ist umgeben von dichten Wäldern, die sich teils bis hoch in die Spitzen der bis zu 1400 Meter hohen Berge ziehen.

68 Lake Brunner

Rund 30 Kilometer südöstlich von Greymouth liegt der größte See der Westküste von Neuseelands Südinsel. Der Lake Brunner in einer ehemaligen Gletschermulde und der angrenzende Ort Moana erfreuen sich steigender Beliebtheit: Vor allem Einheimische wetteifern beim Angeln der Forellen. Ein Wanderweg führt durch einen kleinen Wald voller Glühwürmchen. Mit Sicherheit ein Ziel abseits der Touristenströme.

69 Lake Hawea

Wie sein bekannter Nachbarsee Lake Wanaka ist der Lake Hawea in zentraler Lage der Südinsel ein ehemaliges Gletscherbecken, geformt während der letzten Eiszeit. Zum Glück für die Besucher, die vor allem zum Angeln und für Bootstouren herkommen, steht der See im Schatten des bekannten Nachbarn – hier geht es um einiges ruhiger zu. Nach dem Bau eines Wasserkraftwerks wurde der Pegel um 20 Meter angehoben.

70 Lake Manapouri

Der zweitkleinste der fünf Gletscherseen im Süden der Südinsel ist als Tor zum Doubtful Sound bekannt: In Manapouri am gleichnamigen See legen die Boote ab, die die Besucher zunächst zum gigantischen Wasserkraftwerk und weiter über den Bergpass Wilmot zum Fjord bringen. Der Lake Manapouri – zweittiefster See des Landes – lässt sich gut per Kajak oder Boot sowie auf Wanderungen erkunden.

Wasserfälle

Nur an wenigen Orten kommt die Kraft der Natur so zum Tragen wie an rauschenden Wasserfällen. Ist Neuseeland schon gespickt mit sehenswerten Seen, so gilt dies erst recht für seine mächtigen Wasserfälle. Unvergesslich für viele Besucher sind die Wassermassen vor allem im berühmten Milford Sound auf der Südinsel, wo gleich mehrere der schönsten Wasserfälle in den Fjord fließen.

Unvergesslich: eine Bootsfahrt zu den Stirling Falls im Milford Sound

71 Whangarei Falls – Klassisch, aber schön

Nur wenige Minuten vom Zentrum des Städtchen Whangarei im Norden der Nordinsel entfernt, hat der Hatea River einen klassisch schönen Wasserfall geformt. Breit wie ein Vorhang stürzt der Fluss an den Whangarei Falls über Basaltklippen 26 Meter in die Tiefe.

Von drei Plattformen aus können Besucher einen Blick auf die Wasserfälle werfen. Sie sind angeblich so fotogen, dass sie zu den meistfotografierten Wasserfällen Neuseelands zählen. Umgeben von dichtem Buschland sind sie auch ein schöner Platz für ein Picknick oder eine Erholungspause.

Das natürliche Becken unterhalb der Klippen verspricht Badespaß. Aufgrund des subtropischen Klimas in der Region Northland führen die Whangarei Falls in regenarmen Sommermonaten regelmäßig wenig Wasser.

Mehrere Wanderwege unterschiedlicher Länge verlaufen rund um die Whangarei Falls oder verbinden dieses Kleinod mit weiteren sehenswerten Zielen in der Umgebung. Dazu zählen beispielsweise Spaziergänge entlang des schmalen, grün schimmernden Hatea River. Über rund drei Stunden (fünf Kilometer) erstreckt sich der Weg zu den 500 Jahre alten Kauri-Bäumen im AH Reed Memorial Kauri Park. Eine stabile Holzkonstruktion führt als Baumwipfelpfad in 23 Metern Höhe vergleichsweise nah an den Baumkronen der mächtigen Baumriesen vorbei.

Die Wasserfälle und vielen Grünanlagen wie die Kauri-Bäume sind die größten Attraktionen der Stadt Whangarei, die zugleich Hauptstadt der Region Northland ist. Einen Besuch lohnt auch das Uhrenmuseum Claphams Clock: Mit rund 1500 ausgestellten Zeitmessern ist sie die größte Uhrensammlung der südlichen Hemisphäre. Einen schönen Blick über die Stadt bietet sich vom Kriegerdenkmal auf dem 240 Meter hohen Mount Parihaka, wo sich einst eine Siedlung der Maori befand. Die Stadt, die aus touristischer Sicht weit weniger attraktiv ist als beispielsweise die nahe Bay of Islands, ist Geburtsort des in Australien aufgewachsenen Country-Sängers Keith Urban sowie der Weltumseglerin Laura Dekker, die als 14-Jährige auf einer umstrittenen Tour allein die Erde umsegelte.

www.claphamsclocks.com

72 Stirling Falls – Dusche unterm Wasserfall

So nah und so laut rauschend stürzt das Wasser 146 Meter in die Tiefe, dass die Passagiere der Ausflugsboote auf dem Milford Sound gefühlt direkt unter den Stirling Falls stehen. Und an manchen Tagen erleben die Urlauber nicht nur gefühlt eine Dusche: Denn zuweilen manövrieren die Kapitäne ihr Boot so, dass der Wasserfall tatsächlich auf einen Teil des Oberdecks prasselt. Ein unvergesslicher Moment. Die wenigen Minuten an den Wasserfällen gehören wohl zu spektakulärsten Augenblicken einer Rundfahrt auf dem berühmten Fjord. Zusammen mit den Delfinen und Seelöwen sowie dem markanten 1692 Meter hohen Mitre Peak gehören die Stirling Falls zu den Top-Attraktionen. Sie sind benannt nach Kapitän Stirling, der hier mit seiner HMS Cleopatra in den 1870er-Jahren kreuzte.

Neben den mit 160 Meter noch höheren Bowen Falls, nah dem lebhaften Hafen, sind sie die einzigen Wasserfälle, die permanent die steilen Berg- und Felswände herunterstürzen. Denn bei Regen oder nach der Schneeschmelze im Frühjahr verwandelt sich der Milford Sound in rauschendes Nass mit ungezählten Wasserfällen – ein kaum vorstellbares Naturspektakel. Angesichts von kaum fassbaren 6000 Millimeter Regen pro Jahr (zum Vergleich: Berlin kommt auf 580 Millimeter) gelten einige aber als „virtuelle permanente Wasserfälle", da sie nahezu immer vorhanden sind. Dazu zählen beispielsweise auf der Südseite des Milford Sound die Fairy Falls und die Bridal Veil Falls.

Die Kapitäne der Schiffe im Milford Sound steuern im Regelfall alle genannten vier Wasserfälle an. Kein Tourist muss sich also sorgen, die

nassen Highlights zu verpassen. Meist stoppen die Maschinen auch kurz, damit genügend Zeit für Fotos bleibt – besonders abenteuerlich natürlich an den Stirling Falls auf der Nordseite. Sie werden meist auf der Rückfahrt angelaufen, nachdem das Schiff durch Milford Sound gekreuzt ist. Die markante Landschaft zählt zu den bekanntesten Zielen in Neuseeland. Aufgrund ihrer scharfen Kontraste würdigte einst der englische Schriftsteller Rudyard Kipling den Fjord im Südwesten des Landes als „achtes Weltwunder".

www.realjourneys.co.nz
www.southerndiscoveries.co.nz

73 Purakaunui Falls – Wahrzeichen der Catlins

Nah dem südlichsten Punkt Neuseelands – dem Slope Point – stürzen sich mitten im Wald kaskadenartig die Purakaunui Falls in die Tiefe. Auch wenn sie mit etwa 20 Metern Höhe nicht sonderlich spektakulär daherkommen, ist der Anblick des über drei Stufen fließenden Wassers einen Abstecher wert. Zwei Plattformen ermöglichen einen guten Ausblick. Als Wahrzeichen der wenig bevölkerten Catlins verzierten sie auch schon eine Briefmarke der neuseeländischen Post. Die gern fotografierten Wasserfälle liegen etwa 17 Kilometer südwestlich von Owaka, nah dem Pazifik. Der nächste Parkplatz ist nur wenige Gehminuten entfernt.

Wer die Purakaunui Falls besucht, kann gleich noch weitere Plätze in der Umgebung anschauen, die eher in die Kategorie Geheimtipp fallen: Dazu zählen zunächst mit den McLean Falls und den Matai Falls zwei weitere Wasserfälle. Besonders eindrucksvoll erscheint auch Jack's Blowhole im Tunnel Rocks Scenic Reserve: Inmitten einer Schafweide spritzt das Wasser bei starkem Wellengang oder Flut aus einem rund 60 Meter breiten, 55 Meter tiefen Loch. Durch eine eingestürzte unterirdische Höhle ist Jack's Blowhole – benannt nach einem Maori-Häuptling – mit dem nur 200 Meter entfernten Meer verbunden.

74 Huka Falls – „Rauschende Gischt“

Durch eine schmale Schlucht, eng wie ein Trichter, presst der mächtige Waikato River pro Sekunde bis 220.000 Liter Wasser. Normalerweise bis zu 100 Meter breit, schrumpft der Fluss hier auf etwa 20 Meter und stürzt sich an den Huka Falls etwa zehn Meter in die Tiefe. Von einer Brücke sowie von beiden Seiten des Ufers aus lässt sich das rauschende Wasser gut beobachten. Die Gischt sprüht meterhoch auf – entsprechend nannten die Maori den Wasserfall nah der Stadt Taupo am gleichnamigen See „Rauschende Gischt“ (siehe „Waikato & Bay of Plenty“, Seite 180, und „Seen“, Seite 90). Von der Innenstadt dauert die Fahrt gerade einmal fünf Minuten, zu Fuß geht es entlang mehrerer Aussichtsplattformen über den Huka Falls Walkway in etwa 30 Minuten zu den bekannten Wasserfällen.

Eine abenteuerliche Bootsfahrt mit Tempo 80 führt zum unteren Ende der Huka Falls und bieten einen atemberaubenden Blick auf die rauschende Gischt. Die 30minütigen Fahrten mit dem PS-starken Jetboat über den Waikato River führen auch zum Aratiatia Dam und einem geothermalen Kraftwerk – aufregende Manöver im Fluss inbegriffen.

www.hukafallsjet.com
www.hukafallscruise.co.nz

75 Marokopa Falls

In der Nähe der bekannten Glühwürmchen-Höhlen von Waitomo auf der Nordinsel lohnt ein Abstecher zu den Marokopa Falls. Über mehrere Stufen strömt das Wasser rund 35 Meter in die Tiefe. Für die Naturschutzbehörde DOC zählen die Marokopa Falls zu den schönsten im Land. Der Parkplatz ist zehn Fußminuten entfernt. Nur einen Kilometer entfernt liegen die Piripiri Caves mit versteinerten Riesenaustern.

76 Humboldt Falls

Mit einer Fallhöhe von 275 Metern über drei Stufen zählen die Humboldt Falls zu den höchsten Wasserfällen des Landes. Von der berühmten Milford Road führt eine ungeteerte, 16 Kilometer lange Piste bis an den Rand des Hollyford Valley. Von hier sind es noch etwa 15 Minuten zu Fuß durch den Regenwald. Hier startet auch der berühmte Hollyford Track.

77 Wairere Falls

Die höchsten Wasserfälle der Nordinsel liegen nah der Bay of Plenty: Bei den Wairere Falls geht es für den gleichnamigen Fluss über zwei Kaskaden 153 Meter in die Tiefe. Vom Parkplatz dauert es rund 45 Minuten zu dem schmalen, aber tiefen Wassersturz. Weitere 45 Minuten entfernt bietet sich ein schöner Blick über die Ebene. Alternativ lohnt der drei- bis vierstündige Rundweg Wairere Falls Track.

78 Sutherland Falls

Nur wenige Besucher stoßen zu den angeblich fünfthöchsten Wasserfällen der Welt vor: Die Sutherland Falls stürzen sich 580 Meter in die Tiefe. Zu Fuß ist der höchste Wasserfall des Landes nur als Abstecher vom Milford Track erreichbar. Ansonsten ist der Blick aus der Luft möglich (siehe „Rundflüge", Seite 126).
www.milfordhelicopters.com
www.realjourneys.co.nz
www.southernlakeshelicopters.co.nz

79 Taranaki Falls

Neben dem populären, ganztägigen Alpine Crossing können Wanderer im Tongariro National Park unter einer ganzen Reihe von Wanderungen wählen: Besonders attraktiv ist der zweistündige Weg (hin und zurück) zu den Taranaki Falls. Der Weg mit Start am Whakapapa Visitor Centre zu den 20 Meter hohen Wasserfällen bietet spektakuläre Blicke auf die drei Vulkankegel (siehe „Nationalparks", Seite 28).

80 Devil`s Punchbowl Falls

Auf dem Weg zur höchsten Überquerung der Southern Alps, dem Arthur's Pass, passieren Reisende auch die 131 Meter hohen Devil's Punchbowl Falls. Sie sind zwar auch von der Straße im Arthur's Pass National Park zu erkennen. Einen besseren Blick auf die Wasserfälle verspricht hingegen eine einstündige Wanderung (hin und zurück), die über zwei Brücken und etliche Stufen zu einer Aussichtsplattform führt.

Abenteuer

Auf der Suche nach dem ultimativen Adrenalinkick werden Urlauber in Neuseeland schnell fündig. Natürlich, hier fand einst der erste kommerzielle Bungee-Jump der Welt statt und begründete so den Ruf des Landes als Mekka des Abenteuersports. Von Fallschirmspringen bis Fahren im rasanten Jetboat reicht die Auswahl. Doch die beiden beliebtesten Abenteuer spielen in der Natur: der Besuch eines aktiven Vulkans und eine Bootstour quer durch einen Tunnel inmitten einer kleinen Insel.

Neuseeland ist der perfekte Ort für einen Tandem-Spring aus großer Höhe!

81 White Island – Tanz auf dem Vulkan

Weißer Rauch, der schon von Weitem sichtbar aus dem Meer empor dampft, ist das Markenzeichen des kleinen Eilands inmitten des Pazifiks. Der brodelnde Dampf ist für den Betrachter der Beweis schlechthin, dass er sich auf ein echtes Abenteuer eingelassen hat: den Besuch eines aktiven Vulkans. Und spätestens jetzt wird jedem bewusst, dass Schutzhelm und Gasmaske überlebensnotwendig sein können. White Island in der Bay of Plenty ist Neuseelands einzige Vulkaninsel und gilt weltweit als einer der wenigen Feuerberge, den Otto-Normal-Touristen erreichen können.

Wie gefährlich der Vulkan ist, war erst vor wenigen Jahren zu erleben: 2012 und 2013 erhitzte sich White Island

bei mehreren Eruptionen derart und spuckte so heftig Asche, dass der beeindruckende Kratersee zwischenzeitlich verschwand. Im Oktober 1769 von James Cook entdeckt und etwa 50 Kilometer vor der Küste gelegen, entstand der Vulkan vor zwei Millionen Jahren. White Island gehört zu einem Ring von Feuerbergen, der sich von der Südsee bis zum Tongariro National Park und weiter zum Mount Taranaki erstreckt.

Nur bei schwacher vulkanischer und seismischer Aktivität dürfen Touren stattfinden. Nach gut 90 Minuten Bootsfahrt ab Whakatane oder einem 40-minütigen Flug ab Rotorua wird es ernst: Nur mit festem Schuhwerk und Helm, die Gasmaske jederzeit griffbereit, darf die Insel betreten werden. Der Blick fällt auf eine mondähnliche Landschaft mit ungezählten, zischenden Schwefelquellen, die für einen beißenden und unter Umständen lebensgefährlichen Gestank sorgen. Der Schwefel ist es auch, der inmitten der eintönigen Landschaft für hellgelbe Farbtupfer sorgt. Ebenso wie einige zarte Pflänzchen, die an Alpenveilchen erinnern. Bis 1934 wurde der Schwefel kommerziell abgebaut, unterbrochen von einer Pause nach einem tragischen Unglück 1914, als bei einem Bergrutsch 14 Arbeiter getötet wurden.

Heute ist White Island, wo täglich bis zu 1000 meist harmlose Erdbeben den teils bis zu 80 Grad heißen Boden erschüttern, ein beliebtes Ziel für Urlauber, die den Adrenalinkick suchen. Neben der großen Wolke prägt sich dabei vor allem der meist grün-milchig schimmernde Kratersee ein, der den Mittelpunkt der Insel bildet. Überdies hinterlassen die tausenden Schwalben-Sturmvögel und Tölpel einen bleibenden Eindruck. Bei den Bootsfahrten zur Insel begleiten zuweilen Delphine die abenteuerlustigen Besucher.

www.whiteisland.co.nz
www.volcanicair.co.nz

82 Hole in the Rock – Bootstour durch einen Felsen

Ein gigantisches Loch in einer Felseninsel, so hoch wie ein Haus mit sechs Stockwerken und so breit wie ein ausgewachsenes Ausflugsboot: Das ist das Ziel der vielleicht beliebtesten Bootsfahrt der Nordinsel, die durch die subtropische Bay of Islands führt.

Viele Urlauber schätzen die Tour, die sehenswerte Ausblicke auf die malerische Inselwelt mit einem Schuss Adrenalin verbinden. Denn eine Fahrt durch einen Felsentunnel im offenen Meer gehört bei Weitem nicht zum Standardrepertoire des weltweiten Tourismus. Wer besonders unternehmungslustig ist, wählt statt eines großen motorisierten Katamarans ein PS-starkes Speedboat. Je nach Wetterlage und Bootstyp fällt der maritime Ausflug abenteuerlich aus. Nur bei besonders hohem Wellengang muss der Ritt durch das Loch im Felsen – Hole in the Rock genannt – ausfallen. Die Ausflüge starten täglich in Paihia, dem Hauptort der Bay of Islands, oder im auf der anderen Seite der Bucht gelegenen Russell.

Wind und Wellen bohrten in tausenden von Jahren das 18 Meter hohe Loch in den Felsen der kleinen Insel Piercy Island. Das 152 Meter hohe und sieben Hektar große Eiland liegt dabei nur etwa 700 Meter von der Küste am Cape Brett entfernt. Mit ihrer vielfältigen Flora – im Jahr 1987 wurden 99 unterschiedliche Arten gezählt – gilt Piercy Island als die wichtigste der 144 Inseln in der Bay of Islands. Für die Maori ist Motukokako – wie sie die kleine Landmasse nennen – ein heiliger Ort: In früheren Zeiten statteten Maori-Krieger mit ihrem Waka der Insel einen Besuch ab, bevor sie in den Kampf zogen.

Zu den weiteren sehenswerten Bootsfahrten in der Bay of Islands zählt der sogenannte Cream Trip: Er folgt den früheren Wegen der Milchkannen, als Milch und Sahne von den Inseln aufs Festland transportiert wurde. Bei diesen Ausflügen werden neben dem Hole in the Rock verschiedene Inseln für Bade- und Picknick-Pausen angesteuert. Als weiterer Höhepunkt können Urlauber bei ausgewählten Touren auch mit Delfinen schwimmen (siehe „Tierbeobachtungen“, Seite 39).

www.dolphincruises.co.nz

83 Freier Fall – Sprung mit dem Fallschirm

Mit bis zu 200 Stundenkilometern rauscht das Pärchen viele hundert Meter gen Erde und genießt den freien Fall nach dem Absprung in Höhen von bis zu 4500 Meter. Spätestens nach rund 45 Sekunden bremst dann der Fallschirm in rund 800 Metern Höhe den Nervenkitzel. Fallschirmsprünge – gern als „Tandem“ mit einem erfahrenen Trainer – bieten den größtmöglichen Adrenalinkick. Angesichts der vielfältigen, kontrastreichen Landschaft konkurrieren mittlerweile zahlreiche Ziele um die Gunst der springenden Touristen. Besonders beliebt sind die Bay of Islands und der Lake Taupo auf der Nordinsel sowie Queenstown, Wanaka und die Region rund um den Aoraki/Mount Cook auf der Südinsel.

Neben normalen Sprüngen sowie kompletten Kursen für Einsteiger setzen die lokalen Anbieter vor allem auf Urlauber, die einmalig dem Geschwindigkeitsrausch frönen möchten. Tandemsprünge mit einem erfahrenen Springer sind daher sehr begehrt. Wichtig: Je höher der Absprung, desto länger der freie Fall – und desto höher der Preis. Daher empfiehlt sich auch beim ersten Sprung schon der Sturz aus der größtmöglichen Höhe von rund 4500 Metern. Novizen, die bei ihrer Premiere aus niedriger Höhe gesprungen sind, bedauern zuweilen im Nachhinein den zu kurzen Adrenalinrausch.

www.skydivetaupo.co.nz
www.skydivewanaka.com

84 Offroad unterwegs – Touren mit dem Jeep

In engen Kurven schlängelt sich die Skippers Road den Berg steil hinauf. Auf der einen Seite Fels, auf der anderen droht der mehrere hundert Meter tiefe Abgrund. Und zu allem Überfluss ist die berühmte Straße – angeblich eine der gefährlichsten Pisten weltweit – stellenweise so schmal, dass zwei Autos nicht aneinander vorbei passen. Ohnehin ist für die holprige, ungeteerte Straße ein robuster Geländewagen Pflicht. Die berühmteste Allradstrecke startet nördlich von Queenstown und führt entlang des sehenswerten Skippers Canyon, der vom rauschenden Shotover River in die Berge gefräst wurde. Zahlreiche schöne Fotomotive erwarten den Besucher entlang der Strecke. Zu den Höhepunkten – sowohl fahr- als auch fototechnisch – zählt die schmale Skippers Bridge in 92 Metern Höhe.

Weitere schöne Allradstrecken sind beispielsweise die Treble Cone Access Road zum gleichnamigen Skigebict in den Southern Alps, die Piste über den 1300 Meter hohen Duffers Saddle an der Old Woman Range sowie der berühmte Ninety Mile Beach auf der Nordinsel. Lange Offroad-Pisten über hunderte Kilometer wie in Australien oder Namibia suchen Allrad-Enthusiasten in Neuseeland allerdings vergeblich. Für Mietwagen sind diese Strecken tabu, so dass man entweder einen teuren Jeep bucht oder sich einer geführten Tour anschließt.

85 Raftingtouren

Mit seinen zahlreichen Flüssen ist Neuseeland eines der Traumziele zum Wildwasser-Rafting. Die Abenteuer-Metropole Queenstown bietet auch Einsteigern eine gute Auswahl, beispielsweise auf dem Kawarau River. Auch rund um Rotorua und den Tongariro National Park finden viele Touren statt. Als bestes Revier gilt mittlerweile der Buller River bei Westport, für Einsteiger und Fortgeschrittene gleichermaßen.

86 Bungee-Jumping

In Neuseeland erstmals kommerziell angeboten, zählt der Sprung am Seil in die Tiefe zu den klassischen Abenteuern. Gerade Queenstown bietet viele Absprungstätten. Weltweit erste Station war am Kawarau River, mit gutem Blick für Zuschauer. Wagemutige können beispielsweise auch in Auckland an der Harbour Bridge und in Rotorua den Sprung genießen.

87 Kanutour im Dusky Sound

Besuche im größten Fjord des Landes zählen zu den besonders lohnenden Touren, da nur wenige Menschen in die abgelegene Region vorstoßen. Am besten lässt sich der Dusky Sound vom Kajak aus erkunden. Allerdings scheint das Angebot geschrumpft. Kleingruppentouren über mehrere Tage werden offenbar nicht mehr angeboten, sondern nur noch Kajakausflüge von großen Booten (samt Helikopter-Transfer) aus.

88 Mountainbiking

Die faszinierende Bergwelt macht das Land zum Eldorado für Mountainbiker. Zahlreiche sehenswerte Strecken sind markiert, etwa am Takaka Hill nah dem Abel Tasman National Park, am Queen Charlotte Sound oder in der Umgebung rund um den Mount Tongariro. Nationalparks selbst sind für Mountainbiker gesperrt, dafür existieren landesweit mehrere spezielle Mountainbike-Parks (siehe „Radstrecken“, Seite 132).

89 Jet-Boating

Eine echte neuseeländische Erfindung: Der Schaffarmer Bill Hamilton entwickelte 1957 den Jetboat-Antrieb und schuf damit einen völlig neuen Bootstypen. Der Antrieb erfolgt per Düse am Heck. Das macht das Boot wendig, schnell und ermöglicht auch Fahrten bei geringer Wassertiefe. Wird überall angeboten, vor allem auf den Flüssen rund um Queenstown. Auch reizvoll auf dem Whanganui River auf der Nordinsel.

90 Katamaran-Segeln

Die größte Stadt des Landes spiegelt das Hobby Nummer 1 der Kiwis gut wider. „City of Sails“ (Stadt der Segel) wird Auckland gern genannt. Und es gibt weltweit wohl nur wenige Großstädte, die direkt an einem exzellenten Segelrevier – den Hauraki Gulf – liegen. Besonders reizvoll sind zudem die weit verzweigten Wasserarme der Marlborough Sounds, die Küste des Abel Tasman National Park und die Inseln der Bay of Islands.

Gute Basis für Wintersport: Lake Wanaka

Wintererlebnisse

Ein attraktives Reiseziel ist Neuseeland auch im Winter. Zwar sind nicht alle Aktivitäten machbar, dafür sind weniger Reisende unterwegs und die Preise niedriger als im Sommer. Und umgekehrt haben so manche Reiseziele im Winter ihren ganz eigenen Reiz, beispielsweise die Vulkane des Tongariro National Park und die Gletscher der Southern Alps. Und nicht zu vergessen: Skifahrer können natürlich unter einer Vielzahl von Pisten wählen.

91 Wanaka – Perfekt für Anfänger und Fortgeschrittene

Mit Steilhängen und einer vier Kilometer langen Abfahrt, garniert mit Blick über den Lake Wanaka und die Berge am Mount Aspiring, punktet das Skigebiet Treble Cone bei Wanaka: Seit den Anfängen 1965 entwickelte es sich zum größten Skigebiet der Südinsel.

Treble Cone genießt vor allem bei fortgeschrittenen Skifahrern einen guten Ruf: Sie freuen sich über anspruchsvolle und steile Abfahren. Der Höhenunterschied beträgt bis zu 700 Meter. Obwohl die Mehrzahl der Pisten für fortgeschrittene oder erfahrene Wintersportler ausgelegt ist, kommen auch Anfänger nicht zu kurz. Für sie gibt es eigens drei kostenlose Lifte. Snowboardern wiederum steht ein eigener Park zur Verfügung. Überdies können Tagesgäste, die nicht selbst

aktiv werden möchten, einen der vorhandenen Lifte nutzen. Die Sightseeingtour mit dem Home Basin Express führt zur Bergstation auf 1750 Metern.

Im Gegensatz zu Treble Cone richtet sich Cardrona – auf halbem Wege nach Queenstown gelegen – vor allem an Anfänger und wenig erfahrene Skiläufer. Für sie sind die meisten Pisten in diesem Skigebiet geeignet, das sich über drei Täler am 1934 Meter hohen Mount Cardrona zieht. Snowboarder können zwischen drei Geländeparks wählen.

Von der hübschen Kleinstadt am See steuern Shuttlebusse regelmäßig beide Skigebiete an. Treble Cone ist 26 Kilometer entfernt, Cardrona 34 Kilometer (auch mit guter Anbindung an Queenstown). Zwar stehen auch kostenlose Parkplätze zur Verfügung, jedoch sind beide Zufahrtsstraßen auf den letzten Kilometern ungeteert. Anders als in Cardrona gibt es in Treble Cone keine Unterkünfte, sondern stattdessen nur in Wanaka – dort können Urlauber abends dann auch ausreichend Restaurants und Pubs für das obligatorische Après-Ski wählen.

Wer es richtig abenteuerlich mag, wird ebenfalls in Wanaka fündig – und lässt sich mit dem Helikopter hoch zu einsamen Schneefeldern fliegen. Skifahrer starten dann auf Steilabfahrten mit bis zu 1200 Höhenmetern. Der höchste Absetzpunkt liegt auf 2500 Metern.

Wanaka ist zudem Ausgangsstation für die einzigen Langlaufloipen des Landes im Snow Park. Neben nordischem Ski wird auch Schneeschuhwandern angeboten – beide auf Wunsch auch über Nacht in abgelegenen Hütten inmitten weißer Pracht.

www.treblecone.com
www.cardrona.com
www.heliski.co.nz
www.snowfarmnz.com

92 Queenstown – Große Vielfalt

Von Eislaufen übers klassische Skifahren bis zu Schneeschuhwandern: Wer den Winter in der pulsierenden Abenteuer-Hochburg am Lake Wakatipu verbringt, findet zahlreiche Angebote für einige Stunden oder Tage im Schnee. Die Skigebiete rund um Coronet Peak und die Remarkables wie auch das alljährliche Winter-Festival in der Innenstadt sorgen für klassische Winterstimmung im deutschen Sommer. Mit den zahlreichen Aktivitäten und dank der guten touristischen Infrastruktur ist Queenstown Neuseelands beliebtester Wintersportort.

Vor allem Anfänger und Familien kommen im Skigebiet The Remarkables, 28 Kilometer östlich der Stadt in der gleichnamigen Bergkette gelegen, auf ihre Kosten. Sechs Lifte erschließen das Areal, dessen maximale Höhenunterschiede 400 Meter erreichen. Höchster Gipfel ist der Double Cone mit 2340 Meter, wobei die Pisten auf maximal rund 1900 Meter beginnen.

Zur gleichen Betreibergesellschaft gehört das 18 Kilometer nördlich von Queenstown gelegene Skigebiet Coronet Peak. Es wurde 1947 als erstes echtes Skigebiet des Landes eröffnet. Gleichmäßiges Gefälle, viele Kurven und wenig Bäume machen das Terrain äußerst beliebt. Und dank leistungsstarker Schneekanonen geht die Saison meist bis in den Frühling und damit deutlich länger als in anderen Region. Weitere Besonderheit: An den Winterwochenenden können Ski-Fans ihrem Hobby auch abends – unter Flutlicht – nachgehen. Der Gipfel des namensgebenden Coronet Peak liegt auf 1649 Metern Höhe.

Wichtig: In beiden Skigebieten stehen keine Unterkünfte bereit. Nach Queenstown fahren kostenlose Shuttlebusse. Vom stark frequentierten

Flughafen der Stadt starten auch im Winter regelmäßig die Helikopter: Zu der Zeit aber nicht nur für gewöhnliche Rundflüge, sondern auch um Skifahrer auf abgelegenen Pisten – beispielsweise im Mount Aspiring National Park – abzusetzen.

Überdies steigt in Queenstown alljährlich für zehn Tage (meist im Juni) das sogenannte Winter-Festival. Dazu wird eigens eine Eislaufbahn aufgebaut, um die sich zahlreiche Events ranken. Auch Schneeschuhwandern wird angeboten. Am Abend des ersten Tags lässt ein Feuerwerk die Stadt am Seeufer in bunten Farben erstrahlen.

www.nzski.com
www.heliskinz.com
www.winterfestival.co.nz
www.snowshoeing.co.nz

93 Southern Alps – Ab auf den Gletscher

Die ohnehin beeindruckenden Gletscher erscheinen im Winter noch mächtiger, kälter und bedrohlicher als im Sommer. Urlauber können auch dann sowohl den Franz Josef Glacier als auch den Fox Glacier, beide auf der Westseite der Southern Alps gelegen, erkunden. Das Erlebnis dürfte nicht schlechter sein als im Sommer. Zum einen sorgen die regelmäßigen heftigen Schneefälle für zusätzlichen Glanz, zum anderen sind die Hügel weiter weniger voll als im Hochsommer.

An beiden Gletschern werden die legendären sogenannten Heli-Hikes auch im Winter angeboten. Im Rahmen geführter Touren fliegen die Teilnehmer für einige Minuten im Helikopter hoch auf den Gletscher. Ausgerüstet mit Spikes und einer Axt können sie mit einem erfahrenen Guide rund zwei Stunden über das ewige Eis, entlang von Gletscherspalten und kleinen Höhlen, laufen, ehe es mit dem Helikopter zurück ins Tal geht. Teilweise werden längere Wanderungen ohne Flug oder Eisklettern angeboten.

Am Tasman Glacier hingegen können Skiläufer die längste Abfahrt Neuseelands genießen. Immerhin erstreckt sich der größte Gletscher über eine Länge von 27 Kilometern. Die Ostseite der Alpen rund um den Aoraki/ Mount Cook ist das höchstgelegene Skigebiet des Landes.

www.franzjosefglacier.com
www.foxguides.co.nz
www.helicopter.co.nz
www.heliski.co.nz

94 Tekapo – Geheimtipp für Skiläufer

Mit guter Sicht und vergleichsweise leeren Pisten punktet das Skigebiet Roundhill. 30 Kilometer nördlich von Lake Tekapo gelegen, finden sowohl Anfänger als auch fortgeschrittene Skifahrer attraktive Abfahrten. Zehn Pisten führen hinab ins Tal auf 1350 Meter; insgesamt stehen drei Skilifte zur Verfügung.

Der höchste Punkt liegt auf 2133 Meter, während der maximale Höhenunterschied der Pisten knapp 800 Meter beträgt – die größte Höhendifferenz in ganz Neuseeland. Das Skigebiet Roundhill betreibt einen täglichen Shuttle-Service nach Tekapo. Anders als die Pisten rund um Queenstown oder Wanaka ist es aber auch problemlos mit dem Auto oder sogar einem Wohnmobil erreichbar.

Während der Wintermonate steht überdies in Tekapo eine künstliche Eislauffläche zur Verfügung. Die Eisbahn ist den bis zu 40 Grad heißen Pools der Tekapo Springs angeschlossen. Der ebenfalls vorhandene Tube Park mit seinen Gummireifen zum Rutschen ist auch im Winter geöffnet – ein großer Spaß für Jung und Alt.

www.roundhill.co.nz
www.tekaposprings.co.nz

95 Ohau Snow Fields und Aoraki/Mount Cook

Zu den ruhigen Ski-Gebieten des Landes zählen die 15 Pisten von Ohau. Rund 30 Minuten von Twizel entfernt, schneit es hier im Winter zuverlässig. Für Kenner zählen die Ohau Snow Fields zu den schönsten Pisten des Landes. Von Twizel ist überdies der Tasman Glacier gut erreichbar – und damit die längste Abfahrt des Landes mit zwölf Kilometern Länge.

www.ohau.co.nz
www.mtcook.com

96 Mount Hutt

Ähnlich wie die Ohau Snow Fields gelten auch die Pisten am Mount Hutt als besonders attraktiv. Unter insgesamt 33 Pisten, davon gleich 22 für erfahrene Läufer, können die Skifahrer wählen. Meist ist Mount Hutt das Skigebiet mit der längsten Saison. Unterkünfte finden sich im nahen Methven, Eine Abfahrt ist auch gut als Tagesausflug vom 100 Kilometer entfernten Christchurch möglich.

www.nzski.com

97 Hanmer Springs

Mit dem längsten Skilift des Landes – zugleich der einzige hiesige Schlepplift – locken die nur elf Pisten in Hanmer Springs. Damit ist das Areal zugleich eines der kleinsten des Landes. Die Zufahrtsstraße ist berüchtigt, so dass die Fahrt mit dem Shuttlebus vorzuziehen ist. Im Gegensatz zu anderen Wintersportzielen können Skifahrer direkt an den Pisten übernachten.

www.skihanmer.co.nz

98 Tongariro National Park

Ob Wanderfreude oder Pistenspaß: Die drei Vulkankegel des Tongariro National Park sind im Winter ein lohnendes Ziel. Die legendäre Ganztageswanderung Tongariro Alpine Crossing hat im Schnee mit Steigeisen und Eispickel ihren ganz eigenen Reiz. Zugleich ist das Skigebiet Whakapapa das größte der Nordinsel. Ebenfalls einen guten Ruf bei Anfängern genießen die Pisten in Turoa.
www.mtruapehu.com

99 Porters Ski Area

Nah an Christchurch liegen die Pisten rund um den kleinen Ort Springfield. Vor allem Familien fühlen sich in der Porters Ski Area, vormals als Porter Heights bekannt, wohl. 14 Pisten stehen zur Auswahl, darunter auch eine der längsten des Landes. Von Christchurch fahren im Winter Shuttlebusse direkt zu den Pisten.
www.skiporters.co.nz

100 Egmont National Park

Das kleine Skigebiet Manganui Ski Area am Mount Taranaki öffnet in vielen Jahren als erstes die Pisten. Der höchste Punkt liegt auf 1680 Metern, der Höhenunterschied beträgt maximal 420 Meter. Vier Lifte führen zu den Pisten, die gerade für fortgeschrittene und erfahrene Fahrer geeignet sind. Der Vulkankegel sorgt für das passende Ambiente; im Winter fällt zuverlässig Schnee.
www.skitaranaki.co.nz

Rundflüge

Aus der Vogelperspektive genießen Reisende stets neue, faszinierende Ausblicke auf Neuseeland. Und scheinbar hat jeder Ort seine eigene Landepiste – die sprichwörtliche Qual der Wahl ist garantiert.

Die tiefen, schmale Fjorde des Milford Sound kommen erst aus der Luft so richtig zur Geltung.

101 Aoraki/Mount Cook – Blick mit Gipfelglück

Es ist einer der Momente, auf die Reisende hoffen, dass sie wirklich eintreten: In einem Helikopter zu sitzen, mit Ausblick auf den 3754 Meter hohen Mount Cook, dahinter die untergehende Sonne – ein Lichtspektakel aus Eis, Sonne und Wolken.

Rundflüge über den höchsten Gipfel des Landes starten von vielen Orten, beispielsweise im Franz Josef Village. Zunächst fliegt man im Tiefflug über den Franz Josef Glacier – die gewaltigen Eismassen sind ganz nah. Dann schraubt sich der Helikopter immer

weiter in die Höhe und umkreist mehrfach den schneebedeckten Gipfel. Aus immer neuen Perspektiven bietet sich ein beeindruckender Panoramablick – auf den höchsten Berg Ozeaniens und die umliegenden Gipfel. Nächste Station: der Fox Glacier. Der Helikopter landet dort auf rund 2000 Metern Höhe. Zeit für weitere Fotos, aber auch Gelegenheit zum Innehalten.

Neben Franz Josef Town bieten sich Flightseeing-Touren vor allem vom Aoraki/Mount Cook an. Von hier heben neben Hubschraubern auch Ski-Flugzeuge ab, die auf 3000 Metern Höhe auf dem Franz Josef Glacier landen – rund 400 Meter Eis und Schnee unter den Kufen.

Auch von Tekapo starten regelmäßig Rundflüge. Und der Name „Grand Traverse" hält, was er verspricht: Augenblicke zum Staunen. Nach dem Start über den Gletschersee Lake Tekapo umrundet die Cessna Grand Caravan – ausnahmslos mit Fensterplätzen ausgestattet – die berühmten Gletscher und Gipfel der Southern Alps. Auch wenn kein Zwischenstopp auf dem Gletscher inklusive ist – dank des Panoramablicks auch auf den Lake Tekapo ist dies die vielleicht schönste Tour über die höchsten Gipfel.

Die Preise für Rundflüge variieren stark. Touren mit dem Helikopter sind im Regelfall teuer, versprechen aber das bessere und ruhigere Flugerlebnis. Gletscher-Landungen kosten extra.

www.glacierhelicopters.co.nz
www.southernalpsair.co.nz
www.infliteexperiences.co.nz
www.airsafaris.co.nz
www.helicopter.co.nz

102 Milford Sound – Traumblick auf den Fjord

Ob grauer Himmel oder Sonne pur – der gern auch achtes Weltwunder geadelte Milford Sound ist immer einen Blick von oben wert. Erst aus der Vogelperspektive kommt die dramatische Landschaft mit dem schmalen Fjord und den schneebedeckten Gipfeln wirklich zum Tragen.

Vom kleinen Flugfeld zwischen Milford Lodge und Bootsanleger starten regelmäßig kleine Flugzeuge und Helikopter zu verschiedenen Touren über einen der Höhepunkte im Fiordland National Park. Mit dem berühmten, markant erscheinenden Mitre Peak und den sehenswerten Bowen Falls erleben Fluggäste zwei Top-Attraktionen des Milford Sound gleich nach dem Take-off. Je nach gewählter Tour steuert der Pilot dann das offene Meer an, so dass Passagiere vom Flugzeug aus den gesamten, 15 Kilometer langen Fjord genießen können. Zuweilen geht es dann über die 580 Meter hohen Sutherland Falls zurück zum Flugfeld. Die volle Pracht des Milford Sound genießen Reisende im Regelfall nur bei Rundflügen im Flugzeug. Diese sind auch als Transfer ab/bis Queenstown und in Kombination mit einer Bootsfahrt buchbar. Sicherlich der ultimative Ausflug, die atemberaubende Kulisse aus Wasser, Bergen und Tierwelt zu erleben – und zudem zeitsparend an einem Tag.

Bei Touren mit dem Helikopter steuern die Piloten nach einer Schleife über den Fjord hingegen die Bergwelt an und sorgen für ein Highlight der anderen Art: eine Landung auf einem Gletscher, beispielsweise auf dem Pembroke Glacier. Hier können die Passagiere dann für einige Minuten das ewige Eis spüren und sich die Füße auf ungewohntem Terrain vertreten. Spektakuläre Fotos inklusive. Anschließend geht es in vielen Kurven über Berggipfel, kleine Seen und

die Panoramastraße Milford Road zurück zum Heli-Pad. Abstecher zu den Southerland Falls, den angeblich fünfthöchsten der Erde, sind ebenso machbar. Teilweise lassen sich kurze Helikopterflüge auch in Bustouren integrieren. Dann erfolgt der Start (oder die Landung) nicht am Heli-Pad sondern an einem Parkplatz an der Milford Road, wo die Mitreisenden schon neidisch und mit großen Augen warten. Und der kurze Trip mit Helikopter oder Flugzeug lohnt auch bei Wolken, wie sie häufig hier auftreten – sie verleihen der dramatischen Szenerie eine ganz besondere Note. Auch Helikopter-erfahrenen Passagieren stockt dann der Atem, wenn sich der Pilot seinen Weg zwischen Bergen und Wolken sucht.

www.milfordhelicopters.com
www.realjourneys.co.nz
www.milfordflights.co.nz

103 Abel Tasman National Park – Geheimtipp

Über den Lagunen und goldgelben Stränden des beliebten Abel Tasman National Park hören Besucher das Knattern der Maschinen bislang nur selten. Anders als in den Southern Alps, am Milford Sound oder in Queenstown, wo ständig Helikopter und Flugzeuge starten, gelten Rundflüge über den Nationalpark noch als Geheimtipp.

Kleine Cessnas starten beispielsweise vom Flugfeld in Takaka und steuern vom nordwestlichen Ende den Abel Tasman National Park an. Entlang der Küste mit dem schönen Tata Beach geht es in den Park mit dem Wainui Bay als erster Attraktion. Tonga Island sowie Bark und Torrent Bay zählen sicherlich zu den schönsten Fotomotiven. Auf dem Rückweg können die Passagiere dann einen Blick auf das wenig bekannte und nur schwer zugängliche Hinterland des Parks werfen. Wer ab Takaka startet, kann den Rundflug über das immergrüne Paradies auch mit einem Abstecher zur langgestreckten Dünenlandschaft Farewell Spit kombinieren. Alternativ werden verschiedene Helikopter-Flüge ab Nelson angeboten.

Und in Motueka lässt sich ein Traum erfüllen: Einmal für 30 Minuten selbst einen Helikopter fliegen – natürlich unter Aufsicht eines Piloten.

www.goldenbayair.co.nz
www.tasmanhelicopters.co.nz
www.uflyheli.co.nz

104 Franz Josef Glacier – Ab aufs Eis

Auf dieser Tour ist der Helikopter eigentlich nur ein profanes Transportmittel, um Urlauber auf dem Franz Josef Glacier abzusetzen. Eigentlich. Aber auch dieser kurze, achtminütige Flug ist schon ein erstes Erlebnis. In einem weiten Bogen steuert der Pilot entlang von Felswänden und Wasserfällen den Landeplatz inmitten der Eismassen an. Die kleine Gruppe genießt nach dem lärmenden Rotor die Stille auf dem Eis und schnallt sich die Spikes unter die Stiefel. Knapp zwei Stunden erkundet sie mit einem erfahrenen Guide das ewige Eis. Je nach Kraft des Gletschers bilden sich kleine Höhlen, in die man hineinschauen, hineingehen oder gar durchlaufen kann. Dann geht es zurück ins Tal – natürlich mit dem Helikopter. Somit gilt: drei beeindruckende Erlebnisse in einem Ausflug.

Die sogenannten Heli-Hikes zählen zu den schönsten Wandertouren und Flightseeing-Abenteuern. Sie werden am Franz Josef Glacier angeboten, ebenso am benachbarten Fox Glacier sowie auf der Ostseite der Alpen am am weniger stark frequentierten Tasman Glacier. Wer von Glentanner statt am Mount Cook Airport startet, genießt mehr Flugzeit.

www.franzjosefglacier.com
www.foxguides.co.nz
www.helicopter.co.nz
www.mtcook.com

105 White Island

Ausflug auf eine aktive Vulkaninsel gefällig? Nach 30 Minuten in der Luft tauchen die ersten Schwefelwolken am Horizont auf. Kurz danach landet der Helikopter auf White Island, 50 Kilometer vor der Ostküste der Nordinsel (siehe „Abenteuer“, Seite 104). Nach dem zweistündigen Besuch dreht der Pilot eine Ehrenrunde über den Krater.
www.volcanicair.co.nz
www.frontierhelicopters.co.nz

106 Tongariro National Park

Die drei berühmten Vulkankegel sind gerade bei schönem Wetter einen Rundflug Wert. Gerade wer keine Zeit (oder die notwendige Fitness) für die legendäre Tageswanderung Tongariro Alpine Crossing mitbringt, kann so aus einigen hundert Metern Höhe einen Blick auf die Berge und die Kraterseen werfen.
www.mountainair.co.nz
www.helicoptertours.co.nz
www.volcanicair.co.nz

107 Auckland

Gefühlt doppelt so schön strahlen die ohnehin sehenswerten Inseln im Hauraki Gulf bei einem Blick aus der Luft. Vom Hafen in Auckland starten regelmäßig Wasserflugzeuge auf verschiedenen Strecken über die Metropolregion. Besonders beliebt: der 30-minütige Rundflug mit Blick auf die Skyline, den Vulkankrater Rangitoto, Motuihe Island und Waiheke Island sowie die Harbour Bridge.
www.aucklandseaplanes.com

108 Kaikoura

Bei der Suche nach Walen wird einem schnell bewusst: „Die Natur lässt sich nicht steuern, Wale gibt es nicht auf Bestellung.“ Denn nicht bei jedem Rundflug lassen sich tatsächlich die Giganten des Meeres aus der Luft beobachten und fotografieren. Wer Glück hat, sieht die Wale in ihrer vollen Pracht, wie man sie vom Boot aus selten erlebt. Die weißen Gipfel bilden eine würdige Kulisse.
www.worldofwhales.co.nz

109 Stewart Island

Schon die Anreise ab Invercargill gleicht einen Scenic-Flug: Während der rund 20 Minuten Flugzeit überfliegt die kleine Maschine die einsamen Buchten an Neuseelands Südküste, ehe Stewart Island erreicht wird. Gerade bei gutem Wetter ist der Trip die perfekte Kombination aus Transfer (statt der Fähre) und Rundflug. Zudem sind Rundflüge buchbar.
www.stewartislandflights.com
www.stewartislandhelicopters.co.nz

110 Bay of Islands

Weiße Strände an kleinen Inseln, umspült vom Meerwasser in ungezählten Blautönen – der Vergleich der rund 140 Eilande mit subtropischen Gefilden ist gerade beim Blick von oben gerechtfertigt. Vom Start in Paihia geht es über die berühmte Bucht im Nordosten der Nordinsel. Ziel ist die Felsformation „Hole in the Rock“.
www.saltair.co.nz

Radstrecken

Auch auf dem Sattel ist Neuseeland ein lohnendes Ziel: Nach dem Vorbild der Great Walks durchziehen mittlerweile 23 Great Rides das Land, mehrheitlich auf der Südinsel. Ziel ist es, ein durchgehendes Streckennetz für Radtouristen von Cape Reinga im Norden bis nach Bluff im Süden zu entwickeln. „Nga Haerenga" oder „The Journeys" heißt das Projekt, in das etliche Millionen Kiwi-Dollar fließen. Gut für Radfahrer: Rund um die Trails mit Längen zwischen 30 und 300 Kilometer haben sich etliche Tourveranstalter und Agenturen etabliert, die bei der Organisation wie Radverleih, Shuttle und Gepäcktransport helfen. In Neuseeland gilt übrigens die Helmpflicht.

www.nzcycletrail.com

Mit dem Zweirad lässt sich die Natur Neuseelands erfahren.

111 Alps2Ocean Cycle Trail – Weltweit bekannt

Vom höchsten Berg des Landes zu den Pinguinen am Strand: Welcher Radweg könnte noch mehr Impressionen und Erlebnisse – Flug mit dem Helikopter eingeschlossen – bieten? Der Alps2Ocean Cycle Trail führt vom Aoraki/Mount Cook nach Oamaru an der Pazifikküste. Mit seiner Vielfalt ist der Trail weltweit bekannt und gilt als einer der schönsten des Landes. Mit 301 Kilometern ist er zudem der längste Trail der Südinsel. Noch bis 2017 müssen sich Urlauber einem kleinen Stück von 15 Kilometern über Highways stellen – ansonsten verläuft die Strecke jenseits vielbefahrener

Straßen. Um tendenziell abwärts und vor allem mit Rückenwind zu fahren, sollten Reisende in den Bergen starten.

Die Strecke zwischen Bergen und Meer ist offiziell in acht Sektionen unterteilt. Radfahrer sollten vier bis sechs Tage für die Strecke einplanen, wobei natürlich auch nur einzelne Etappen gefahren werden können. Der Alps2Ocean Cycle Trail gilt auch für weniger erfahrene Fahrradfahrer sowie für Familien mit kleineren Kindern geeignet. Entlang der Strecke liegen zahlreiche Orte, so dass Reisende viel Auswahl für Zwischenstopps und zum Übernachten finden.

Nach dem Start auf dem DOC-Campingplatz unterhalb vom Aoraki/ Mount Cook führt der Weg zunächst zum nahe gelegenen Airport. Wer der Originalroute folgen möchte, muss sich mit dem Helikopter über den Tasman River übersetzen lassen, dann folgt die Route dem Ostufer des Lake Pukaki bis zur Braemar Road. Wer auf den Flug verzichten möchte, findet Alternativrouten. Abschnitt 2 führt von Braemar Road über 42 Kilometer nach Twizel. Von dort aus warten 38 Kilometer Strecke bis zur Lake Ohau Lodge am gleichnamigen Gletschersee. Nächstes Ziel ist das 41 Kilometer entfernte Omarama, ehe Abschnitt 5 über 24 Kilometer und entlang des Lake Benmore nach Otematata führt. Die nächste Etappe nach Kurow, 43 Kilometer entfernt, ermöglicht einen Blick in die Wasserkraftanlagen des Landes. Von dort folgen 28 Kilometer bis nach Duntroon -- unterwegs können Felsmalereien der Maori besichtigt werden. Der Schlussspurt schließlich führt über 55 Kilometer bis nach Oamaru am Pazifik. Die Stadt ist vor allem für ihre beiden Pinguinkolonien bekannt (siehe „Otago“, Seite 266).

www.alps2ocean.com

112 Otago Central Rail Trail – Auf Gleisen

Ähnlich legendär wie der Alps2Ocean Cycle Trail ist die Fahrt entlang der alten Bahngleise: Der Otago Central Rail Trail folgt der ehemaligen Otago Central Branch Railway und gilt als beliebteste Radstrecke Neuseelands.

Die 150 Kilometer lange Strecke führt von Clyde, östlich von Queenstown, in drei Etappen nach Middlemarch, westlich von Dunedin – und somit quer durch die Region Otago (siehe „Otago", Seite 258). Zu den Highlights zählen zahlreiche Brücken und mehr als 100 Meter lange Viadukte, die zwischenzeitlich überquert werden. Auch Tunnel säumen die Route der Radfahrer. Noch bis 1990 ratterten regelmäßig Züge über die Gleise – heute ist nur noch Middlemarch von Dunedin aus mit der Oldtimerbahn Taieri Gorge Railway erreichbar. Hier drehte Kult-Regisseur Peter Jackson auch Szenen für sein Film-Epos „Der Hobbit". Die Strecke kann in beiden Richtungen befahren werden, idealerweise mit einem Mountainbike mit breiten Reifen.

Der Otago Central Rail Trail wurde im Jahr 2000 eröffnet und sorgte damit auch wieder für mehr Leben in den kleinen, teils historischen Orten. Gerade die alten Pubs laden immer wieder zum Verweilen ein. Wer nicht genügend Zeit für den gesamten Trail mitbringt, kann auch auf kürzeren, rund zehn Kilometern langen Touren die Bauwerke der Eisenbahn inmitten einsamer Natur erleben. Zu den schönsten Abschnitten zählen die Kilometer zwischen Lauder und Auripo im Norden sowie Daisy Bank und Hyde im Osten.

Neben Radfahrern kommen auf dem Otago Central Rail Trail auch Wanderer und Reiter auf ihre Kosten: Auch sie können den früheren Schienen folgen und die spektakuläre Landschaft genießen. Die ganze Region ist stolz auf diese außergewöhnliche Attraktion, die mittlerweile eine wichtige Einnahmequelle darstellt.

www.otagorailtrail.co.nz
www.dunedinrailways.co.nz

113 Hauraki Rail Trail – Unterwegs im Gold-Land

Auf den Spuren von Gold und Silber: Der Hauraki Rail Trail an den südlichen Ausläufern der Coromandel Peninsula folgt der Spur der frühen Glücksritter. Der 82 Kilometer lange Trail verläuft teilweise auf dem Gleisbett einer früheren Eisenbahn, die Gold und Silber sowie Holz transportierte. Heute gilt die Strecke zwischen Thames und Waihi als eine der einfachsten Touren Neuseelands für Radtouristen.

Als Startpunkt eignet sich vor allem der Küstenort Thamcs, nur wenige Stunden von Aucklands Skyline entfernt. Im Regelfall sollten Radfahrer drei Tage für die komplette Strecke einplanen – und für die Fahrt durch einen rund 1000 Meter langen Tunnel eine Taschen- oder Stirnlampe nicht vergessen. Zu den Höhepunkten des Hauraki Rail Trail zählt die Karangahake Gorge: Die enge Schlucht zwischen den Orten Karangahake und Waikino weckt mit ihren historischen Orten – inklusive einer Fahrt mit einer Museums-Eisenbahn über das Gelände und die Tunnel der früheren Gold- und Silberminen – Erinnerungen an den großen Goldrausch zwischen 1870 und 1950. Auch landschaftlich zählt die Sektion zu den interessantesten Abschnitten.

www.haurakirailtrail.co.nz

114 Old Ghost Road – Geheimtipp für Radfahrer

An der stürmischen Westküste der Südinsel schlängelt sich die Old Ghost Road 85 Kilometer einsam durch die Gebirgslandschaft: Mit seiner abgelegenen Lage nördlich von Westport gilt der Trail noch als Geheimtipp.

Vom Startpunkt in Lyell (an der SH06 zwischen Nelson und Westport) zieht sich die Strecke, die sich an erfahrene Radtouristen richtet, in zwei bis vier Tagen nach Seddonville. Dabei durchqueren sie alte, nahezu unberührte Regenwälder und erleben immer wieder Schluchten mit tosenden Flüssen und Bächen. Zugleich begeben sich die Sportler – wie beim Hauraki Rail Trail auf der Nordinsel – auf die Spuren der frühen Pioniere. An die aufregende Zeit des Bergbaus am Ende des 19. Jahrhunderts erinnern mehrere verlassene Bergbau-Orte – die Gespensterstädte stehen für den Namen des Trails.

Entlang der Old Ghost Road, die auch für Wanderer interessant ist, gibt es keine Versorgungsmöglichkeiten. Übernachtungsplätze stehen in sechs Hütten zur Verfügung. Abenteuerlustige verbinden die Tour mit dem Rad mit einem Rafting-Ausflug oder einem Helikopterflug, gern auch genutzt als Shuttle zum Startpunkt.

www.oldghostroad.org.nz

115 Queen Charlotte Track

Die Wasserarme der Marlborough Sounds zählen zu den landschaftlich schönsten Regionen. Der Queen Charlotte Track (siehe „Tasman & Nelson“, Seite 233) verbindet auf 70 Kilometer das Meer mit dem Binnenland. Zwei bis drei Tage brauchen Mountainbiker, Wassertaxis helfen beim Transport. Der komplette Track ist nur zwischen März und November offen.

www.qctrack.co.nz

116 Great Lake Trail

Entlang der Küste des Lake Taupo mit ihren malerischen Buchten verläuft der Great Lake Trail. 71 Kilometer umfasst der im Jahr 2014 eröffnete Trail an Neuseelands größtem See. Wassertaxis helfen beim Transport, so dass Radfahrer auch nur einzelne Abschnitte befahren können. Und komplett um den See zieht sich im November die Taupo Lake Challenge, ein Radrennen über 160 Kilometer.

www.greatlaketrail.com

117 Te Ara Ahi – Thermal by Bike

Quer durch das brodelnde Herz: Auf 48 Kilometern hält der Trail, was der Name Te Ara Ahi – Thermal by Bike verspricht. Auf dem Weg nach Rotorua passieren Radfahrer blubbernde Seen und Geysire. Zu den Höhepunkten der zweitägigen Strecke zählen beispielsweise das Waimangu Volcanic Valley, Wai-O-Tapu Thermal Wonderland sowie Waikite Valley Thermal Springs.

www.nzcycletrail.com/trails/te-ara-ahi

118 Rimutaka Cycle Trail

Die Region östlich von Wellington erschließt der Rimutaka Cycle Trail. Start ist am Hafen des Vorortes Lower Hutt. Über 115 Kilometer erkunden Radler die landschaftlich reizvolle Rimutaka Mountain Range. Anschließend verläuft die Route entlang von Weinbergen und Weideflächen zum Pazifik. Vier Tage sind für den Kurs empfohlen.
www.wellingtonnz.com/rimutaka-cycle-trail

119 Tasman's Great Taste Trail

Einmal rund um Nelson führt der Tasman's Great Taste Trail über insgesamt 175 Kilometer. Nach dem Start in dem sonnenreichen Ort verläuft die Strecke parallel zur Cook Strait gen Abel Tasman National Park. Ein Abstecher geht nach Kaiteriteri mit dem schönen Strand (siehe „Strände der Südinsel“, Seite 59); von hier geht es durchs Inland zurück nach Nelson. Vier Tage sollten Radler einplanen.
www.heartofbiking.org.nz

120 Waikato River Trails

Entlang Neuseelands längstem Fluss Waikato schlängeln sich die Waikato River Trails. Die 103 Kilometer führen über vier Tage durch einen sehenswerten Mix von historischen Gebäuden, eigenartigen Steinformationen, üppigem Farmland und größtenteils unberührten Wäldern. Zu den Höhepunkten zählen zahlreiche Brücken, darunter die 152 Meter lange Hängebrücke Arapuni Swing Bridge.
www.waikatorivertrails.co.nz

Mein Neuseeland

Wilderness Motorhomes, Smart Campers – Endless New Zealand www.wilderness.co.nz

Faszinierende Menschen

Ein Freund von mir ist 1991 überraschend nach Neuseeland ausgewandert. Kurz vor Weihnachten 1991 entschied ich mich ihn zu besuchen. Am ersten Weihnachtstag kam ich an, und am 26. Dezember gingen wir in Long Bay (Auckland North Shore) an den Strand – so wie die meisten Kiwis. Es war ein schöner Sommertag: Leute sammelten Austern von den Felsen, andere angelten, alle hatten Spaß am und im Wasser. Ich weiß noch heute, wo ich saß, als mir der Gedanke in den Kopf kam: Hier musst du leben. Ich hatte mich verliebt, in ein Land, das ich gar nicht kannte. Ich konnte gar nicht genau sagen, was es war. Aber so ist das halt, wenn man verliebt ist, da ist so ein unglaubliches Gefühl. Als ich Anfang Januar 1992 wieder abflog, war meine Entscheidung endgültig gefallen. Zuhause einen Antrag auf Einwanderung stellen, alles auflösen, und im Januar 1993 landete ich mit Familie in Neuseeland.

Meine Liebe zu Neuseeland wuchs über die Jahre. Die Natur ist unbeschreiblich schön, und in einem Land hat man alles von Norwegen bis Sizilien. Aber am meisten faszinieren mich die Menschen. Sie sind offen und freundlich und soooo positiv. Und dann hat sich Neuseeland in 20 Jahren kolossal verändert … es ist von einem verschlafenen Land mit Teehäusern, wo es neben Sandwiches, Tee und löslichem Kaffee nicht viel anderes gab, zu einem Land gewandelt mit internationalem Flair und den besten Kaffees der Welt. Die Küche hat sich von Alt-Englisch zu internationaler Cuisine gewandelt. Immigranten, wo man hinschaut und alle Leben friedlich miteinander im Einklang.

Haben Sie schon mal in einer Steuerbehörde eine Spielecke für Kinder gesehen? Oder ein Steuersystem, das so einfach ist, dass man die Umsatzsteuererklärung auch für Unternehmen mit Millionen-Umsatz auf einer Seite machen kann? Oder eine Einwanderungsbehörde am Flughafen, deren Statement lautet: Wir wollen unsere Kunden effizient und freundlich

freundlich behandeln, und es dann auch tut? Oder der Haka, wenn die All Blacks spielen? Oder das man Kinder aus der Schule nimmt, um für drei Monate Europa zu bereisen und der Schulleiter sagt: Habt ihr noch Platz im Koffer, ich will auch mit? Und er erklärt, die Kinder lernen in den drei Monaten mehr, als wenn sie zur Schule gehen …

Nur eins fehlt mir: die Bundesliga. Aber dafür gibt's ja das Internet!

Lieblingsplatz

Mangawhai Heads is Magic

Mangawhai Heads liegt etwa 90 Minuten Fahrt nördlich von Auckland an der Ostküste direkt am Meer. Der Ort gefällt mir so gut, das ich vor fünf Jahren mit meiner Familie dorthin gezogen bin. Mangawhai Heads is Magic! Wer es nicht glaubt, selbst das offizielle Ortschild sagt nicht einfach „Mangawhai" sondern „Magical Mangawhai"! Und es stimmt, als ich vor 24 Jahren das erste Mal nach Mangawhai kam, hat der Ort es mir angetan. Ich konnte nicht sagen warum, es war einfach Magical!
Warum ist Mangawhai so Magical? Ein Ort, wo es alles gibt! Einen tollen Surf Beach, mit weißem Strand und Wellen. Eine Lagune in der man gefahrlos schwimmen, tauchen und kajaken kann, es gibt eine komplette Infrastruktur mit Restaurants, kleinen Geschäften. Der Ort strahlt eine Ruhe aus, die ansteckend ist. Einmal angekommen, entspannt man und viele Dinge sind auf einmal nicht mehr wichtig … man will nur bleiben …

Mein Neuseeland

Florian Berger

Geboren in München, hat vier Jahre in Neuseeland gelebt, sich in Land und Leute verliebt und sich seitdem die Zeit mit dem Import Neuseeländischer Weine vertrieben. www.wine-in-motion.com

Reif für Neuseeland

Die ganze Welt ist voller Wunder, voller beeindruckender Naturschauspiele, voller atemberaubender Eindrücke. Was wir am Reisen so sehr lieben, das ist die völlige Fremdartigkeit. Wir besuchen Südostasien und genießen das tropische Klima und das exotische Essen, umgeben von anders aussehenden Menschen. Das Gleiche in Südamerika oder Griechenland. Alles wunderschöne Reiseziele, die wir gerne aufsuchen, wo uns aber nach einiger Zeit meist Heimweh erfasst. Und das ist es, was für mich Neuseeland vom Rest der Welt unterscheidet: dass es so schön, so frisch und neu erscheint, aber sich sofort nach zu Hause anfühlt.

Das Land gilt so manchem als Traum-Aussteigerland, als Zielort um sein Leben in Europa hinter sich zu lassen. Dabei ist es ein „Umsteiger-Land", wo man fast alles so vorfindet, wie man es sich von hier immer wünschen würde. Und so fühlt man sich dort einfach nie fremd, wenn man ankommt, und es fällt einem umso schwerer wieder wegzugehen.

Neuseeland ist in dieser Welt ein wunderschöner Ort, der sich in die Riege der Traumplätze und Wunschorte einreiht. Vielleicht auf den ersten Blick nicht so spektakulär wie der Amazonas, die Sahara oder die Kordilleren. Aber in seiner Gesamtheit, seiner zauberhaften Natur, dem angenehmen Klima und seinen mehr als liebenswerten Menschen auf der einen Seite, der menschenleeren Abgeschiedenheit und dabei trotzdem mitten in der westlichen Welt verankert zu sein auf der anderen, das macht das Land insgesamt zu vielleicht einem der lebens- und liebenswertesten Ort der Welt. Mit großem Abstand. Zweifellos.

Wenn Du also einen Ort suchst, bei dem Dir die Welt zu Füßen liegt, an dem Du Deine Welt aber nicht verlassen musst, dann ist Neuseeland der einzig richtige Ort für Dich.

Lieblingsplatz

Meet me at the Musick Point

Musick Point liegt am nördlichen Ende der Bucklands-Halbinsel im Osten Aucklands. Durchquert man den Howick Golf Club (Vorsicht: Golfbälle) erreicht man am Ende der Straße die historische Musick Point Radio Station, einem modernistischen 1940er-Jahre-Bau mit architektonischem Charme. Ein kleiner Trampelpfad führt an dem Gebäude vorbei und endet direkt an der Steilklippe über dem Meer. Von hier aus hat man einen traumhaften Blick über die typische Insellandschaft rund um den Hauraki Gulf. Gegenüber liegt die unbewohnte Browns Island, überthront vom alles vereinnahmenden Rangitoto-Vulkan. Rechterhand ist der Blick frei hinüber zu Waiheke Island, links schweift der Blick bis nach Devonport an der North Shore.

Fast immer menschenleer, beherbergt dieser Platz alle Gefühle, die man sich als Weltentdecker in Neuseeland erhoffen darf, in unserem Bedürfnis nach Ruhe, Natur, Meer und Menschenleere, inmitten von Neuseelands am dichtest besiedelten Distrikt.

Bist Du kein Durchreisender, sondern einer, der in Neuseeland wirklich angekommen ist, so suche diesen Ort auf, vielleicht an einem nieselnden Wintertag im Juli, mit „Café del Mar" in den Ohren, und atme Neuseeland, wie es sich nicht jedem erschließt.

Mein Neuseeland

Ruth Bollongino

Arbeitet als wissenschaftliche Beraterin im Umweltschutz und lebt in Motueka (zwischen Nelson und dem Abel Tasman National Park).

Glücksgefühle pur

Neuseeland ist kein überirdisches Paradies. Lebenshaltungskosten, Gesundheitssystem, Lohnniveau, Umwelt- und Artenschutz, Frauenbild – es gibt wahrlich einiges zu verbessern. Dennoch konnte mich das nicht davon abhalten, hierher zu ziehen. Schon bei meinem ersten Besuch vor sechs Jahren war ich so hin und weg, dass nichts meine Glücksgefühle dämpfen konnte.

Ich habe mir das Land erwandert, bis ich kaum mehr laufen konnte. Die Landschaft, majestätische Berge, urige Wälder, weite Täler, endlose Strände – von all dem konnte ich nicht genug bekommen. Anfangs konnte ich nicht glauben, wie frisch, klar und lecker die Luft hier ist. Ich lernte meinen Partner kennen, und nun wohnen wir in der Nähe von Nelson.

In Neuseeland ticken die Uhren gefühlt langsamer. Ich habe hier eine höhere Lebensqualität gefunden. Mein neues Zuhause ist ein kleines Cottage im Grünen mit Gemüsegarten und Hühnern. Auf der einen Seite das Meer und die Strände des Abel Tasman National Park, auf den anderen Seiten Berge, Seen, Flüsse und dazwischen Weingüter. Nelson ist ein charmantes kleines Städtchen und bietet alles, was man so braucht.

Hier lebt man sprichwörtlich am Ende der Welt. Alles kommt von weit her, aber vielleicht hat sich gerade deshalb der Pioniergeist erhalten. Jedenfalls gibt es in Neuseeland noch ein intensives Gemeinschaftsgefühl, die Menschen hier verstehen sich als Mitglieder der Gesellschaft und helfen sich. Sie übernehmen Verantwortung füreinander. Zugleich spielt sich das Leben viel im Freien und in der Natur ab, es wird gefischt, gejagt und Gemüse getauscht.

Das Leben in Neuseeland macht meine Sinne glücklich. Es gibt einige Schlüsselreize, bei denen mich immer wieder aufs Neue eine Welle von

„Wow – ich bin hier" durchfährt. Dazu gehören beispielsweise der nächtliche Ruf des Ruru (ein kleiner Kauz, auch Morepork genannt), der Genuss von „real fruit ice cream", der Geruch des Meeres, die knorrige Schönheit der Buchen an der Baumgrenze und der überwältigende Sternenhimmel in klaren Nächten.

Lieblingsplatz

Mount Arthur Tablelands

Nur wenige Reisende verirren sich in den Kahurangi National Park, und viele kennen lediglich den Heaphy Track. Dabei ist der zweitgrößte Nationalpark Neuseelands eine echte Perle. Ich wohne am Rande des Parks – und der Mount Arthur ist mein „Hausberg". Von dort genießen Besucher eine wunderbare Sicht über das Hochplateau, die Tablelands.

Es mag nicht die spektakulärste Landschaft sein, das mindert aber nicht ihre Schönheit. Weite Tussockfelder wechseln sich mit bonsaihaften Wäldern ab, durchbrochen von Karstfelsen. Ein Netz von Wanderwegen und Hütten erschließt die Tablelands. Hier treffen Wanderer auf Kea, Kiwi, Kaka und Whio (Blue ducks). Die Flora gehört zu der vielseitigsten des Landes. Die Landschaft ist von Senklöchern und Höhlen geprägt. Zugleich gibt es viel Historisches zu entdecken, etwa die alte Cloustons Mine.

Das Besondere für mich ist die friedliche Atmosphäre. Egal, was mir sonst noch durch den Kopf geht: Hier ist alles gut! Jedes Mal.

Der Sky Tower ist Blickfang Nummer 1 in Neuseelands größter Stadt.

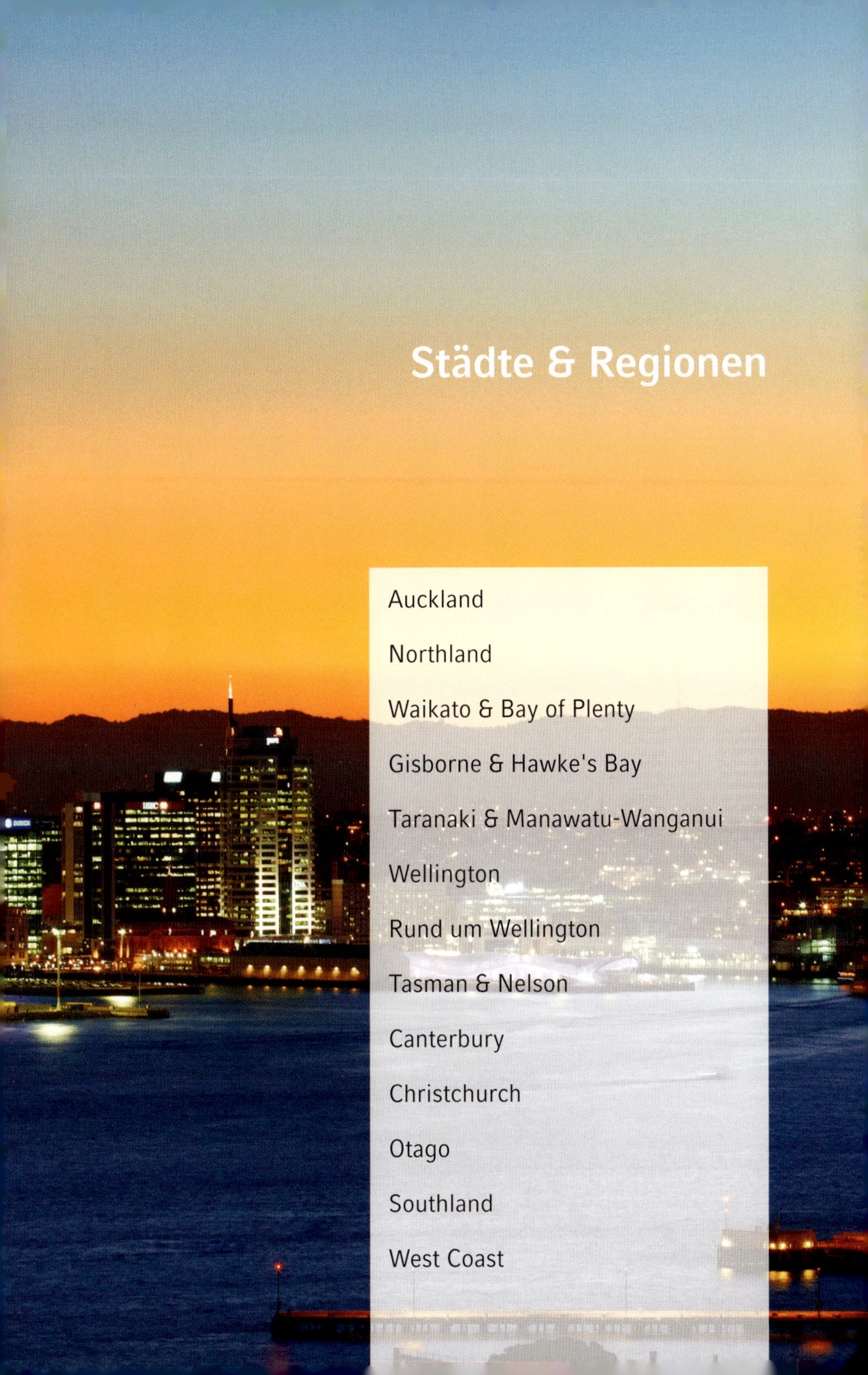

Städte & Regionen

Auckland

Northland

Waikato & Bay of Plenty

Gisborne & Hawke's Bay

Taranaki & Manawatu-Wanganui

Wellington

Rund um Wellington

Tasman & Nelson

Canterbury

Christchurch

Otago

Southland

West Coast

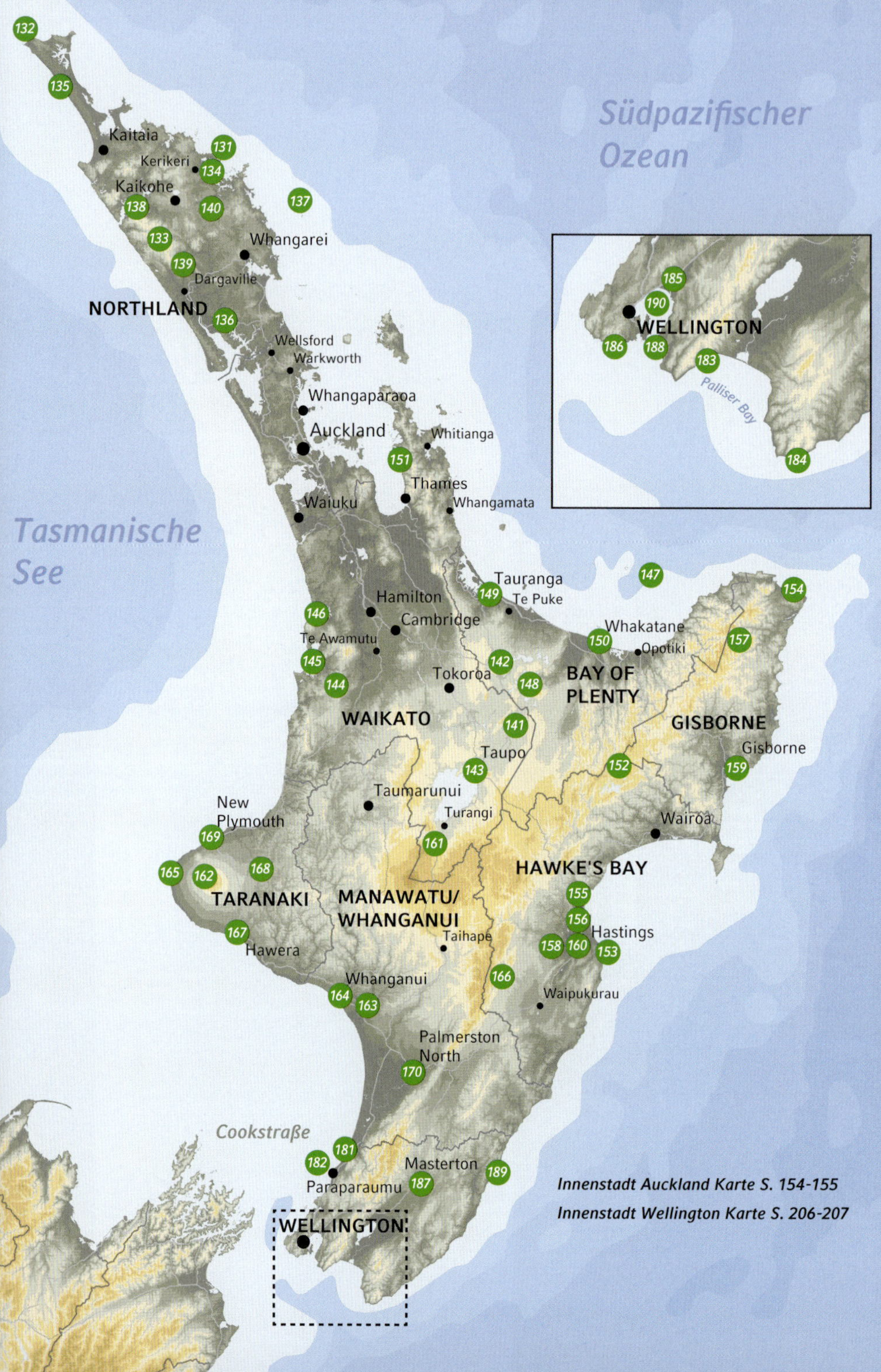

Südpazifischer Ozean
Tasmanische See
Cookstraße
Palliser Bay
NORTHLAND
WAIKATO
BAY OF PLENTY
GISBORNE
TARANAKI
MANAWATU/ WHANGANUI
HAWKE'S BAY
WELLINGTON
Kaitaia
Kerikeri
Kaikohe
Whangarei
Dargaville
Wellsford
Warkworth
Whangaparaoa
Auckland
Whitianga
Thames
Whangamata
Waiuku
Tauranga
Te Puke
Hamilton
Cambridge
Te Awamutu
Whakatane
Opotiki
Tokoroa
Taupo
Gisborne
Taumarunui
Turangi
New Plymouth
Wairoa
Hastings
Hawera
Taihape
Whanganui
Waipukurau
Palmerston North
Masterton
Paraparaumu
132
135
131
134
137
138
140
133
139
136
151
147
149
154
146
150
157
145
142
144
148
141
143
152
159
169
161
165
162
168
155
167
156
158
160
153
166
164
163
170
181
182
187
189
185
190
186
188
183
184
Innenstadt Auckland Karte S. 154-155
Innenstadt Wellington Karte S. 206-207

Cookstraße
Collingwood
Motueka
Nelson
Karamea
Richmond
Blenheim
Westport
Tasmanische See
Kaikoura
Hanmer Springs
Greymouth
Hokitika
Ross
CANTERBURY
Christchurch
Akaroa
Ashburton
Temuka
Twizel
Wanaka
Waimate
Queenstown
Cromwell
Oamaru
Alexandra
Hampden
Te Anau
OTAGO
Palmerston
Karitane
SOUTHLAND
Mosgiel
Dunedin
Winton
Gore
Balclutha
Invercargill
Innenstadt Christchurch Karte S. 248-249
Südpazifischer Ozean
193
198
192
191
247
196
199
194
200
195
197
246
242
202
209
249
207
205
248
241
243
210
245
208
203
204
250
244
206
201
227
233
228
221
230
223
229
224
226
236
238
231
237
222
225
240
239
232
235
234

Auckland

„City of Sails" wird Neuseelands größte Stadt gern genannt. „Stadt der Segel" trifft es in der Tat – das Flair der Millionen-Metropole ist geprägt vom großen Naturhafen Hauraki Gulf mit schätzungsweise einer Viertel Million Boote. Die dortigen Inseln wie Waiheke Island sind sowohl beliebte Wohnorte als auch Ziel entspannter Ausflüge. Abenteuerlicher geht es auf einem der höchsten Gebäude der südlichen Hemisphäre zu, wo Wagemutige auf einem schmalen Grat balancieren oder sich ähnlich einem Bungee Jump in die Tiefe stürzen können. Kultur und Lebensart versprühen das große Auckland Museum und die lebendigen Viertel außerhalb der Innenstadt.

www.aucklandnz.com
www.aucklandcouncil.govt.nz

Der 328 Meter hohe Sky Tower ist eines der Wahrzeichen der Stadt.

Pazifischer Ozean
Waiwera
Whangaparaoa
Waimauku
Rangitoto Island
128
Waiheke Island
127
Auckland
Piha
126
Manukau Heads
Manukau Harbour
Papakura
Pukekohe
Waiuku
Tasmanische See

NORTHCOTE POINT
DEVONPORT
123
130
Auckland
121
129
PONSONBY
PARNELL
122
GREY LYNN
NEWMARKET
MOUNT ALBERT
REMUERA
125
Cornwell Park
124
MOUNT ROSKILL

121 Sky Tower – Panoramablick über die Metropole

Neuseelands größte Stadt beherbergt eines der höchsten Gebäude der südlichen Hemisphäre: 328 Meter streckt sich der Sky Tower gen Himmel. Mit seiner Höhe und den nächtlichen farbenfrohen Lichtspielen avancierte der 1997 eröffnete Turm, Teil des Einkaufs- und Unterhaltungszentrums Sky City, schnell zum Wahrzeichen Aucklands.

Besucher können den traumhaften Blick, der bei gutem Wetter bis zu 82 Kilometer weit in den Hauraki Gulf reicht, je nach Laune entspannt, stilvoll oder spektakulär genießen. Die höchste Aussichtsplattform („Sky Deck") liegt auf 220 Meter, während sich eine weitere bereits in 186 Meter Höhe befindet. Dort findet sich auch ein verglaster Boden – so bekommen

Gäste einen direkten Blick nach unten. Der Sky Tower beherbergt auch Neuseelands einziges Drehrestaurant. Das „Orbit", gelegen auf 190 Metern, dreht sich in 60 Minuten einmal um die eigene Achse. Die Küche, wenngleich nicht preiswert, ist auf erstaunlich hohem Niveau. Gerade für abends vorab reservieren!

Wer es lieber spektakulär liebt und den Adrenalinkick sucht, wagt den „SkyWalk" oder springt im „SkyJump" wieder hinunter: Der SkyWalk ist eine schmale Aussichtsplattform, die in 192 Metern Höhe außen rund um den Turm führt. Schwindelfreie Besucher ohne Höhenangst können ihren Mut beweisen und in luftiger Höhe einen Panoramablick in alle Richtungen genießen – gut gesichert in einem Spezialanzug und nur auf einer geführten Tour. Die 120 Zentimeter schmale Stahlkonstruktion hat weder links noch rechts Gitter. Diese Tour ist ein guter Start in das abenteuerlustige Neuseeland.

Noch abenteuerlicher gestaltet sich der SkyJump, eine Mischung aus Bungee-Jumping, Fallschirmsprung und Base Jump. Dabei stürzen sich Wagemutige aus 192 Metern Höhe mit Tempo 85 Stundenkilometer – einige Sekunden sogar im freien Fall - in die Tiefe: Fest verzurrt, in waagerechter Position und mit dem Gesicht nach unten gerichtet.

Die Fahrt hoch auf die Aussichtsplattformen mit dem teils gläsernen Fahrstuhl dauert rund 40 Sekunden. Zu Fuß bräuchten Besucher über 1267 Stufen etwa eine halbe Stunde – bei einem Sportwettbewerb schaffte es ein deutscher Student hingegen in nur knapp fünf Minuten.

www.skycityauckland.co.nz/attractions/sky-tower

122 Auckland Museum – Maori-Kultur par excellence

Ob das prächtige Maori Court von 1878 oder das noch ältere Waka, angeblich das prächtigste Kanu des Landes – die Ausstellung zur Geschichte der ursprünglichen Bewohner Neuseelands im Auckland Museum ist unübertrefflich. Mit mehr als 1000 Exponaten dürfte es sich um die weltgrößte Maori-Sammlung überhaupt handeln. Mit seiner Ausstellung konkurriert das Haus mit Neuseelands berühmtestem Museum – dem Te Papa Tongarewa in Wellington – um die Gunst der Besucher.

Um hier einen kompletten Überblick über das Leben der Maori zu bieten, wurden Kunstwerke aus dem gesamten Land zusammengeführt. So stand das mit sehenswerten Schnitzereien versehene Maori Court (Versammlungshaus) ursprünglich in der Region um Thames – wer die Schuhe auszieht, darf sich sogar innen drin umsehen. Aus Rotorua wiederum stammt das mächtige Maori-Portal. Ebenfalls sehenswert ist ein ehemaliges Vorratshaus. Die ältesten Stücke der Sammlung stammen aus der Zeit zwischen dem 12. und 14. Jahrhundert. Täglich finden überdies mehrfach Vorführungen statt, um auch auf diesem Wege einen Einblick in das Leben und die Bräuche der Maori zu ermöglichen. Darüber hinaus widmet sich eine naturwissenschaftliche Sammlung der geologischen und ökologischen Geschichte des Landes, beispielsweise mit einer Nachbildung des ausgestorbenen Riesenvogels Moa.

Das Auckland Museum umfasst zudem eine Gedenkstätte für die gefallenen Krieger des Landes. Trotz seiner vergleichsweise kurzen Geschichte war Neuseeland in zahlreiche Auseinandersetzungen involviert, darunter die beiden Weltkriege sowie in Vietnam und Korea. Angesichts des War

Memorial und der damit verbundenen Ausstellung ist das Haus auch unter dem Namen Auckland War Memorial Museum bekannt.

Das architektonisch beeindruckende Gebäude liegt auf dem höchsten Punkt innerhalb der Auckland Domain, der größten Grünanlage im Stadtzentrum und Naherholungsgebiet für tausende Städter. Eröffnet wurde der neoklassizistische Bau 1929, wobei die Geschichte des Auckland Museum sogar bis 1852 zurückreicht und ihm den Titel als landesweit ältestes Museum verschafft.

www.aucklandmuseum.com

123 Devonport – Mondänes Seebad in Stadtnähe

Nur zwölf Boots-Minuten von der Innenstadt Aucklands entfernt, präsentiert sich die Metropolregion mit einem ganz anderen Charme. In Devonport – rechtlich eigenständig und mit seinen Stränden direkt am Meer gelegen – geht es mindestens zwei Takte gemütlicher zu. Trotz der Nähe zu Auckland erleben Besucher hier das Ambiente eines entspannten Seebades.

Devonport ist berühmt für seine viktorianischen Bauten und gepflegten Gärten sowie Restaurants, Boutiquen und Buchläden, perfekt zum Schlendern und Schlemmen oder für einen Nachmittagsausflug. Einen guten Ausblick bietet der Mount Victoria. Viele Einwohner pendeln täglich zur Arbeit nach Auckland, während es die Großstädter gern in ihrer Freizeit hierher zieht. Und auf der Fährfahrt zurück sehen sie vom Boot aus die Metropole im schillernden Abendlicht – der schönste Blick auf die Skyline. Devonport war schon immer ein wichtiger militärischer Standort. Schon die Maori hatten Befestigungsanlagen (Pas) errichtet. Die neuseeländische Armee baute im 19. Jahrhundert aus Angst vor einer russischen Invasion Verteidigungswälle und Kanonengräben, die während der Weltkriege erweitert wurden, zuletzt als Schutz vor einem Angriff Japans.

124 One Tree Hill – Blick vom Vulkan

Vom 183 Meter hohen One Tree Hill bietet sich eine sehenswerte Sicht auf Auckland. Zusammen mit seinem steinernen Obelisken und der Statue eines Maori-Häuptlings an der Spitze gilt der Vulkankegel als eines der Wahrzeichen der Stadt. Die beiden Symbole stehen auch für den Konflikt zwischen Maori und Weißen am One Tree Hill.

Der Konflikt begann, als während der Besiedlung Weiße einen heiligen Totara-Baum fällten, der dem Hügel auch seinen Namen gab. Der legendäre John Logan Campbell, Unternehmer (unter anderem Gründer der Bank of New Zealand) und Bürgermeister von Auckland, bemühte sich um einen Ausgleich. So pflanzte Campbell als Ersatz drei heimische Bäume sowie fünf Kiefern. Die überlebenden zwei Kiefern wurden Ende des 20. Jahrhunderts von Aktivisten gefällt als Protest gegen den Umgang mit den Maori. Ursprünglich war der Hügel Heimat des größten Pa der Region – das Dorf bot mutmaßlich Platz für bis zu 5000 Menschen, ehe es im 18. Jahrhundert bei einer Stammesfehde zerstört wurde. Die Grundrisse sind noch zu erkennen. Den Cornwell Park, der den Vulkankegel umgibt, schenkte Campbell im Jahr 1911 den Einwohnern Aucklands. Sein Wohnhaus gilt als ältestes noch erhaltenes Gebäude der Stadt. Der 33 Meter hohe Obelisk erinnert an Campbell, der hier begraben ist. Im Park liegt auch das Observatorium Stardome.

125 Mount Eden

Vom höchsten Vulkankegel der Stadt genießen Besucher einen 360-Grad-Rundum-Blick Der zuletzt vor etwa 30.000 Jahren aktive Vulkan ist mit einer Höhe von 196 Metern die höchste natürliche Erhebung der rund 60 Vulkane in der Region und ähnlich hoch wie die Aussichtsplattformen des Sky Tower. Während das Plateau mit seiner famosen Aussicht zugänglich ist, ist der Krater als heiliger Ort der Maori gesperrt.

126 Waitakere Ranges

Nur eine halbe Stunde Fahrzeit von Auckland entfernt liegt die Hügelkette der Waitakere Ranges. Einst von dichten Kauri-Wäldern bewachsen – von denen einige überlebten –, sind sie heute eines der beliebtesten Naherholungsziele. Am Westufer der bis zu 500 Meter hohen Hügelkette liegt einer der schönsten Strände der Nordinsel: Piha Beach (siehe „Strände der Nordinsel", Seite 48).

127 Waiheke Island

Die zweitgrößte Insel im Hauraki Gulf ist beliebter Wohnort und populäres Ausflugsziel zugleich: Besucher können die große Vielfalt von Waiheke Island durchaus an einem einzigen Tag erleben. Dazu zählen neben Kunsthandwerkläden und Galerien vor allem zahlreiche Weingüter. Hinzu kommen 19 malerische Buchten. Waiheke Island ist mit der Fähre in nur 35 Minuten erreichbar.

www.waiheke.co.nz

128 Rangitoto Island

Inmitten des Naturhafens Hauraki Gulf liegt der größte Vulkan der Region, Rangitoto, der vor etwa 600 Jahren bei einem Ausbruch aus dem Meer empor stieg. Der rund 260 Meter hohe Kegel ist ein beliebtes Tagesausflugsziel von Auckland. Neben einer schönen Aussicht lohnt gerade zum Jahreswechsel ein Besuch, wenn die Blüten des weltweit größten Pohutukawa-Waldes die Insel in feinstes Purpur färben.

129 Ponsonby

Aucklands aufstrebendes Ponsonby-Viertel könnte wohl das Pendant zu Berlin-Friedrichshain sein. Absolut angesagt, aber multikulturell und weniger vom Geld geprägt als der Vorzeige-Bezirk Parnell (oder der Prenzlauer Berg in Berlin). Rund um die Ponsonby Road tummeln sich etliche Restaurants und Pubs – angeblich so viele wie nirgends woanders in der Stadt – sowie Boutiquen und Galerien.

130 Viaduct Harbour

Das Hafenbecken Viaduct Harbour wurde extra für die Segel-Regatten des America Cup ausgebaut. Heute ist das Areal Heimat des sehenswerten National Maritime Museum und zahlreicher Restaurants. Als ein Wahrzeichen der Stadt überspannt die Harbour Bridge den Hafen. Wagemutige wagen ein Bungee-Jump. Auch ein Spaziergang zur Spitze („Bridge Climb“) wird angeboten.
www.bungy.co.nz

Northland

Die nördlichste Region gilt als Geburtsstätte des modernen Neuseeland. In der tropischen Inselwelt der Bay of Islands entstanden die ersten Siedlungen europäischer Einwanderer. Hier wurde auch 1840 der berühmte und bis heute umstrittene Vertrag von Waitangi zwischen Maori und den weißen Kolonialisten geschlossen, der als erste Verfassung des Landes gilt. Heute ist die Region aufgrund ihres warmen Klimas eine pulsierende Ferienregion. Das Spiel der Elemente spüren Besucher am Cape Reinga, Nordspitze Neuseelands und wichtiger spiritueller Ort der Maori. Im Gegensatz zum schroffen Nordkap wachsen in den Kauri-Wäldern mit die mächtigsten und ältesten Bäume unseres Planeten.

www.northlandnz.com

Beliebtes Fotomotiv: der Leuchtturm von Cape Reinga an der Nordspitze des Landes

131 Bay of Islands – Tropisches Inselparadies

Die Bay of Islands vereint Urlaubsspaß und historische Momente. Das subtropische Paradies mit seinen rund 150 Inseln gilt als Geburtsstätte des modernen Neuseeland, nachdem 1840 hier der Vertrag von Whaitangi zwischen den Maori und der Regierung unterzeichnet wurde. Die erste Missionsstation des Landes belegt ebenfalls den Ruf der Region als Wiege der Nation. Mit ihren Inseln und ungezählten Buchten ist die Bay of Islands heute eine Ferienregion par excellence.

Zahlreiche Bootstouren laden ein, die farbenfrohe Inselwelt mit fast tropischem Regenwald und türkisfarbenem Wasser zu erkunden. Die Touren beinhalten oftmals Badestopps an

einsamen Stränden oder die Möglichkeit, mit Delfinen zu schwimmen. Zwischen Mai und Oktober kreuzen überdies Orcas (Killerwale) durch die Bucht, von August bis Januar auch Wale (siehe „Tierbeobachtungen", Seite 39). Besonders abenteuerlich ist die Bootstour „Hole in the Rock", bei der das Schiff bei gutem Wetter (und wenig Seegang) einen natürlichen Tunnel auf Piercy Island durchquert (siehe „Abenteuer", Seite 106).

Als Hauptort der rund 250 Kilometer nördlich der Metropole Auckland gelegenen Region, hat sich Paihia etabliert. Von hier starten die meisten Bootstouren, zum Teil auch mit Übernachtung. Die Stadt mit ihrer Ufermeile, vielen Restaurants und Unterkünften aller Preisklassen ist stark auf den Tourismus fokussiert. Deutlich sehenswerter und liebenswerter ist hingegen Russell, mit dem Boot nur 15 Minuten von Paihia entfernt. Wer heute durch den Ort – die erste weiße Siedlung des Landes – mit seinen zahlreichen historischen Gebäuden schlendert, kann sich kaum vorstellen, dass Russell einst sogar die Hauptstadt Neuseelands war. Der Aussichtshügel Flagstaff Hill mit seinem traumhaften Ausblick sowie die alte katholische Mission Pompallier House, das Russell Museum und das Pub The Duke of Marlborough lohnen einen Besuch.

Ebenfalls einen Abstecher wert: der Ort Kerikeri, etwa 20 Fahrminuten von Paihia entfernt. Auf dem Gelände der ältesten Missionsstation steht mit dem Kemp House von 1822 das angeblich älteste noch erhaltene Haus aus Stein. In der Nähe gewährt das Freilichtmuseum Rewa's Maori Village einen Einblick in das Leben der Maori. Auch die Wasserfälle Rainbow Falls sind ein lohnendes Ziel.

www.dolphincruises.co.nz
www.rocktheboat.co.nz
www.rewasvillage.co.nz

132 Cape Reinga – Heiliger Ort an der Nordspitze

Die Aupouri Peninsula mit dem berühmten Cape Reinga bildet die Nordspitze des Lands. Vom Aussichtspunkt nah dem vielfotografierten, 1941 erbauten Leuchtturm genießen Besucher einen traumhaften, wenngleich meist stürmischen Panoramablick über die Landzunge. Bei guter Sicht fällt der Blick auf das Cape Maria van Diemen im Westen und das North Cape im Osten. Glücklich darf sich schätzen, wer aus der Ferne die knapp 60 Kilometer entfernt liegenden Three Kings Islands erspähen kann. Der Entdecker und Seefahrer Abel Tasman gab ihnen den Namen, nachdem er sie 1641 am Dreikönigstag (6. Januar) erstmals betrat. Treppen führen zu einigen einsamen Stränden hinab.

Vor der 165 Meter hohen Landspitze trennen die Felsen der Columbia Bank die Wassermassen des stets tosenden Pazifik von der Tasman Sea, einem Teilmeer des Ozeans, ab. Und auch wenn der Wegweiser zu fernen Städten das Ende der Welt und die Spitze des Landes suggerieren soll – Cape Reinga ist nicht der nördlichste Punkt Neuseelands. Dieser Titel gebührt vielmehr den östlich gelegenen Surville Cliffs. Cape Reinga selbst liegt 90 Auto-Minuten nördlich von Kaitaia.

Für die Maori stellt das nördliche Kap mit seinem traditionellen Namen „Te Rerenga Wairua" („Ort, wo die Seele abreist") den wichtigsten spirituellen Ort des Landes dar: Die Seelen der Verstorbenen treten der Mythologie zufolge von hier – zum Sonnenuntergang – ihre Reise in die Unterwelt an, um ins legendäre Ha-

waiki heimzukehren. Zugleich gilt die Halbinsel mit dem Maori-Namen „Te Hiku o te Ika a Maui“ („Schwanz des Fisches von Maui“) als Geburtsstätte der Nordinsel: Der Legende nach zog Maui aus seinem Kanu (der Südinsel) einen Fisch aus dem Meer und schuf aus ihm die Nordinsel. In Bluff an der Südspitze der Südinsel sowie auf Stewart Island erinnern mehrere Skulpturen an diese Schöpfungsgeschichte der Maori.

133 Waipoua Forest – Wald der Extraklasse

Er ist ein Baum der Superlative und gilt als „Gott des Waldes“: Besucher bestaunen ein mächtiges Stück Holz, dessen Umfang sie kaum abschätzen können. Der Tane Mahuta streckt sich gut 50 Meter in die Höhe, der Durchmesser seines Stammes erreicht nahezu unbeschreibliche 14 Meter. Der 2000 Jahre alte Baum ist damit der Megastar unter den vielen mächtigen Kauri-Bäumen im Waipoua Kauri Forest mit seinen zahlreichen Wanderwegen.

Die mächtigen Kauri-Wälder zählen zu den Symbolen Neuseelands wie der Nationalvogel Kiwi, das Rugby-Spiel oder die Vulkane. Einst bedeckten die mächtigen Bäume, die regelmäßig Höhen von 50 Meter erreichen, nahezu den kompletten Landstrich zwischen Auckland und der Nordspitze. Doch mit dem Eintreffen der Kolonialisten fielen sie dem Haus- und Bootsbau zum Opfer. Heute ist der Waipoua Kauri Forest das letzte große, noch zusammenhängende Stück Kauri-Wald.

Nur wenige Kilometer vom Tane Mahuta entfernt hat die Natur mit dem Te Matu Ngahere („Vater des Waldes“) und den Four Sisters – vier nahezu gleich aussehenden Bäumen, die im Quadrat zueinander stehen – weitere Zeugen ihrer Tatenkraft geschaffen.

134 Waitangi – Geburtsort der Nation

Hier hat einst die moderne Geschichte Neuseelands ihren Lauf genommen: Auf der Halbinsel Waitangi unterzeichneten am 6. Februar 1840 örtliche Maori-Häuptlinge sowie Captain William Hobson als Vertreter der englischen Krone den Vertrag von Waitangi. Er gilt als erste Verfassung Neuseelands. Die Vereinbarung sprach den Maori wichtige Rechte zu, vor allem an Landeigentum und gewährte ihnen formell den gleichen Status wie britischen Staatsbürgern. Zugleich wurde aber die Macht der Kolonialisten zementiert. 500 Vertreter der Maori und 200 Weiße verhandelten die Vereinbarung. Bis heute ist das Abkommen unter den Maori umstritten und führt immer wieder zu heftigen Protesten. Die Regierung richtete daher 1975 das Waitangi Tribunal ein, um Beschwerden zu untersuchen und Konflikte zu lösen.

Urlauber können das historische Treaty House besichtigen, in dem einst der Vertrag unterzeichnet wurde. Vor allem lohnt ein Besuch des prächtigen Versammlungshauses Te Whare Runanga, das 1940 zum 100. Jahrestag des Vertrages errichtet wurde. Sehr beeindruckend ist auch das Waka Ngatokimatawhaorua, mit 36 Metern Länge das längste Kriegskanu der Welt. Das Besucherzentrum informiert über die Geschichte und den Vertrag. Die geführten Touren sind sehr empfehlenswert! Regelmäßig finden Veranstaltungen und Shows zur Maori-Kultur statt.

www.waitangi.org.nz

135 Ninety Mile Beach

Auf dem Weg zur Nordspitze passieren Urlauber ein stattliches Stück Strand: der Ninety Mile Beach erstreckt sich entlang der Westseite der Aupouri-Halbinsel. Der bis 200 Meter breite und von Dünen gesäumte Strand ist Schnellstraße für Geländewagen, Picknickplatz und Ausflugsziel fürs Sandboarding zugleich (siehe „Strände der Nordinsel“, Seite 46).

136 Kauri Museum Matakohe

Zu den schönsten Museen des Landes zählt die Kauri-Schau im kleinen Ort Matakohe. Im Mittelpunkt steht ein 22 Meter langer Kauri-Stamm. Überdies informiert das Museum über den Abbau von versteinertem Harz, der in der Region in der Zeit um 1900 überwiegend von Einwanderern aus Serbien und Kroatien vorangetrieben wurde.

www.kaurimuseum.com

137 Tauchrevier Poor Knights Island

Vor der Küste des Örtchen Tutukaka liegt mit dem Poor Knights Islands Marine Reserve eines der weltweit beliebtesten Tauchreviere, das auch der Filmemacher und Meeresforscher Jacques-Yves Cousteau lobte. Dank der guten Sicht von bis zu 30 Metern und der Vielfalt der Unterwasserwelt lockt es Taucher aus aller Welt an. Mehrere Walarten sowie Delfine und Mantarochen machen das Revier zum Hotspot.

138 Hokianga Harbour

Zwischen hohen Sanddünen im Norden und den mächtigen Kauri-Wäldern erstreckt sich der große Naturhafen Hokianga Harbour. Einst ein Zentrum der Walfänger und Holzfäller ist die Region dank ihrer Strände heute Anlaufstelle erholungssuchender Urlauber. Zudem haben sich hier zahlreiche einheimische Künstler niedergelassen. Eine Fähre verbindet die Nord- mit der Südseite.

139 Trounson Kauri Park

Weniger spektakulär, aber gleichermaßen schön und um einiges ruhiger präsentieren sich die Kauri-Bäume im Trounson Kauri Park. Bislang gilt das Schutzgebiet eher noch als Geheimtipp. Zumal der Wald eine weitere Berühmtheit bereithält: Kiwis! Der nahe gelegene Campingplatz organisiert regelmäßig nächtliche Beobachtungs-Spaziergänge (siehe „Tierbeobachtungen“, Seite 41).
www.kauricoasttop10.co.nz

140 Hundertwasser-Building in Kawakawa

Zu den berühmtesten Bewohnern im Norden zählte der österreichische Künstler Friedensreich Hundertwasser. Er siedelte 1975 über und erhielt 1986 die neuseeländische Staatsbürgerschaft. Nach seinem Tod im Jahr 2000 wurde er hier auch beigesetzt. An sein Wirken erinnert noch heute das 1999 eröffnete Hundertwasser-Building in Kawakawa: ein Toilettenhaus.
www.hundertwasserpark.com

Der farbenfrohe Champagne Pool bei Rotorua

Waikato & Bay of Plenty

Die Region im mittleren Osten der Nordinsel ist weltbekannt: Mit seinen brodelnden Thermalquellen gilt Rotorua nicht nur in Neuseeland seit dem 19. Jahrhundert als Kurort. Heute ist Rotorua einer der Hot-Spots des Tourismus. Maori-Kultur, farbenfrohe Natur und Abenteuer wechseln sich ab. Ruhiger geht es an den Stränden sowie am Lake Taupo, dem größten See Neuseelands, zu.

www.hamiltonwaikato.com
www.bayofplentynz.com

141 Wai-O-Tapu – Thermisches Wunderland

Pünktlich um 10.15 Uhr zeigt Mutter Erde eindrucksvoll, wozu sie fähig ist: Dann schießt eine mächtige Wasserfontäne mehr als 20 Meter nach oben, gut 60 Minuten macht der Lady Knox Geyser seinem Ruf alle Ehre. Für die Zuschauer ist der „Ausbruch“ viele Fotos wert. Allerdings verdankt der beeindruckende Geysir seine pünktliche Wasserfontäne einem künstlichen Hilfsmittel: Mit einer Portion Waschmittel sorgt der Moderator dafür, dass die zahlenden Besucher nicht enttäuscht werden.

Der Geysir ist Teil des Wai-O-Tapu Geothermal Wonderland, auch wenn es etwas abseits liegt. Das Areal mit seinem informativen Besucherzentrum gilt als buntestes und vielfäl-

tigstes Thermalgebiet Neuseelands. Mehrere Wege von bis zu 90 Minuten Länge verlaufen entlang der dampfenden und brodelnden Thermalquellen und Seen. Zu den schönsten Stellen zählen der Champagne Pool, der gleichermaßen prickelt wie das namensgebende Getränk und von einem orange-leuchtenden Rand umzogen ist, und der in vielen Farben strahlende See Artist's Palette. Einen Abstecher sind auch die Pimrose Terraces Wert: Auf einem Holzsteg kann die weiße, etwa 50 Zentimeter dicke Sinterschicht überquert werden. Die Terrassen zählen zu den größten und schönsten des Landes, nachdem 1886 die als achtes Weltwunder bekannten und bis zu 250 Meter hohen Pink and White Terraces beim Ausbruch des nahe gelegenen Vulkans Tarawera zerstört wurden.

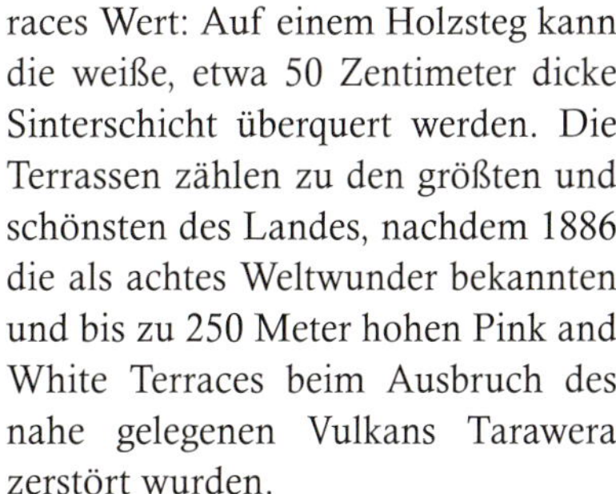

Vulkanische Aktivität und daraus resultierende chemische Stoffe wie Eisenoxidverbindungen, Schwefel und Jod sorgen für die Farbenpracht der Quellen und Terrassen. Allerdings ist der gelbliche Schwefel auch für einen teilweise sehr beißenden Geruch verantwortlich, der am ehesten mit faulen Eiern vergleichbar ist. Dieser Gestank hält so manchen Besucher von einer ausführlichen Besichtigung ab.

Wai-O-Tapu steht in der Sprache der Maori für „Heiliges Land" – und mittlerweile gehört das Unternehmen auch den traditionellen Bewohnern Neuseelands. Die brodelnde und farbenfrohe Landschaft entstand vor rund 160.000 Jahren, wobei manche Krater noch vor knapp 1000 Jahren aktiv waren.

Die kostenpflichtige Thermallandschaft liegt 20 Fahrminuten südlich von Rotorua. In der Region finden sich zahlreiche weitere Geysire, Schlammtümpel und heiße Quellen, die zumeist kostenlos zugänglich sind.

www.waiotapu.co.nz

142 Rotorua – Hauptstadt der heißen Quellen

Treffender könnte ein Name nicht sein: Rotorua steht in der Sprache der Maori für „übel riechender Ort“. Nirgends in der Stadt mit ihren rund 50.000 Einwohnern ist dem penetranten Schwefelgeruch zu entkommen. Doch trotz der Belästigung siedelte schon vor mehreren hundert Jahren der Stamm der Arawa hier an – heute wiederum ist die Region mit jährlich mehr als 1,5 Mio. Besuchern eines der wichtigsten touristischen Zentren. Vulkane und Maori-Kultur stehen dabei im Mittelpunkt. Außerdem können Urlauber unter einer Vielzahl moderner oder sportlicher Freizeitaktivitäten wie Bungee-Jumping, Wildwasser-Rafting, Mountainbiking oder Jetboat-Touren wählen. Rotorua ist zudem Ausgangspunkt zu sehenswerten Orten in der Region, wie den Mount Tarawera oder dem Wai-O-Tapu-Wonderland.

In der Stadt selbst lassen sich Thermalquellen beispielsweise im Polynesian Spa erleben. Seit 1882 lockt das bis 42 Grad warme Wasser Besucher aus aller Welt an – sie kommen wegen der angeblich heilenden Wirkung, Die Quellen sind vor allem bei Arthritis- und Rheuma-Patienten beliebt. Zahlreiche Pools, die teils nur Erwachsenen oder Familien vorbehalten sind, liegen am Rande des Lake Rotorua. Daneben werben noch zahlreiche weitere Anlagen um Entspannung suchende Gäste. Der Lake Rotorua selbst ist ebenfalls einen Abstecher wert.

Über die Quellen hinaus erleben Urlauber in Rotorua die spannende Kultur der Maori. In der Innenstadt kann das Dorf Ohinemutu besichtigt werden. Seit den 1970er-Jahren ist es das Zentrum der Maori-Kultur in der

Region. Besonders sehenswert: das prächtige Versammlungshaus und die kleine, kunstvoll dekorierte Kirche St. Faith's Anglican Church. Abends finden regelmäßig Maori-Konzerte statt. Alternativ lohnt ein Besuch einer abendlichen Maori-Show. Trotz allem Kommerz bieten die Vorführungen – je nach Anbieter – teils gute Einblicke in die Kultur. Besonders empfehlenswert ist das Programm im Tamaki Maori Village (siehe „Maori-Erlebnisse", Seite 367).

www.polynesianspa.co.nz
www.tamakimaorivillage.co.nz

143 Taupo – Größter See des Landes

Ob Fallschirmspringen, Bunee-Jumping oder Kajaktouren: Mit seiner großen Auswahl an Aktivitäten macht die Stadt am gleichnamigen See sowohl Queenstown als auch Wanaka auf der Südinsel kräftig Konkurrenz.

Der Lake Taupo als Neuseelands größtes Binnengewässer bildet das Herz der Ferienregion. Boote aller Art sowie Kajaks stehen bereit, den See zu erkunden (siehe „Seen“, Seite 90). Besonders lohnend sind Felsgravuren der Maori an der Mine Bay, die nur vom Wasser aus zu sehen sind. Das über zehn Meter hohe Hauptbild gilt als eine der wichtigsten kulturellen Attraktionen der Region. Überdies locken bis zu fünf Kilogramm schwere Forellen Angler aus dem ganzen Land an. Wer den Adrenalinkick sucht, wird in Taupo ebenfalls fündig: Der Ort avancierte zu einer Hochburg des Fallschirmfliegens. Vom örtlichen Flughafen starten auch reguläre Rundflüge, beispielsweise über den See und zu den nahe gelegenen Huka Falls (siehe „Wasserfälle“, Seite 99), die man natürlich auch vom Boden aus erreichen kann.

In der Innenstadt sowie in zahlreichen Hotels zeugen Mineralbecken und heiße Quellen von der starken vulkanischen Aktivität der Region. Und nicht nur bei schlechtem Wetter sollte man angesichts der herausragenden Maori-Holzschnitzarbeiten dem Taupo Museum mit angeschlossener Art Gallery einen Besuch abstatten.

144 Waitomo Caves – Sterne unter Tage

Wie Sterne am Himmel erstrahlen kleine Lichter in der Glowworm Cave. Zigtausend Glühwürmchen verzaubern mit ihrem blau-grünlichen Licht die Höhlenlandschaft bei Waitomo. Die Besichtigung führt durch die 18 Meter hohe sogenannte Cathedral mit Blick auf Stalagmiten und Stalaktiten. Sie endet mit einer kurzen Bootsfahrt: In der abgedunkelten Umgebung erstrahlen die Glühwürmchen besonders eindrucksvoll. Dank der nahezu perfekten Lebensbedingungen lassen sich die Larven der Pilzmücke hier so gut bewundern wie an sonst keinem Ort in Neuseeland.

Das 30 Millionen Jahre alte System umfasst weitere bemerkenswerte Höhlen: So gilt die Kalksteinformation in der Aranui Cave als sehenswerter als die Stalagmiten und Stalaktiten in der Glowworm Cave – dafür fehlen hier die leuchtenden Glühwürmchen. Die Ruakuri Cave wiederum ist angesichts ihrer Bedeutung für Maori kulturell bedeutsam. Andere Touren verlaufen abenteuerlicher und sind nur mit Schutzhelm und Co. machbar: Bei den Lost-World-Touren seilen sich die Teilnehmer 100 Meter in die Tiefe ab. Nach dem Besuch der Glowworms folgt der Aufstieg über eine scheinbar endlose Leiter. Bei anderen Ausflügen erleben Besucher die funkelnden Lichter während eines Wildwasser-Trips, sitzend in einem Gummireifen.

www.waitomo.com
www.waitomo.co.nz

145 Kawhia

Im Sommer vervielfacht sich die Zahl der Menschen im kleinen Küstenort Kawhia mit seinem gleichnamigen Naturhafen: Der Ocean Beach lockt die Urlauber ans Meer. Besonders beliebt sind heißen Quellen Te Puia Hot Springs, die direkt aus dem schwarzen Strand empor strömen. Am besten bei Ebbe besuchen.

146 Raglan

Die wohl besten Surf-Spots finden Reisende in Raglan. Anfänger steuern den Ngarunui Beach an, erfahrene Surfer stürzen sich in Manu Bay und Whale Bay in die Fluten. Parallel zu den Surfern etablierte sich eine lebhafte Kunstgewerbe-Szene in dem kleinen Westküstenort. Hier wurde 1964 ein Filmklassiker für Surfer gedreht: „The Endless Summer“ (siehe „Strände der Nordinsel“, Seite 51).

147 White Island

Bis zu 1000 Eruptionen pro Tag erschüttern die kleine Vulkaninsel White Island. Wagemutige können mit Schiff oder Helikopter im Rahmen organisierter Touren den daueraktiven Vulkan besuchen (siehe „Abenteuer“, Seite 104). So leicht hat es Otto Normalbürger sonst nicht, einen aktiven Vulkan zu bewundern.

www.whiteisland.co.nz
www.volcanicair.co.nz

148 Mount Tarawera

Das bis dato wichtigste touristische Ziel Neuseelands wurde 1886 beim Ausbruch des Vulkans Tarawera zerstört: Die Pink and White Terraces galten als achtes Weltwunder. Lavamassen zerstörten die 30 Meter hohen Terrassen, die dank der Mineralien aus zwei Geysiren weiß und pink schimmerten. Mehr als 150 Menschen starben. 2011 wurden die Überreste im beim Ausbruch entstandenen Lake Rotomahana entdeckt.

149 Tauranga & Mount Maunganui

Hauptort der Bay of Plenty ist das schnell wachsende Tauranga. Zusammen mit seinem Vorort Mount Maunganui ist die Region für ihre Strände – gut für Surfer – sowie die Kiwi-Plantagen bekannt. Ausflüge führen nach Tuhua (Mayor) Island mit dem erloschenen Vulkan, in die Art Gallery und zum schön geschnitzten Waka Te Awanui (Kriegskanu). Auch Schwimmen mit Delfinen wird angeboten.

150 Whakatane

Für die Maori nimmt die Stadt Whakatane eine bedeutende Rolle ein. Hier soll sich die dramatische Geschichte „Handeln wie ein Mann“ abgespielt haben, bei der eine Frau zur Rettung eines Kanus verbotenerweise zum Paddel gegriffen haben soll. Urlauber schätzen die Touren zum Schwimmen mit Delfinen, auf die Vulkaninsel White Island und in das Vogelreserverat Whale Island sowie die vielen Pohutukawa-Bäume.

Cathedral Cove: Beeindruckende Steinformation am Strand

Gisborne & Hawke's Bay

Der Osten der Nordinsel steht ein wenig im Schatten der bekannten Attraktionen. Solch dichte Wälder wie im Te Urewera National Park finden sich kaum noch in Neuseeland, Weingüter der Spitzenklasse und pittoreske Städte wie Napier säumen den südlichen Küstenstreifen. Einzig die traumhaften Strände auf der Coromandel Halbinsel stehen auf der Wunschliste vieler Touristen, die zumeist auch den weiten Weg zur Ostspitze meiden, wo morgens ersten Sonnenstrahlen des Tages Neuseeland erreichen.

www.outeast.co.nz
www.hawkesbaynz.com

151 Coromandel – Sommerfrische für Aukländer

Mit ihren weißen Stränden und türkis schimmerndem Wasser sowie ursprünglichem Regenwald versprüht die Halbinsel Coromandel Südsee-Flair. Nur wenige Autostunden östlich von Auckland sind die Buchten ein beliebtes Ziel sowohl für Einheimische wie Touristen. Überdies siedelten sich auf der Halbinsel zahlreiche Künstler an.

Tor zur Landzunge ist das Städtchen Thames, das James Cook nach englischem Vorbild wegen der Mündung des Waihou River benannte. Das Historical Museum erinnert an die glänzende Zeit der Goldgräber, während im Thames School of Mines & Mineralogical Museum eine Sammlung von Mineralien und Fossilien zu sehen sind. Goldmine Experience bietet

Führungen durch die alte Bergwerksanlage samt kleinen Stollen sowie Erläuterungen zur Stamper Battery an. Auf ihrem Weg gen Norden passieren Urlauber Buchten und Strände. Der Butterfly & Orchid Garden sowie der blumenreiche Wassergarten Rapaura Watergardens lohnen ein Stopp. Gleiches gilt für einen Abstecher zu den Kauri-Bäumen im Kauaeranga Valley oder zu im Dezember rot leuchtenden Pohutukawa-Bäumen.

Der Ort Coromandel, benannt im Jahr 1820 nach dem britischen Segelschiff HMS Coromandel, hat sich seinen kolonialen Charme weit mehr erhalten können als das größere Thames. Auch hier weihen Museen die Besucher in die Geheimnisse des Goldschürfens ein. Nostalgische Erinnerungen versprüht eine Fahrt mit der Schmalspurbahn.

Die Nordspitze bildet Cape Colville mit seinen kitschig-schönen Sonnenuntergängen und einem sehenswerten Blick auf das Naturparadies Great Barrier Island. Zahlreiche Wanderwege, darunter der berühmte Coromandel Walkway (siehe „Tageswanderungen“, Seite 71), erschließen die Region. Allerdings ist Cape Colville nur über eine unbefestigte Straße zu erreichen.

Auf der Westseite liegen mehrere Ferienorte, die von der Strahlkraft der Strände mit ihren eindrucksvollen Gesteinsformationen profitieren. So zählen die Cathedral Cove sowie die heißen Quellen im Sand vom Hot Water Beach zu den schönsten Buchten im ganzen Land (siehe „Strände der Nordinsel“, Seite 50). Berühmt ist auch die Mercury Bay: für ihre Strände und Angelreviere sowie für den Besuch von Cook, der hier den Durchgang des Planeten Merkur im November 1769 beobachtete.

www.goldmine-experience.co.nz
www.butterfly.co.nz
www.rapaurawatergardens.co.nz

152 Te Urewera National Park – See im Urwald

In einer der unberührtesten Regionen der Nordinsel, inmitten dichter und weitgehend unerschlossener Urwälder mit einsamen Wasserfällen und Bächen, trifft Europas Fauna auf Neuseelands einheimische Tierwelt. Während Hirsche und Wildschweine so reichhaltig vorkommen, dass regelmäßig zur Jagd geblasen wird, finden Kiwis und Kakas noch Rückzugsmöglichkeiten, die woanders nicht mehr gegeben sind. Und an den Seen frönen Sportangler ihrer Leidenschaft – dank der vielen Forellen so gut wie an kaum einem anderen Platz im Land. Urlauber schätzen die stille und ursprüngliche Natur, gerade für gestresste Großstadtmenschen ein echter Rückzugsort.

Der Te Urewera National Park umfasst das größte zusammenhängende Stück Urwald der Nordinsel und ist das viertgrößte Schutzgebiet Neuseelands. Hauptattraktion im Nationalpark ist der 35 Quadratkilometer große Lake Waikaremoana. Damit gleicht die Region hier auf den ersten Blick der Landschaft im Fiordlland National Park auf der Südinsel, wobei hier auch die Bergspitzen von dichtem Bewuchs umgeben sind.

Der See bildete sich bei einem Erdbeben vor rund 2200 Jahren, als Geröllmassen nach einem massiven Erdrutsch den Fluss Waikaretaheke verstopften und so einen natürlichen Stausee schufen. Mit seinem klaren, sauberen Wasser und kleinen Buchten mit feinstem Sand lädt der Lake Waikaremoana zum Schwimmen und Erholen ein. Zahlreiche markierte Wege erschließen Wanderern die unberührte Natur am See. Die bekannteste Tour ist auch die längste im Park: Drei bis vier Tage sollten Besucher für den 46 Kilometer langen Lake Waikaremoana Track einplanen. Der Weg zählt zu den neun Great

Walks des Landes und gilt als eine der schönsten Wanderungen der Nordinsel (siehe „Mehrtageswanderungen“, Seite 81). Alternativ können Urlauber Kajaks mieten oder auf organisierten Bootstouren den See erkunden.

Der Te Urewera National Park war Stammesgebiet der Tuhoe, die hier abgelegen von anderen Maori-Völkern lebten. Dank der dichten, kaum zu durchdringenden Wälder fand der Maori-Führer Te Kooti hier einen sicheren Unterschlupf, als er in den 1880er-Jahren angesichts seiner Rebellion gegen die Kolonialherren von der Regierung gesucht wurde. Im Besucherzentrum finden Touren mit den Angehörigen der örtlichen Maori-Stämme statt, die Einblick in ihre uralte und traditionsreiche Kultur sowie in die Natur geben.

www.teureweratreks.co.nz

153 Cape Kidnappers – Größte Tölpelkolonie der Welt

Die kultur- und naturgeschichtlich spannende Landzunge ist heute als weltgrößte Brutstätte Australischer Tölpel (Gannets) bekannt. Mehr als 8000 Tölpelpaare ziehen hier ihren Nachwuchs auf. Die zwei Kilogramm schweren und knapp ein Meter großen Vögel, die auf eine Spannweite von bis zu zwei Meter kommen, können hier direkt vom Land aus beobachtet werden, ähnlich wie am Muriwai Beach an der Westküste bei Auckland. Zum Kap führt eine geologisch sehenswerte, acht Kilometer lange Wanderung. Zudem organisieren örtliche Veranstalter Touren mit dem Geländewagen, Traktor oder Kajak. Beste Beobachtungszeit ist zwischen November und März. Besonders spektakulär sind die ersten Flugübungen des Tölpel-Nachwuchses, alljährlich im Februar. In der Brutzeit zwischen Juni und Oktober darf die Kolonie nicht besichtigt werden.

Seinen Namen erhielt die sehenswerte Felsformation im Jahre 1769 von James Cook. Seinerzeit versuchten Maori, einen jungen Tahitianer von Bord seines Schiffes Endeavour zu entführen. Sie nahmen an, dass er wie ein Landsmann, der für Cook als Dolmetscher arbeitete, dort gegen seinen Willen festgehalten wurde. In der Schöpfungsgeschichte der Maori stellt das Kap den Angelhaken dar, mit dem Maui einst die Nordinsel aus dem Meer gezogen haben soll.

154 East Cape – Erste Sonnenstrahlen des Tages

„Hier treffen die ersten Sonnenstrahlen eines jeden Tages erstmals auf Land“, heißt es euphemistisch im Volksmund der wenigen Bewohner in der dünn besiedelten Region im Osten Neuseelands. Und in der Tat: Das East Cape, eine langgestreckte Halbinsel nördlich von Gisborne, ist der östlichste Punkt des Landes. Allerdings leugnen die Einheimischen damit die Existenz der neuseeländischen Chatham Islands und weiterer Inseln, die weiter östlich und somit noch näher an der Datumsgrenze liegen. Gleichwohl lohnt ein Besuch der Landzunge mit dem Leuchtturm, der rund 150 Meter über dem Meer thront und sein Licht rund 30 Kilometer weit über den Pazifik strahlen lässt. Vom Parkplatz am Ende einer unbefestigten Straße führen hunderte Stufen hinauf auf das Plateau.

Das East Cape nimmt für die Maori eine bedeutende Rolle in der Mythologie und als Lebensraum ein. Bis heute gehört ihnen der größte Teil der Ländereien. So steht in Tikitiki mit der St. Mary's Church eine bedeutende Maori-Kirche mit sehenswerten Holzschnitzereien. In Te Araroa lockt ein Fotostopp beim Pohutukawa-Baum mit dem mächtigen Umfang von 40 Metern. Vom Aussichtspunkt Maraenui Hill Lookout genießen Besucher einen unvergesslichen Blick über das East Cape und die nördlich angrenzende Bay of Plenty.

155 Napier

Auf der Südhalbkugel nahezu einmalig ist die Art-déco-Architektur in der Ostküstenstadt Napier. Bei einem verheerenden Erdbeben 1931 und anschließenden massiven Bränden zerstört, wurde die Innenstadt im seinerzeit modernsten Stil wieder aufgebaut. Napier erinnert an das Art-déco-Viertel in Miami/Florida. Besonders sehenswert ist die Emerson Street mit vielen gut erhaltenen Gebäuden.

156 Bluff Hill

Einen schönen Blick verspricht ein Besuch von Bluff Hill, dem Hausberg des nahen Napier. Vom gleichnamigen Aussichtspunkt ist bei guten Bedingungen sogar Cape Kidnappers im Süden sowie die Mahia Peninsula im Norden zu erkennen. Der Hügel ist heute eine der schönsten und teuersten Wohnlagen der Region.
www.napier.govt.nz/napier/parks/memorials/bluff-hill-lookout

157 Mount Hikurangi

Der 1752 Meter hohe Mount Hikurangi ist der höchste Berg am East Cape und zugleich der mächtigste Gipfel der Nordinsel, der nicht vulkanischen Ursprungs ist. Beliebt ist der Berg am 1. Januar, da hier oben die ersten Sonnenstrahlen des neuen Jahres auf das Festland treffen. Für die Maori ist es ein heiliger Ort, da hier Halbgott Maui sein Waka vergraben hat, nachdem er die Nordinsel aus dem Meer gezogen hat.

158 Winecountry Hawke's Bay

Im ältesten Weinanbaugebiet Neuseelands konkurrieren heute rund 70 Weingüter. Berühmt ist die Region in erster Linie für Chardonnay und Merlot. Zu den bekanntesten Anbietern in der Hawke's Bay zählt das vielfach prämierte Weingut Church Road (mit Museum) sowie Elephant Hill (mit gelobtem Restaurant). Bei organisieren Bustouren können Urlauber unbeschwert probieren.
www.hbscenictours.co.nz

159 Gisborne

Hier hatte einst die Besiedlung Neuseelands begonnen: Am 9. Oktober 1769 betrat Kapitän James Cook an der Stelle des heutigen Gisborne erstmals Festland. Allerdings endete der Besuch in einem Kampf mit sechs toten Maori. Ein Obelisk am Kaihi Beach markiert die Stelle. Gisborne als östlichste Stadt des Landes ist für die Landwirtschaft und sein Surfrevier sowie die Möglichkeit, Haie zu beobachten, bekannt.

160 Hastings

Wie die nahe gelegene Nachbarstadt Napier wurde Hastings beim Erdbeben 1931 schwer beschädigt, blieb aber von einer anschließenden Feuerwalze verschont. Auch Hastings erstrahlt nach dem Wiederaufbau heute im Art-déco-Design. Architektonisch bemerkenswert sind das Hawke's Bay Opera House und die Methodist Church. Gleichwohl genießt Napier an der Küste das größere Interesse der Reisenden.

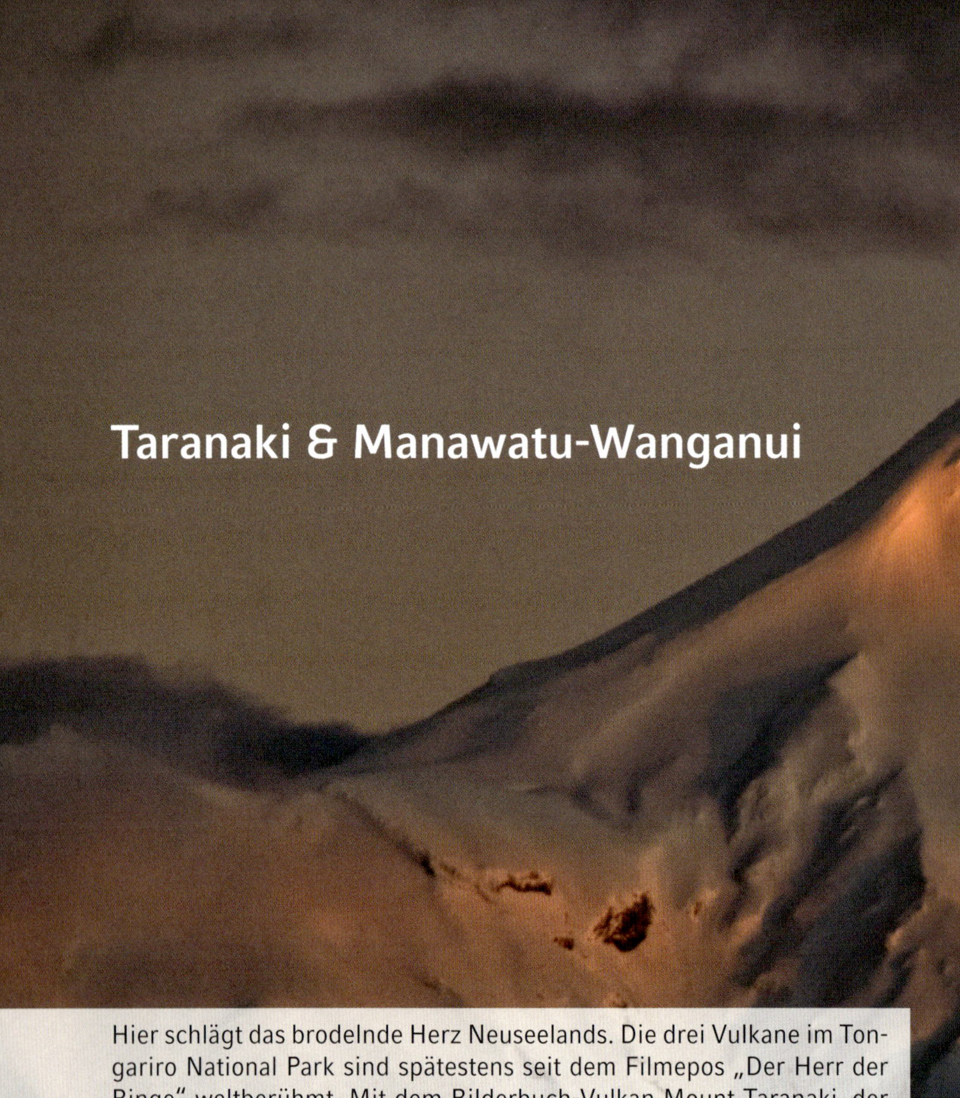

Taranaki & Manawatu-Wanganui

Hier schlägt das brodelnde Herz Neuseelands. Die drei Vulkane im Tongariro National Park sind spätestens seit dem Filmepos „Der Herr der Ringe" weltberühmt. Mit dem Bilderbuch-Vulkan Mount Taranaki, der auch als Kopie des japanischen Mount Fuji durchgehen könnte und doch nur selten besucht wird, und dem wilden Whanganui River liegen zwei weitere Wunder der Natur in der Mitte und im Westen der Nordinsel.

www.visit.taranaki.info
www.visitwhanganui.nz

Morgenstimmung am Mount Taranaki

161 Mount Tongariro – Berühmtester Berg des Landes

Spätestens seit der Film-Trilogie „Der Herr der Ringe“ ist die mondähnliche Landschaft mit ihren drei Feuerbergen weltweit berühmt. Die Vulkane Ngauruhoe, Ruapehu und Tongariro sind bis heute aktiv. Beispielsweise spuckte der namensgebende Mount Tongariro 2012 wieder Asche und überzog die Region mit feinem Staub. Der Nationalpark musste kurzzeitig sogar gesperrt werden.

Der Tongariro National Park ist ein Paradies für Wanderer. Zahlreiche Wege jedweder Länge und Schwierigkeitsstufe durchziehen die Land-

schaft. Und bei dem Kontrast aus bunten Seen, blühenden Flächen und kargen Bergen überrascht es nicht, dass die berühmteste Tagestour des Landes hier entlang führt: Das lange Tongariro Alpine Crossing gilt vielen sogar als die schönste Wanderung weltweit (siehe auch „Tageswanderungen“, Seite 64). Sechs bis neun Stunden sind für die rund 19 Kilometer Wegstrecke einzuplanen. Vier Tage samt Übernachtungen in Berghütten hingegen zieht sich der Tongariro Northern Circuit, der zu den neun Great Walks des Landes zählt (siehe „Mehrtageswanderungen“, Seite 80). Doch auch kürzere Touren und Spaziergänge verschaffen Besuchern einen unvergesslichen Blick über die kontrastreiche Landschaft. Dazu zählen beispielsweise der kurze Ridge Track, der zwei Kilometer lange Alpine Garden Track und der Taranaki Falls Track (sieben Kilometer), die alle am wichtigsten Besucherzentrum in Whakapapa starten. Ganz in der Nähe steht mit den luxuriösen Chateau Tongariro eines der berühmtesten Hotels des Landes.

Doch nicht nur Wanderer kommen im ältesten Nationalpark des Landes auf ihre Kosten: Mountainbiker lockt die „42 Traverse“ genannte Strecke, die sich über 300 Höhenmeter nach oben schlängelt, ehe es über rasante Abfahrten zurück ins Tal geht. Und an den durchaus häufigen Schlechtwettertagen lohnt eine Rundfahrt rund um den Nationalpark. Die vier- bis achtstündige Tour ermöglicht viele unterschiedliche Blicke, auch alle vier Bergstationen können angesteuert werden (siehe „Traumstraßen“, Seite 306).

www.tongarirocrossing.org.nz
www.tongarirocrossing.com
www.adriftnz.co.nz
www.chateau.co.nz

162 Mount Taranaki – Der Bilderbuch-Vulkan

Einsam in der flachen Landschaft ragt sein schneebedeckter Gipfel in die Höhe, während der Vulkankegel perfekt geformt erscheint: Der momentan ruhende Vulkan Mount Taranaki im Egmont National Park (siehe „Wintererlebnisse", Seite 121) ist wohl einer der schönsten Berge unseres Planeten und gilt als perfekte Kopie des Mount Fuji in Japan.

Erstmals vom Deutschen Ernst Dieffenbach und seinem Bergpartner James Heberley im Dezember 1839 bezwungen, lockt der 2518 Meter hohe Taranaki heute in den Sommermonaten tausende von Wanderern an. Rund 150 Kilometer an Wanderwegen, die von drei asphaltierten Straßen starten, verlaufen um den Vulkan. Das wichtigste Besucherzentrum liegt in North Egmont, einem der drei Ausgangspunkte für Touren und besonders gut zu erreichen. Von hier aus führen unterschiedliche lange Wanderungen durch die Baum- und Graslandschaft am Mount Taranaki. In North Egmont startet eine von mehreren Routen zum Gipfel, die inklusive Rückweg rund zehn Stunden dauert. Die schönsten Wege verlaufen indes rund um das Besucherzentrum an den Dawson Falls. Am höchsten gelegen ist East Egmont, wo ebenfalls Rundwege angelegt sind. Neben Tagestouren führen zwei Wege in zwei oder vier Tagen rund um den Vulkankegel, der oftmals wolkenverhangen ist – aber selten ganztägig. Beeindruckend ist der Blick auf den Bergkegel auch aus der Luft, entweder bei einem Rundflug oder mit Glück auf regulären Linienflügen.

An allen drei Bergstationen bestehen Unterkunftsmöglichkeiten. Wichtig für Wanderer: Das Wetter kann auch in den Sommermonaten binnen kürzester Zeit umschlagen. Wer den

Gipfel besteigen möchte, bucht besser eine organisierte Tour.

Während der Taranaki heute wieder seinen ursprünglichen Namen trägt, taufte James Cook den Berg einst auf den Namen des Earl of Egmont, den freilich nichts mit Neuseeland verband. Für die Maori ist der zuletzt im Jahr 1755 aktive Feuerberg heilig. Hier fanden einst bedeutende Häuptlinge ihre letzte Ruhestätte. Überdies gehörte der Vulkan einst zur Berggruppe rund um den Tongariro und wurde der Mythologie zufolge in einem Liebesdrama an seinen heutigen Standort vertrieben. Die Wolken stehen für die Tränen, die der Berg in Gedenken an Pihanga vergießt, die sich stattdessen für Tongariro entschied.

www.mttaranakiguidedtours.co.nz

163 Whanganui River – Paradies zum Paddeln

Durch eine unberührte, dicht bewachsene Pflanzenwelt, enge Canyons und vielen dutzend Stromschnellen schlängelt sich Neuseelands drittlängster Fluss. Damit ist der grün schimmernde Whanganui River die Hauptattraktion im gleichnamigen Nationalpark, gelegen zwischen Mount Tongariro und dem Feuerberg Taranaki.

Besucher steigen idealerweise ins Kajak oder Kanu. Touren jedweder Länge sind möglich – bis hin zur drei- oder fünftägigen Whanganui River Journey. Die Flusswanderung zählt zu den neun Great Walks des Landes, obwohl quasi kein Meter zu Fuß zurückgelegt wird. Die längere, 145 Kilometer umfassende Tour auf dem insgesamt 290 Kilometer langen Whanganui River startet in Taumarunui und führt stromabwärts ins südliche Pipiriki. Neben Stromschnellen meist der problemlosen Kategorie „Zwei“ passieren Paddler zahlreiche Wasserfälle und können der heimischen Vogelwelt – etwa dem grün-bläulich schimmernden Tui – lauschen. Eine Übernachtung in einem früheren Maori-Dorf ist ebenfalls möglich.

Wer nicht selbst zum Paddel greifen will, kann in Pipiriki alternativ bequeme Jetboats besteigen. Sie führen meist zur „Bridge to Nowhere“, einer Panorama-Plattform mit unvergesslichem Blick in die einsame Natur.

www.whanganuiriveradventures.com
www.whanganuirivercanoes.co.nz

164 Whanganui – Gartenstadt am Meer

Dank ihrer Parks und Grünanlagen gilt die alte Hafenstadt vielerorts als Gartenstadt – Whanganui macht damit sowohl dem nahen New Plymouth als auch Christchurch auf der Südinsel diesen Titel streitig. Selbst wer nur auf der Durchreise ist, sollte sich zumindest Zeit für ein Picknick oder einen Spaziergang entlang dem grünen Whanganui River nehmen. Er gibt der Stadt ihren Namen. Der Fluss lässt sich gut mit dem historischen, zwischenzeitlich gesunkenen und mittlerweile restaurierten Schaufelraddampfer Waimarie erkunden. Besonders spannend ist zudem ein Ausflug mit dem Postboten, den Besucher beim sogenannten Mailrun einige Stunden begleiten können.

Für den Ruf als Gartenstadt sorgt neben den Cooks Gardens und dem historisch bedeutsamen Moutoa Garden vor allem das am Rande gelegene Virginia Lake Reserve. Das Landschaftsschutzgebiet ist für seine Wintergärten mit farbenprächtigen exotischen Pflanzen berühmt. Die Innenstadt prägen sehenswerten Kolonialbauten, etwa das Grand Hotel und das Royal Wanganui Opera House. Der 1899 errichtete Holzbau wird noch heute genutzt. Einen Besuch lohnen auch das Whanganui Regional Museum mit einem beeindruckenden, 20 Meter langen Kriegskanu der Maori sowie die Kunstgalerie Sarjeant Art Gallery mit ihrer prächtigen Kuppel.

www.visitwhanganui.nz
www.waimarie.co.nz
www.wrm.org.nz
www.sarjeant.org.nz
www.whanganuitours.co.nz

165 Cape Egmont

Auf der Taranaki-Halbinsel markiert Cape Egmont mit seinem Leuchtturm (in London gebaut und verschifft!) den nördlichsten Punkt. Gerade zum Sonnenuntergang lohnt ein Besuch, wenn dann auch der nahe Mount Taranaki im rötlichen Glanz erstrahlt. Durch Cape Egmont führt der berühmte Surf Highway (SH45), der einige schöne Strände zum Wellenreiten verbindet.

166 Ruahine Forest Park

Die ersten Sonnenstrahlen des Tages auf den berühmten Mount Ruapehu im Tongariro National Park genießen Wanderer von einem Plateau im Ruahine Forest Park. Daneben durchziehen viele weitere Wege das Schutzgebiet, das eine reichhaltige Fauna von dichten Wäldern bis zum subalpinen Busch umfasst. Der 1733 Meter hohe Mount Mangaweka ist der zweithöchste Berggipfel nichtvulkanischen Ursprungs.

167 Hawera

Der historische Wasserturm von 1912 ist das Wahrzeichen von Hawera. 215 Stufen führen auf den 55 Meter hohen Turm. Bei guter Sicht ist der Mount Taranaki zu sehen. Das Museum widmet sich vor allem den Landkriegen im 19. Jahrhundert zwischen Maori und Kolonialisten. Elvis-Fans freuen sich über den Elvis Presley Memorial Record Room. Überdies hat die größte Molkerei der Südhalbkugel ihren Sitz in Hawera.

168 Stratford

Hier erinnert vieles an William Shakespeare, dessen Geburtsort Namensgeber ist: In Stratford sind alle Straßen nach Figuren des berühmten Schriftstellers benannt. Größte Attraktion ist das Glockenspiel. Am Stadtrand liegt das sehenswerte Taranaki Pioneer Village mit 40 historischen Gebäuden – das älteste stammt von 1853. Stratford ist Tor zu den Nationalparks Whanganui und Egmont.

www.pioneervillage.co.nz

169 New Plymouth

Dank großer Öl- und Erdgasfunde ist New Plymouth eine wichtige Industriestadt. Die Govett-Brewster Art Gallery gilt überdies als eine der bedeutendsten des Landes. Das Museum Puke Ariki zeigt eine große Sammlung von Maori-Artefakten. Zu den landesweit schönsten Landschaftsparks zählt Tupare Gardens, die St. Mary's Church zu den bedeutenden Gotteshäusern.

www.govettbrewster.com

170 Palmerston North

Viele Reisende sehen den Ort nur als Durchgangsstation. Dabei ist Palmerston North als Universitätsstadt sowie für die Landwirtschaft bekannt. Doch die Stadt bietet noch mehr: An die Gründung des ersten Rugby Clubs im Jahr 1870 erinnert das Rugby Museum. Sehenswert sind auch der zentrale Platz „The Square" und der Museumskomplex Te Manawa.

www.rugbymuseum.co.nz
www.temanawa.co.nz

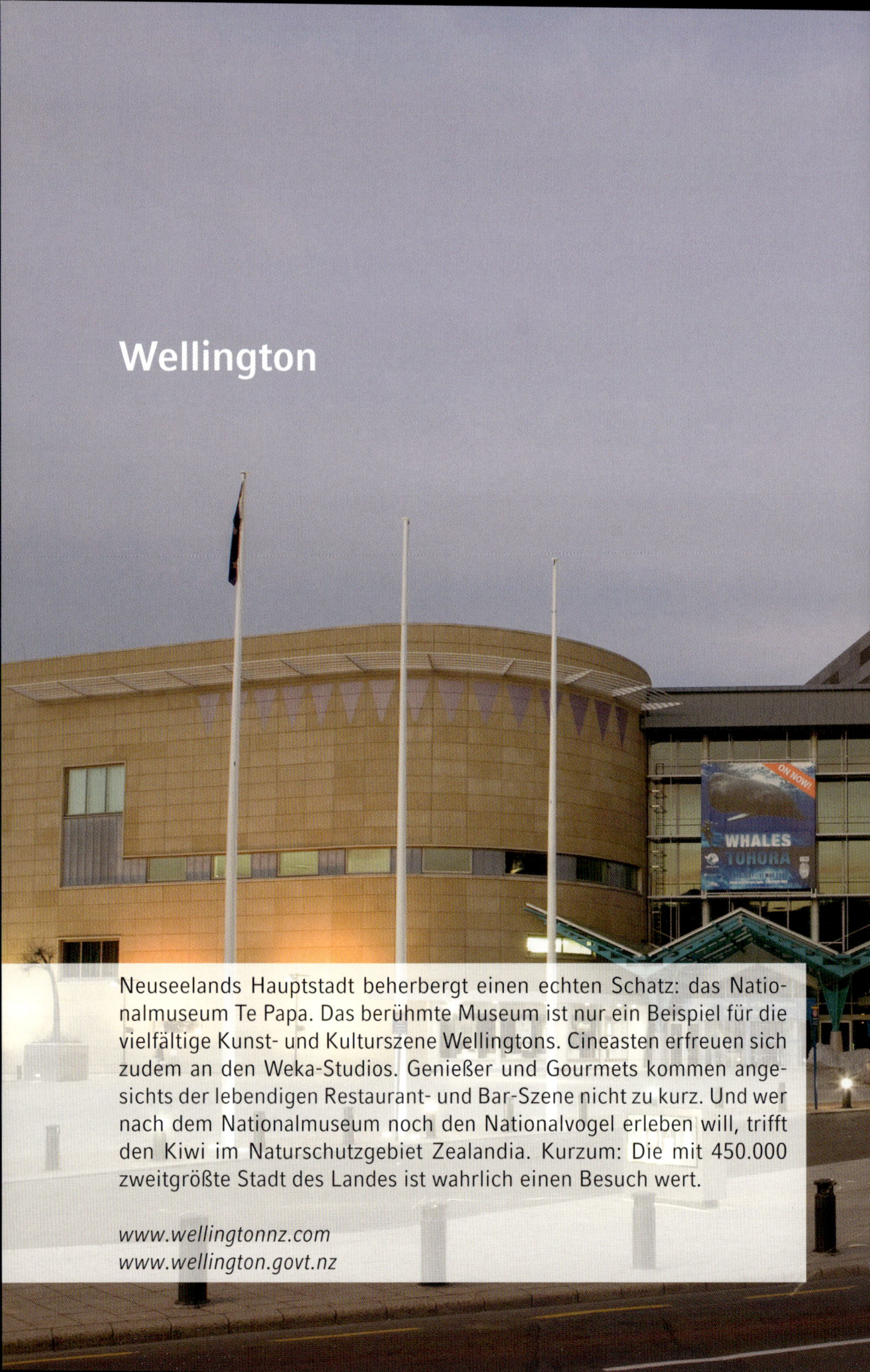

Wellington

Neuseelands Hauptstadt beherbergt einen echten Schatz: das Nationalmuseum Te Papa. Das berühmte Museum ist nur ein Beispiel für die vielfältige Kunst- und Kulturszene Wellingtons. Cineasten erfreuen sich zudem an den Weka-Studios. Genießer und Gourmets kommen angesichts der lebendigen Restaurant- und Bar-Szene nicht zu kurz. Und wer nach dem Nationalmuseum noch den Nationalvogel erleben will, trifft den Kiwi im Naturschutzgebiet Zealandia. Kurzum: Die mit 450.000 zweitgrößte Stadt des Landes ist wahrlich einen Besuch wert.

www.wellingtonnz.com
www.wellington.govt.nz

„Pflicht“ für alle Besucher der Hauptstadt: das Nationalmuseum Te Papa in Wellington

Plimmerton
Porirua
Harbour
Mana
Island
Mana
Titahi Bay
Papakowhai
Takapuwahia
Waitangirua
Porirua
Ranui Heights
Tawa
Normanda
Churton Park
Lower
Korokoro
Cookstraße
Johnsonville
Newlands
Broadmeadows
Khandallah
Ngauranga
Ngaio
Kaiwharawhara
Matiu/Somes
Island
Thorndon
Pipitea
Karori
Kelburn
Wellington
Harbour
Te Aro
Oriental Bay
Newtown
Mornington
Miramar
Breaker Bay
Island Bay

WADESTOWN
Wellington
Harbour
THORNDON
180
172
175
175
177
KELBURN
Wellington
174
171
ORIENTAL BAY
178
179
TE ARO
173
HATAITAI
BROOKLYN
176
NEWTOWN
MIRAMAR
KILBIRINE
LYALL BAY
ISLAND BAY

171 Te Papa – Das Museum schlechthin

Es lässt die Herzen höher schlagen. Ein jeder Besucher des Museum of New Zealand Te Papa Tongarewa findet sein ganz persönliches Highlight. Manch einer schwärmt vom farbenfrohen Te Marae, einem traditionellen Versammlungshaus, das von führenden Holzkünstlern der Maori geschaffen wurde. Andere Besucher fasziniert das Erdbebenhaus, in dem sich für einige Sekunden Erdstöße in einer schwankenden Hütte nacherleben lassen. In jedem Fall ist es für Touristen geradezu „Pflicht", für mehrere Stunden einen Abstecher hierher zu machen. Doch selbst dann dürfte die Zeit kaum reichen, die Vielfalt der Ausstellung in vollem Umfang

zu erkunden. Dazu trägt auch die multimediale und interaktive Umsetzung vieler Themen bei.

Mehr als eine Million Gäste durchstreifen alljährlich das 1998 eröffnete Nationalmuseum. Der Fokus liegt auf der facettenreichen Kultur der Maori. So ehrt Te Papa die Maori als Tangata Whenua (traditionelle Ureinwohner des Landes). Neben dem Marae werden beispielsweise mehrere traditionelle Boote, darunter ein Waka (Holzkanu) ausgestellt. Der umstrittene Vertrag von Waitangi – zwischen Maori und der Kolonialmacht – wird ausführlich erläutert.

Doch darauf will sich das Museum nicht beschränken: Das monumentale Gebäude im Hafen umfasst auf sechs Stockwerken zudem Sammlungen zu weiteren Pazifikvölkern und der Kolonialisierung des Landes. Hinzu kommt eine Schau mit traditionellen und zeitgenössischen Kunstwerken – mit mehr als 300 Kunstwerken, darunter auch von Rembrandt. Flora und Fauna des Landes bilden einen weiteren Schwerpunkt. Sie lässt sich beispielsweise beim Besuch einer Glühwürmchenhöhle erkunden. Mit dieser Vielfalt wird das Te Papa Museum seinem Ruf gemäß seinem frei übersetzten Namen „Schatzinsel" wahrlich gerecht. Die verwinkelte Architektur erinnert an die Tektonik der erdbebengefährdeten Lage Wellingtons.

Das Te Papa Museum ist durchweg an 365 Tagen im Jahr geöffnet. Der Eintritt zur Dauerausstellung ist kostenlos, lediglich einige Attraktionen, Sonderschauen sowie Führungen sind kostenpflichtig. Besonders empfehlenswert sind die Touren zur Maori-Kultur. Zwei Cafés laden ebenso zum Verweilen ein wie der große Museumsshop zum Stöbern.

www.tepapa.govt.nz

172 Botanic Garden – Schönster Park der Hauptstadt

Allein die sehenswerte Anreise rechtfertigt einen Besuch des Botanischen Gartens: Die Fahrt mit dem Cable Car zur höchsten Station bietet einen Panoramablick auf die neuseeländische Hauptstadt. Von dort ist es nur ein kurzer Fußweg zum 25 Hektar großen Parkareal, das schon 1844 eröffnet wurde. Die gepflegten Anlagen ziehen sich über einen der zahlreichen Hügel Wellingtons, bis an den Rand des Regierungsviertels.

Berühmt ist vor allem der Bestand an ursprünglichen, einheimischen Bäumen. Preisgekrönt ist die farbenfrohe Rosensammlung Lady Norwood Rose Garden mit 110 Beeten und mehr als 500 Rosenarten. Das Hauptareal des Botanischen Gartens lohnt gerade im Frühling einen Besuch, wenn 25.000 Tulpen im warmen Licht erblühen. Mehrere ausgewiesene Lehrpfade führen über die Anlage, die immer wieder neue Ausblicke auf Wellington ermöglicht. Für einen Moment des Innehaltens sorgt der Peace Garden: Die Flamme erinnert an die Opfer des Atombombenangriffs der US-Armee auf die japanische Metropole Hiroshima. Der Erste Weltkrieg wiederum ist mit Mohnfeldern dargestellt – sinnbildlich mit dem Schlachtfeld zwischen Belgien und Nordfrankreich. Springbrunnen, Kräutergarten nach Vorbild der Maori sowie Spielplatz und Ententeich laden ebenfalls zu einem Besuch ein wie auch das Begonia House mit seiner Ausstellung tropischer Pflanzen und Orchideenschau. Bei Nacht lassen sich überdies Glühwürmchen finden – vor allem im Frühjahr bestehen dafür bei geführten Touren gute Chancen. Zahlreiche Skulpturen lokaler Künst-

ler finden sich entlang der schier endlosen Wege. Ein Teehaus und ein Souvenirshop sind ebenso vorhanden.

Der Botanische Garten ist täglich von Sonnenaufgang bis Sonnenuntergang geöffnet. Der Eintritt ist kostenlos. Geführte Touren finden jeden dritten Sonntag und jeden vierten Montag eines Monats statt.

www.wellington.govt.nz/recreation/enjoy-the-outdoors/gardens/botanic-garden

173 Mount Victoria – Panoramablick auf die Hauptstadt

Weit auf die andere Seite der Bucht fällt der Blick vom 196 Meter hohen Mount Victoria. Gelegen oberhalb der Oriental Bay im östlichen Wellington, genießen Besucher einen 360-Grad-Rundum-Blick auf die Hauptstadt. Seit 1841 zählt der Ort zum Grüngürtel der Stadt. Die Innenstadt lässt sich gut von hier oben überblicken. Herausragend dabei das Te Papa Museum und das Westpac-Stadion. In der Ferne sind – bei passender Sicht – das Hutt Valley sowie die Cook Strait zu erkennen. Für Touristen bietet sich ein Picknick an, während Einheimische hier bevorzugt Joggen, Walken oder mit dem Mountainbike unterwegs sind.

Weltweit kennen Millionen von Kinogängern Mount Victoria als Teil einer Auenlandschaft. Nur wenige Minuten von der pulsierenden Großstadt entfernt, ließ Regisseur Peter Jackson hier im ersten Teil der weltberühmten Triologie „Der Herr der Ringe“ die Hobbits auftreten (siehe auch „Drehorte“, Seite 336). Aber nicht nur in der Filmwelt nimmt der Hügel eine bedeutende Rolle ein. Getreu der Mythologie lebten im Wellington Harbour – seinerzeit angeblich ein geschlossener See – einst zwei große Seeungeheuer. Während das eine Taniwha, Ngake genannt, aus dem angeblichen See heraus einen Zugang zum offenen Meer suchte, strandete das zweite, Whataitai, und flog als Vogel, Te Keo zum Matairangi (Mount Victoria). Und so folgt der Name Tangi te Keo (Mount Victoria) der Seele von Whataitai.

174 Zealandia Sanctuary – Kiwis garantiert

Er ist der Superstar der neuseeländischen Tierwelt: der Kiwi. Und auch wenn es keine Garantie gibt, so ist das Naturschutzgebiet Zealandia einer der besten Plätze, die seltenen und scheuen Kiwis zu beobachten. Besucher schätzen besonders die nächtlichen Erkundungstouren.

Zealandia Sanctuary umfasst ein 225 Hektar großes Areal und wurde 1995 gegründet. Ziel war es, ein urbanes und komplett umzäuntes Naturschutzgebiet zu schaffen – quasi eine Arche Noah der neuseeländischen Flora und Fauna. Doch nicht der Kiwi allein macht den Park einzigartig: Knapp 60 Vogelarten können Tierfreunde beobachten, darunter 24 Spezies, die ausschließlich in Neuseeland heimisch sind. So fanden Wekas, Keas, Honigfresser, Brückenechsen und Maud-Island-Frösche in Zealandia eine neue Heimat.

Die besonders beliebten Nachtwanderungen – tagsüber sind Besuche ebenfalls möglich – beginnen kurz vor Sonnenuntergang. Meist haben Besucher Glück und sehen neben Tui und Kawaupaka auch den neuseeländischen Nationalvogel. Auf den Touren leuchten die Ranger immer wieder mit Rotlicht-Taschenlampen in die Natur, um die begehrten Vögel zu finden. Es ist ein offenes Geheimnis: Die nächtlichen Touren werden von den Besuchen vor allem deswegen gebucht, um den Nationalvogel zu entdecken.

www.visitzealandia.com

175 Cable Car

Relikt aus einer anderen Zeit: Seit 1902 bringen die roten Bahnen der Standseilbahn täglich tausende Fahrgäste aus der Innenstadt in den höher gelegenen Stadtteil Kelburn und umgekehrt. Auf einer Länge von rund 700 Metern überqueren die Cable Cars drei Viadukte und durchqueren mehrere Tunnel, von denen zwei zeitweilig in einer speziellen LED-Lichtshow erstrahlen.

www.wellingtoncablecar.co.nz

176 Weta Cave

Ein Pflichttermin für Cineasten ist der Abstecher in die Weta Cave. In diesem Mini-Museum geben die Macher der gleichnamigen Spezialeffekte-Film-Studios Einblick in ihre Arbeit. Sie trugen dazu bei, dass Filme wie „Der Herr der Ringe" und die „Chroniken von Narnia" auf die Leinwand kamen (siehe „Drehorte", Seite 336, und „Künstler", Seite 405).

www.wetaworkshop.com

177 Wellington Museum

Im alten Zolllager (Bond Store) von 1892 untergebracht, erzählt das Wellington Museum die Geschichte der Stadt. Im Mittelpunkt steht die Besiedlung durch die Maori, dargestellt auch als sehenswerte holografische Projektion, und die weißen Siedler. Weiterer Schwerpunkt ist die Seefahrt, vor allem der tragische Untergang der Fähre Wahine im April 1968 mit 52 Toten.

www.museumofwellington.co.nz

178 Oriental Bay

Stadt und Strand – das gehört in Wellington zusammen. Die Oriental Bay liegt nur wenige Minuten vom Zentrum entfernt. Der bei Schwimmern beliebte Strand erstrahlt seit einigen Jahren in neuem Glanz, nachdem er mit goldgelbem Sand von der Golden Bay neu aufgeschüttet wurde. Nebenbei lädt das Hallenbad Freyberg Pool & Fitness Centre ebenfalls zum Baden. Die Promenade ist ideal zum Flanieren.

179 Cuba Street

Die coolsten Bars und die hippsten Geschäfte der Stadt zeichnen die pulsierende Cuba Street aus. Anfang der 1840er-Jahre nach einem Einwanderer-Schiff benannt, sind gerade freitag- und samstagabends viele Nachtschwärmer unterwegs. Sie bevölkern beispielsweise das vielfach gelobte Restaurant „Logan Brown" oder Bars wie den Klassiker „Matterhorn".
www.loganbrown.co.nz
www.matterhorn.co.nz

180 New Zealand Parliament

Im neoklassizistischen Stil aus Granit und Marmor wurde 1922 das Parliament House errichtet. Hier tagen die neuseeländischen Abgeordneten in einem Saal, gestaltet nach Vorbild des englischen Parlaments. Nebenan steht seit 1981 der futuristische Regierungssitz namens „Beehive" (Bienenkorb). Die Parliament Library in rosafarbenem Gestein ergänzt das Ensemble. Täglich kostenlose Führungen.
www.parliament.nz

Beliebtes Ausflugsziel vor den Toren der Hauptstadt: Castle Point

Rund um Wellington

Viele Reisende konzentrieren sich auf die Hauptstadt Neuseelands. Doch die Umgebung Wellingtons bietet viele Attraktionen, die meist ausgelassen werden. Die Robben am Cape Palliser und die Kiwis auf Kapiti Island machen es leicht, Tiere in ihrem natürlichen Lebensraum zu beobachten, und sind wahrlich einen Besuch wert.

www.wellingtonnz.com

181 Kapiti Coast – Strandausflug ab Wellington

Die vielen Strände machen die Kapiti Coast nordwestlich von Wellington zu einem idealen Ausflugsziel oder Zwischenstopp auf dem Weg in die Hauptstadt. Bei einem Besuch der meist wenig bevölkerten Sandbuchten fällt der Blick immer wieder auf Kapiti Island: Das kleine Vogelschutzgebiet, fünf Kilometer im Meer entfernt gelegen, ist Namensgeber des rund 30 Kilometer langen Küstenstreifens.

Hauptort der beschaulichen Region ist Paraparaumu mit seinem langen Sandstrand – einen guten Blick auf die Insel inklusive. Von hier aus starten auch die Boote gen Kapiti Island. Vom Kapiti Lookout bietet sich ein beeindruckender Blick. Neben seinem Golfplatz ist der Küstenort vor allem für das Southward Car Museum bekannt. Zu den Attraktionen der weltweit bekannten Autoschau

zählt beispielsweise ein Cadillac von 1934, der einst der Sängerin Marlene Dietrich gehörte. Ältestes Stück ist ein Benz Velo von 1895, weltweit eines der ältesten überhaupt noch erhaltenen Fahrzeuge. Auch kulinarische Genüsse hält die Stadt bereit: Kapiti Ice Creams kreiert ausgefallene Eissorten wie Ingwereis oder Blutorangen-Cranberry-Sorbet, während das Schwesterunternehmen Kapiti Cheese eine kaum zu überbietende Auswahl an Käsesorten offeriert.

Am Nordende der Bucht in Otaki steht die in den Augen vieler Neuseeländer schönste Maori-Kirche. Die Rangiatea Church glänzt heute nur noch als originalgetreuer Nachbau, nachdem der ursprüngliche Bau 1995 bei einem Anschlag abbrannte. Das Gotteshaus war 1849 auf Betreiben von Maori-Häuptling Te Rauparaha und einem britischen Missionar errichtet worden. Es besticht vor allem mit seinem kunstvoll verzierten Dach, das mit Maori-Symbolen bestückt ist.

Te Rauparaha gilt als Erfinder des weltweit bewunderten Kriegstanzes Haka und wichtiger Anführer in den Kämpfen zwischen den Maori und den Kolonialisten (siehe „Persönlichkeiten“, Seite 396). Die enorme Bedeutung der Region für die Maori zeigt sich an den neun Marae und einem College, die hier anzufinden sind.

Im Süden des Küstenstreifens besticht Paekakariki mit schwarzem Sandstrand und Dünen im Queen Elizabeth Park. Eisenbahnfreunde kommen im Tramway Museum samt kurzer Fahrt in historischen Wagen der Wellingtoner Straßenbahn auf ihre Kosten.

www.southwardcarmuseum.co.nz
www.kapiticollection.co.nz
www.wellingtontrams.org.nz

182 Kapiti Island – Paradies für Kiwis

Neuseelands Nationalvogel ist die Attraktion schlechthin – immerhin leben mutmaßlich bis zu 1500 Kiwis auf Kapiti Island. Und sie finden auf der zehn Kilometer langen und zwei Kilometer breiten Insel quasi paradiesische Zustände. Einerseits erklärten die Behörden schon im Jahr 1897 Kapiti Island zum Naturschutzgebiet. Andererseits wurden alle eingeführten Tiere wie Possums sowie Schädlinge gezielt getötet, um das Eiland zu renaturieren. Zum Schutz der zahlreichen Vögel ist der Zugang streng reguliert: Maximal 160 Besucher dürfen pro Tag die Insel betreten. Gerade in der Hauptsaison sollte die Erlaubnis („Permit“) möglichst frühzeitig beantragt werden.

Doch der Kiwi ist bei Weitem nicht der einzige Grund für einen Abstecher nach Kapiti Island, rund 15 Bootsminuten vom Festland aus entfernt. Denn während der Nationalvogel nachtaktiv ist, sind bei Tageslicht andere Vögel die Stars der Insel. So haben Urlauber gute Chancen, Tuis, Wekas und Kakas in ihrem natürlichen Lebensraum zu beobachten. Viele Arten wurden bereits Ende des 19. Jahrhunderts angesiedelt, um ihnen ein Überleben zu ermöglichen, während sie auf dem Festland vom Aussterben bedroht sind. So leben auf Kapiti Island auch einige Takahe – weltweit gibt es mutmaßlich nur noch 250 Exemplare dieses flugunfähigen Vogels. Und mit viel Glück sichten Besucher auch Delfine, Orcas oder Pinguine.

Ranger bieten neben einer kurzen Pflicht-Einführung einstündige Touren über Kapiti Island. Wer will, kann die unterschiedlichen Wanderwege auf eigene Faust erkunden. Während der 521 Meter hohe Mount Tuteremoana einen schönen Ausblick ermöglicht, sollten sich Vogelfreunde eher

auf den unteren Teil mit dem dichten Grün konzentrieren. Mit Ruhe und Ausdauer lassen sich dann sicherlich die seltenen Vögel erspähen.

Veranstalter in Paraparaumu organisieren Touren nach Kapiti Island und helfen, die Genehmigung zu bekommen. Übernachtungsmöglichkeiten bestehen nur in der Kapiti Nature Lodge, oftmals Monate im Voraus ausgebucht. Sie zählt zum Besitz der Nachfahren von Maori-Häuptling Te Rauparaha, der die Insel 1824 von anderen Stämmen eroberte (siehe „Persönlichkeiten", Seite 396).

www.kapitiexplorer.nz
www.kapitiislandnaturetours.co.nz

183 Rimutaka Forest Park – Wandern bei Wellington

Die Hauptstädter finden hier ihr Wanderziel Nummer Eins. Der wenig touristische Rimutaka Forest Park mit seinen dichten Wäldern liegt nur 45 Minuten von Wellingtons Innenstadt entfernt. Trotz der Nähe zur Metropole hat sich im Park eine üppige Flora und Fauna ihr Refugium gesichert. So haben sich beispielsweise Kiwis, Tui und Kakas angesiedelt – wenngleich auf Kapiti Island bessere Chancen bestehen, einen dieser raren Vögel zu sehen. Hirsche und Possums leben ebenfalls im Park.

Wanderwege mit Längen zwischen 30 Minuten und zehn Stunden führen durch den Park. Besonders beliebt ist die Region rund um das sehenswerte Catchpool Valley, wo auch Campingstellen zur Verfügung stehen.

Eine Einführung in die Tier- und Pflanzenwelt bietet der 90-minütige Nga Taonga Nature Walk. Der populäre Orongorongo Track schlängelt sich insgesamt rund vier Stunden durch das gleichnamige Tal und entlang aller im Park vorhandenen Vegetationsformen – von der Nikau-Palme bis hin zu übergroßen Baumfarnen. Am höchsten Punkt der Tour genießen Wanderer einen sehenswerten Blick auf den Orongorongo River. Zwischendurch laden Badestellen zum Schwimmen ein.

www.wainuiomata.co.nz

184 Cape Palliser – Robben an der Südspitze

Die größte Kolonie von Pelzrobben der Nordinsel markiert deren Südspitze: Cape Palliser ist Heimat einer Art, die weltweit sonst nur an acht weiteren Orten heimisch ist. Doch vor allem hat sich das Kap als zuverlässige Brutstätte für die Pelzrobben erwiesen. Ein Besuch der Kolonie lohnt daher vor allem von November bis Januar, wenn die Jungen ihre Krabbelversuche machen und im Sand spielen. Auch Austernfischer brüten hier. Zweite Attraktion ist der 1897 errichtete Leuchtturm, der auf einer kleinen Anhöhe 253 Stufen über dem Kap thront. Bei gutem Wetter entschädigt ein Panoramablick zur Südinsel für die Mühen des schweißtreibenden Aufstiegs.

Die eindrückliche Felsformation namens Putangirua Pinnacles, an der die windige und kurvenreiche Straße zum Cape Palliser entlang führt, wurde mutmaßlich vor 120.000 Jahren geformt. Hier spielt – wenig überraschend – auch eine Szene aus „Der Herr der Ringe". Eine mehrstündige Wanderung verbindet das Kap mit der Felsformation in der Palliser Bay. Der nächstgelegene Ort Lake Ferry ist Sitz des südlichsten Hotels der Nordinsel. Und die Tische im Restaurant des Lake Ferry Hotel sind begehrt. Maori lebten hier in die Region schon im 13. Jahrhundert und besiedelten das Kap frühzeitig.

www.lakeferryhotel.co.nz

185 Dowse Art Museum

In Lower Hutt, 15 Minuten von Wellington entfernt, liegt das Dowse Art Museum mit einer Dauerausstellung zur Maori-Kultur. Besonders sehenswert ist das ursprünglich im Jahr 1856 errichtete Vorratshaus. Hinzu kommen wechselnde Ausstellung zu aktuellen Themen und zeitgenössischer Kunst.

www.dowse.org.nz

186 Robbenkolonie Red Rocks

Südlich von Wellington können Besucher bei einer Wanderung zum Sinclair Head eine kleine Robbenkolonie (fur seals) beobachten. Die Seehunde sind von Mai bis Oktober anzutreffen. Auch die markanten roten Felsen im umliegenden Red Rocks Reserve lohnen den Ausflug aus der Hauptstadt. Eisenerz im Lava eines unterseeischen Vulkanausbruchs vor 200 Millionen Jahren sorgt für die markante rote Farbe der Felsen.

187 Masterton

Der Wettbewerb um die Auszeichnung „Golden Shears" ist die einzige Attraktion der touristisch wenig bedeutenden Stadt Masterton. Alljährlich im März wetteifern Schafscherer aus aller Welt und küren den Besten. Für das Finale sollten sich Besucher frühzeitig ihr Ticket sichern. Im kleinen Museum Shear Discovery dreht sich alles rund um die Schafschur.

www.goldenshears.co.nz
www.thewoolshednz.com

188 Pencarrow Head

Auf dem Kap gegenüber der Miramar-Halbinsel steht bis heute Neuseelands ältester Leuchtturm. Von 1859 bis 1935 leuchtete er am Pencarrow Head Kapitänen und ihren Schiffen den Weg in den Naturhafen. Anschließend übernahm das neue Leuchtfeuer Baring Head Lighthouse. Eine 16 Kilometer lange Wanderung (hin und zurück) verbindet die Badestrände in Eastbourne mit Pencarrow Head am östlichen Ufer.

189 Castlepoint

Der kleine Küstenort nordöstlich von Wellington lockt mit der geschützten Badebucht „The Basin“. Im Sommer ist Castlepoint daher ein beliebtes Ausflugs- und Urlaubsziel. Der 162 Meter hohe Castle Rock ist ebenso weithin sichtbar wie der Leuchtturm. Urlauber freuen sich zudem über mehrere Wanderwege und ein 1000 Meter langes Riff. Zuweilen können Delfine und Wale vom Land aus beobachtet werden.

190 Matiu/Somes Island

Die kleine Insel inmitten des Wellington Harbour bietet trotz Großstadtnähe Natur pur. Matiu/Somes Island bietet gute Chancen zur Tierbeobachtung und ist leicht zu erreichen. Wetas und Kakarikis sowie Zwergpinguine sind hier immer wieder anzutreffen. Zudem wurden 1998 mehr als 50 Tuatara (seltene Brückenechse) angesiedelt, die an der Universität Wellington gezüchtet wurden und sich auf der Insel vermehren.

Cottage Loaf Rock

Tasman & Nelson

Einsame, goldgelb strahlende Strände und üppiger, grüner Regenwald gepaart mit blau-türkis schimmerndem Wasser und vielen Sonnenstunden sorgen für eine unvergessliche Farbenpracht. Mit dem bekannten Abel Tasman National Park und den benachbarten Wasserstraßen der Marlborough Sounds streiten zwei Landschaften um den Titel als schönste Küstenlandschaft der Südinsel. Ein echtes Traumziel inklusive guter Infrastruktur – und trotz der vielen Urlauber findet sich noch immer ein ruhiger Platz zum Entspannen und Genießen.

www.nelsonnz.com

191 Abel Tasman National Park – Lagunen im Paradies

Einsame Buchten mit goldgelben Stränden treffen auf das funkelnde Grün der Farne und Bäume im Regenwald: Ob zu Fuß, vom Boot oder mit dem Kajak – der Abel Tasman National Park ist mit seiner zerklüfteten Küstenlandschaft zweifelsohne einer der Sehnsuchtsorte schlechthin. Zudem zählt die mit großer Schönheit gesegnete Region zu den sonnenreichsten des Landes – schon im Oktober staunen (und freuen) sich Urlauber zuweilen über sommerliche Temperaturen.

Neben Kaiteriteri ist das benachbarte Marahau die wichtigste Anlaufstelle am östlichen Ende des Parks. Der

vergleichsweise abgelegene Eingang im Nordosten in der Golden Bay ist weniger frequentiert. Angesichts der guten Erreichbarkeit der beiden Orte am östlichen Ende operieren hier lokale Veranstalter – vom kleinen Kajakverleiher bis zu großen Anbietern mit eigenen Unterkünften im Nationalpark. Dabei genießt Marahau den Vorteil des direkten Zugangs in den Nationalpark per Fuß, während von Kaiteriteri in jedem Fall eine sehenswerte Bootsfahrt nötig ist.

Besucher können unter einer Vielzahl von Aktivitäten wählen, um die abwechslungsreiche Küstenlandschaft mit ihren einsamen Buchten, üppigem Regenwald und eigenwilligen Gesteinsformationen aus Kalkstein und Granit kennenzulernen. Wanderungen verschiedenster Länge stehen dabei im Mittelpunkt: Besonders beliebt sind die Tagestouren zwischen zwei und sechs Stunden Wanderzeit. Die Mehrzahl der Besucher lässt sich dabei zunächst per Katamaran oder Wassertaxi in den Park bringen und wandert dann einige Stunden zurück – entweder nach Marahau oder zu einer Bucht zum wartenden Boot (siehe „Tageswanderungen“, Seite 66). Über bis zu fünf Tage erstreckt sich der Abel Tasman Coast Track, einer der neun Great Walks (siehe „Mehrtageswanderungen“, Seite 78). Beliebt sind auch kürzere und längere Kajaktouren, gern auch in Kombination mit Wanderungen. Alternativ werden reine Rundfahrten, etwa zur Robbenkolonie Tonga Bay, angeboten. Urlauber können nicht nur in den malerischen Lagunen baden, sondern auf geführten Touren auch gemeinsam mit den Robben im Meer schwimmen.

www.abeltasman.co.nz
www.abeltasmantours.co.nz
www.abeltasmantravel.co.nz

192 Golden Bay – Der erste Europäer in Aotearoa

In der sichelförmigen Bucht nah der Nordspitze der Südinsel hat erstmals ein Europäer in neuseeländischen Gewässern geankert: der holländische Entdecker Abel Tasman im Dezember 1642 mit seinem Besuch in der Wainui Bay. Auf einen Landgang verzichtete er hingegen, als Maori sein Beiboot überfielen und mehrere seiner Männer töteten. Tasman bezeichnete den Strand daher zunächst als „Todesbucht". Der heutige Name Golden Bay lässt sich auf die Goldfunde in den 1860er-Jahren zurückführen, die Neuseeland auch auf der Weltkarte der Goldsuche bekannt machte. Heute verbinden Besucher und Einheimische den verheißungsvollen Namen mit den einladenden Stränden in der Bucht selbst, dem nahe gelegenen Abel Tasman National Park im Osten und der Landzunge Farewill Spit im Nordwesten. Das entspannende Ambiente macht die Region auch zu einem begehrten Reiseziel der Neuseeländer, die hier gern ein eigenes Ferienhaus besitzen.

Das Tor zur Golden Bay bildet der Takaka Hill, über dessen 760 Meter hohen Pass sich in vielen engen Kurven der Highway 60 schlängelt. Mehrere Aussichtspunkte bieten schöne Fernsicht über die Bucht und den angrenzenden Nationalpark. In der Nähe der Spitze liegt das Harwood Hole, mit 183 Meter der tiefste Höhenschacht des Landes und Eingang zu einem ausgedehnten Höhlensystem. Takaka Hill ist auch für seine reichhaltigen Marmorvorkommen bekannt – die einzigen Neuseelands und im Parlament in Wellington verbaut.

Größter Ort in der Bucht ist Takaka, das selbst nicht am Meer liegt. Sehenswerte Kolonialbauten säumen

die Hauptstraße. Das Golden Bay Museum informiert über die Ankunft von Abel Tasman. Mehrere Wanderwege liegen im Umland, beispielsweise zu den Te Waikoropupu Springs, eine der stärksten Quellen weltweit. Vom zentralen Versorgungsort der Region führt der Abel Tasman Drive zu den schönen Plätzen am Meer – etwa im Örtchen Pohara und am Tata Beach – und endet an der Ostspitze des Nationalparks. Manchmal schauen in der Golden Bay auch Pinguine vorbei, beispielsweise nahe dem guten Restaurant Penguin Café in Pohara.

www.goldenbaymuseum.org.nz
www.penguincafe.co.nz

193 Farewill Spit – Raues Tierparadies an der Nordspitze

Kräftig wirbelt der kräftige Wind über den Strand umher und lässt die Besucher der langgestreckten Landzunge Farewill Spit Sand und Wasser eindrucksvoll spüren. Die wüstenähnliche Dünenlandschaft trennt die liebliche Golden Bay vom tosenden Ozean. James Cook segelte von hier heimwärts und gab der eindrucksvollen Landschaft daher den Namen „Farewell“. Die 35 Kilometer lange Sandbank ist ein international renommiertes Naturschutzgebiet und Nistplatz für abertausende Vögel. Viele von ihnen flüchten vor dem Winter im weit entfernten Sibirien. Austernfischer, Keas, Robben und Basstölpel haben hier ihren Lebensraum. An der Spitze von Farewill Spit weist seit 1870 ein Leuchtturm den Seefahrern den Weg.

Der größte Teil des Vogelschutzgebietes ist für Individualbesucher gesperrt. Nur die ersten vier Kilometer Küste sind frei zugänglich, Das Schutzgebiet darf nur auf geführten Touren in extra umgerüsteten Bussen besichtigt werden. Auf diesen Ausflügen können Teilnehmer auch die bis 30 Meter hohen Dünen besteigen und legen Stopps am Leuchtturm sowie bei den Robben am Fossil Point ein. Ein Abstecher zum nördlichen Ende der Südinsel gehört ebenso dazu: Wanderwege am Anfang der Landzunge erschließen Cape Farewell. Besonders reizvoll ist der Abstecher zum Wharariki Beach, für viele einer der schönsten Strände (siehe „Strände der Südinsel“, Seite 54).

www.farewellspit.com

194 Marlborough Sounds – Entspannende Wasserwege

Schöner könnte ein Besuch der Südinsel nicht beginnen oder enden: mit einer Bootsfahrt durch die weitverzweigten Wasserstraßen der Marlborough Sounds. Durch die waldreiche, mit kleinen Stränden gespickte Landschaft pendeln die großen Fähren zwischen dem hiesigen Hafen Picton und Wellington auf der Nordinsel. Das Urlaubsparadies perfekt machen die vielen Sonnenstunden und die vielfältige Tierwelt. Boote sind das Fortbewegungsmittel schlechthin, da viele Buchten nur übers Wasser zu erreichen sind. Lebensmittel, Medikamente und sogar die Post kommen per Wassertaxi. Kleine Hotels am Wasser – darunter die äußert komfortable Lodge Bay of Many Coves – machen die Region zu einen idealen Ziel für einen Mehrtages-Stopp.

Für Wanderer und Mountainbiker zählt der Queen Charlotte Track zu einem der schönsten Aktivziele (siehe „Tageswanderungen“, Seite 71, „Mehrtageswanderungen“, Seite 80, und „Radstrecken“, Seite 140).

Der vielleicht schönste Ort und Start des Queen Charlotte Track ist zugleich geschichtsträchtig: In Ship Cove an der Spitze zur Cook Strait ankerte Entdecker Cook auf seinen drei Weltumseglungen insgesamt 100 Tage. An ihn sowie die hohe Bedeutung des Platzes für die Maori erinnern Gedenksteine.

www.bayofmanycoves.co.nz
www.qctrack.co.nz
www.beachcombercruises.co.nz
www.visitpicton.co.nz

195 Nelson Lakes National Park

Die beiden Gletscherseen Rotoiti und Rotoroa sind die Hauptattraktionen im Nelson Lakes National Park. Im Gegensatz zum stark frequentierten, nahen Abel Tasman National Park geht es hier weitaus ruhiger zu. Viele Wanderwege führen entlang der Seen und dicht bewaldeten Berge. Vor allem im Lake Rotoroa tummeln sich zahlreiche Bachforellen.

196 Nelson

Kunsthandwerker und Künstler prägen die zweitälteste Stadt des Landes. Nelson ist vor allem als Ausgangspunkt für den Abel Tasman National Park bekannt. Das Zentrum bildet die Christ Church Cathedral. Zu den sehenswerten Attraktionen zählen die Kunstgalerie The Suter (Te Aratoi o Whakatu) sowie ein Oldtimer-Museum. In der Umgebung liegen mehrere Weingüter wie etwa Neudorf.
www.nelsonnz.com

197 Blenheim und Winecountry

Tausende Weinstöcke umgeben die Kleinstadt Blenheim. Sie sind die größte Attraktion und Ziel geführter Touren. Das nach der gleichnamigen Bucht benannte Weingut Cloudy Bay zählt zur Spitzenklasse. Sein Souvignon Blanc – typisch für die Region – wird weltweit ausgeschenkt. Einen guten Ruf genießt auch Villa Maria. Zahlreiche Restaurants ergänzen das Gourmet-Erlebnis.
www.blenheimvineyards.com

198 Collingwood

Beinahe hätte die Geschichte einen anderen Lauf genommen: Während eines Goldrauschs in den 1850er-Jahren wollten lokale Berühmtheiten Collingwood als Hauptstadt etablieren – anstelle von Wellington auf der anderen Seite der Cook Street. Heute ist der 250-Einwohner-Ort das Tor zur Nordspitze, in den Kahurangi National Park und zum Heaphy Track (siehe „Mehrtageswanderungen“, Seite 80).

199 Picton

Die idyllische Hafenstadt am Rande der Marlborough Sounds passieren viele Neuseeland-Urlauber zwangsläufig: Hier legen die Autofähren gen Wellington ab. Picton mit dem EcoWorld Aquarium ist zudem Ausgangspunkt für den Queen Charlotte Track sowie den Queen Charlotte Drive (siehe „Traumstraßen“, Seite 307). Einen Abstecher lohnt das Pelorus Bridge Scenic Reserve.
www.ecoworldnz.co.nz

200 Mail Run

Zu den ungewöhnlichsten Ausflügen in den Marlborough Sounds zählt eine Bootsfahrt mit dem Postboten. Seit 130 Jahren werden Post, Lebensmittel und mehr per Schiff ausgeliefert. Der Postbote – zugleich auch Kapitän – erzählt spannende Geschichte über die entlegen lebenden Menschen. Mit Glück begleiten Delfine das Boot. Ab Picton oder Havelock möglich.
www.beachcombercruises.co.nz
www.themailboat.co.nz

Hooker Valley am Aoraki/Mount Cook

Canterbury

Der höchste Berg des Landes ist zugleich das Wahrzeichen der Region Canterbury. Der Aoraki/Mount Cook stellt das Zentrum der Southern Alps dar, die Landschaft und Klima der gesamten Südinsel beeinflussen: eher kalt und feucht an der Westküste, warm und lieblich im Osten. Wanderwege im Tal wie auf dem Gletscher sowie Seen wie beispielsweise der Lake Tekapo sind die Hauptziele der Besucher.

www.christchurchnz.com

201 Lake Tekapo – Alpenpanorama und Sternenschau

Auf den ersten Blick ein unscheinbares Dorf, erweist sich Lake Tekapo auf den zweiten Blick als liebenswerter Ort an einem der schönsten Seen des Landes. Es gibt innerhalb der kleinen Siedlung wohl keinen Platz ohne sehenswerte Sicht auf den milchigtürkis schimmernden See und das dahinter liegende Alpenpanorama.

Der Ort am gleichnamigen See selbst besteht nur aus einigen Restaurants, Geschäften, Unterkünften und zwei Tankstellen, die sich auf wenigen Metern am Seeufer konzentrieren. Einzige Attraktion der Siedlung ist die berühmte Kirche Church of the Good Shepherd, die als meist fotografiertes Gotteshaus Neuseelands gilt.

Der steinerne Bau auf einem Landvorsprung wurde 1935 zu Ehren der ersten Bewohner der Region errichtet. Ganz in der Nähe steht die bronzene Statue Sheep Dog Memorial zu Ehren des Schäferhundes – für die Besiedlung der Region ebenfalls bedeutend. Darüber hinaus sind ganzjährig die warmen Becken der Tekapo Springs geöffnet (in den Wintermonaten zusätzlich eine Eislauffläche).

Erste Attraktion ist der See selbst. Per Boot lässt sich die farbenprächtige Landschaft mit den weißen Gipfeln gemütlich erkunden. Alternativ starten lohnenswerte Rundflüge. Parallel führen zahlreiche Wanderwege entlang des Lake Tekapo. Besonders beliebt ist der Weg vom Seeufer hoch auf den Mount John (drei Stunden, hin und zurück). Vom Gipfel auf 1092 Metern ist der Blick nochmals beeindruckender als vom Tal, vor allem wenn sich die Wolken im See spiegeln.

Das dortige Observatorium der Universität von Canterbury steht für die zweite große Attraktion des Lake Tekapo: die sternenklaren Nächte. An kaum einem anderen Ort der Welt sind die Bedingungen für Astronomen so gut wie hier. Das Kreuz des Südens und die Magellanschen Wolken sind dabei nur die prominentesten Gebilde am nächtlichen Himmel. Einen nächtlichen Besuch des Observatoriums sollte sich kein Besucher entgehen lassen. Die rund zweistündigen Touren von Earth & Sky finden täglich statt. Teilnehmer erleben die Himmelsspiele mit mehreren Teleskopen. Mitarbeiter helfen beim Fotografieren des nächtlichen Spektakels. Tagsüber werden kurze Führungen angeboten, zudem hat das Observatorium ein eigenes Café.

www.tekapotourism.co.nz
www.tekaposprings.co.nz
www.cruisetekapo.co.nz
www.airsafaris.co.nz
www.earthandskynz.com

202 Kaikoura – Mehr als nur Wale

Die schneebedeckten Berge der Seaward Kaikoura Range stoßen hier fast auf den Pazifik, während sich die kleine Halbinsel weit ins Meer hinein erstreckt. Angesichts der lieblichen Umgebung verwundert es nicht, dass schon die Maori die Halbinsel Kaikoura gern bevölkerten. Während in den Anfängen vor rund 1000 Jahren der Urvogel Moa seine Jäger anlockte, sind es heute die Bewohner des Meeres, die die Touristen in Scharen strömen lassen. Ob Wale oder Delfine – an kaum einem anderen Ort ist es so leicht, die Stars im Wasser zu beobachten.

Während die Berge den sehenswerten Rahmen an Land formen, sorgt ein unterseeischer Canyon für die Artenvielfalt im Wasser. Berühmt ist Kaikoura für seine Wale. Ganztägig in engem Takt legen die Boote von Whale Watch Kaikoura ab. Kräftig Konkurrenz bekommen die größten Bewohner des Meeres von Delfinen und Seerobben, die ebenfalls von Booten aus beobachtet werden können. Wer es abenteuerlich mag, schwimmt mit ihnen im Wasser oder bucht eine Kajaktour. Auch Seevögel wie Albatrosse oder Tölpel sind in der Region heimisch, zuweilen sind sogar Pinguine anzutreffen (siehe „Tierbeobachtungen“, Seite 38).

Auch wenn die Meeressäuger der Hauptgrund für einen Abstecher in die Ostküstenstadt sind – die Halbinsel Kaikoura ist ebenfalls einen Besuch wert. So führt der dreistündige Rundwanderweg Kaikoura Peninsula Walkway entlang der Küste zu zwei Robbenkolonien. Sehenswerte Kalksteinformationen finden sich in der Maori Leap Cave, die mehrfach täglich bei Führungen öffentlich zugänglich ist. Der Name der Höhle erinnert

an die kriegerischen Auseinandersetzungen verfeindeter Maori-Stämme. Mit mehr als 14 Maori-Ansiedlungen war die Region schon vor der Kolonialisierung vergleichsweise gut bevölkert. Über die Vergangenheit als Walfangstation informiert das örtliche Kaikoura District Museum. Und für lukullische Genüsse an Land sorgen wiederum Meeresbewohner ganz anderer Art: Langusten. In edlen Restaurants wie rustikalen Imbissen lässt sich das köstliche weiße Fleisch genießen. Nach dem schweren Erdbeben 2016 wird die Infrastruktur sukzessive wieder hergestellt.

www.whalewatch.co.nz
www.encounterkaikoura.co.nz
www.kaikourakayaks.nz

203 Aoraki/Mount Cook National Park

Den schönsten Moment verpassen viele Besucher: Am Abend, wenn die Sonne tiefer steht, erstrahlt der höchste Berg des Landes in feinstem Licht. Zuweilen fängt der 3755 Meter hohe Aoraki/Mount Cook regelrecht zu glühen an. Insgesamt 19 Gipfel über 3000 Meter und fünf Gletscher bilden das Panorama des gleichnamigen Nationalparks, den viele nur auf einem Tagesausflug – oder bei geführten Busrundreisen gar nur als kurzen Fotostopp – erleben.

Idealerweise erkunden Urlauber den Aoraki/Mount Cook National Park, der seit 1986 zum UNESCO-Weltnaturerbe zählt, zu Fuß und aus der Luft. Mehrere Wanderwege führen zu schönen Aussichtspunkten. Besonders lohnend sind der einfache, rund dreistündige Hooker Valley Track über die Grasebene mit ihren Gänseblümchen und Schneeenzianen sowie der kurze Tasman Glacier View Track (siehe „Tageswanderungen“, Seite 70). Alternativ werden Kajaktouren auf dem Mueller Lake und Bootsfahrten auf dem Tasman Lake unterhalb des gleichnamigen Gletschers angeboten, ebenso Geländewagentouren durch die Bergwelt (jeweils buchbar im bekannten Hermitage Hotel). Vom örtlichen Flughafen sowie von Glentanner am Lake Pukaki aus starten Rundflüge per Flugzeug und Helikopter (siehe „Rundflüge“, Seite 124).

www.mtcook.com
www.glacierexplorers.com
www.hermitage.co.nz
www.helicopter.co.nz

204 Akaroa – Französisches Flair

Französische Siedler prägen bis heute das Stadtbild von Akaroa auf der Banks Peninsula. Die Halbinsel, 75 Kilometer südöstlich von Christchurch, wurde zunächst von Einwanderern aus Frankreich besiedelt. Daran erinnern noch heute einige Gebäude, auch wenn der frankophone Einschlag heute vor allem als Touristenattraktion vermarktet wird. Die hüglige Banks Peninsula entstand bei zwei Vulkanausbrüchen – die Summit Road folgt dem alten Kraterrand.

Neben einigen historischen Gebäuden, die teils britischen und teils französischen Einschlag haben, ist der Naturhafen von Akaroa die Hauptattraktion der Halbinsel: Von hier aus starten die Ausflugsboote zur kleinen Kolonie von Hector-Delfinen. Sie sind die kleinsten und seltensten Delfine überhaupt – auf organisierten Touren ist sogar ein gemeinsames Bad im Meer möglich (siehe „Tierbeobachtungen“, Seite 41). Zudem können Besucher den örtlichen Postboten begleiten und so auf eine ganz andere Art die Halbinsel und ihre Bewohner kennenlernen. Wanderern stehen mehrere Wege offen, darunter mit dem Banks Peninsula Track eine mehrtägige Tour über privates Farmland und entlang der abwechslungsreichen Küste.

www.swimmingwithdolphins.co.nz
www.bankstrack.co.nz

205 Arthur's Pass

Der höchstgelegene Ort Neuseelands markiert die Spitze der spektakulärsten Alpenüberquerung. Den Arthur's Pass auf 924 Meter nutzten schon die Maori. Über den Berg führen heute mit sehenswerten Ausblicken der Highway SH73 und die Gleise des TranzAlpine Express – eine der schönsten Bahnstrecken weltweit. Der Ort ist Tor zu vielen Wanderungen im gleichnamigen Nationalpark.
www.kiwirailscenic.co.nz

206 Lake Pukaki

Diesen Fotostopp lässt wohl kein Reisender aus: Vom Parkplatz am Highway SH8 bietet sich ein erhabener Blick zum Aoraki/Mount Cook. Der 30 Kilometer lange See mit seinem milchig-blauen Wasser steht im schönen Kontrast zu den umliegenden schneebedeckten Bergen und dem höchsten Gipfel des Landes in der Mitte. Ganz in der Nähe zweigt die Zufahrtsstraße zum Nationalpark ab.

207 Gore Bay

Die geschützte Bucht an der Ostküste zwischen Christchurch und Kaikoura zählt zu den sichersten Surfplätzen des Landes. Gore Bay mit insgesamt acht Kilometern Strand ist auch gut für eine Pause auf der Fahrt zwischen den beiden Orten (ziemlich genau auf der Hälfte gelegen) geeignet.
www.visithurunui.co.nz

208 Tasman Glacier

Ein Besuch des mächtigen Gletschers am Aoraki/Mount Cook ist bis heute noch fast ein Geheimtipp. Der Tasman Glacier steht im Schatten von Franz Josef Glacier und Fox Glacier. Am unteren Ende eine Geröllwüste, präsentiert er sich im oberen Teil noch als ewige Eiswüste. Auf geführten Touren samt Helikopterflug wandern Besucher über den Gletscher.
www.mtcook.com
www.helicopter.co.nz

209 Hanmer Springs

Seit mehr als 100 Jahren lockt die natürliche Thermalquelle Besucher in den kleinen Bergort. Die Hanmer Springs Thermal Pools, etwa 150 Kilometer nördlich von Christchurch, umfassen mehrere Pools – vom großen Becken bis zum intimen Private Pool. Bekannt ist Hanmer Springs als Wintersportort sowie für die größte Farm des Landes, die Molesworth Station mit 10.000 Tieren.
www.hanmersprings.co.nz

210 Lyttelton

Die Kleinstadt ist Christchurchs Tor zum Meer und ein lohnendes Ausflugsziel. Ähnlich wie in Akaroa starten vom Naturhafen in Lyttelton Bootstouren, um Hector-Delfine zu beobachten. Der Ort ist für seine vielfältige Restaurant-Landschaft bekannt. Ein Besuch von Lyttelton lässt sich gut mit einem Abstecher zur Christchurch Gondola (siehe „Christchurch“, Seite 257) verbinden.
www.blackcat.co.nz

Der Avon River schlängelt sich quer durch Christchurch.

Christchurch

Der Lebenswille der 300.000 Einwohner von Christchurch ist ungebrochen: Trotz der schweren Erdbeben von 2010 und 2011, die rund 200 Menschen das Leben kosteten und Schäden in Milliarden-Höhe anrichteten, versprüht die größte Stadt der Südinsel weiter Lebensfreude und Stil. Der Wiederaufbau läuft auf vollen Touren. Neue Attraktionen entstehen, wenngleich gesperrte und zerstörte Gebäude weiterhin an die Schicksalsschläge erinnern. Für viele ist Christchurch noch immer die charmanteste Stadt der Landes – oder jetzt erst recht.

www.christchurchnz.com

ku
Loburn
Leithfield Beach
Sefton
Waikuku Beach
ngbank
Rangiora
Woodend
Kaiapoi
Belfast
218
217
Northwood
Casebrook
Parklands
Burwood
214
Burnside
Shirley
New Brighton
Avonhead
Bexley
220
Russley
South New Brighton
Sockburn
Christchurch
Hornby
Southshore
Woolston
Pazifischer
Ozean
Somerfield
Mount Pleasant
Sumner
Prebbleton
Richmond Hill
Hillsborough
219
Halswell
Cass Bay
Lyttelton
Lincoln
Diamond Harbour
ston
Little Akaloa
Chorlton
Pigeon Bay
Kukupa
Okains Bay
Selwyn Huts
Motukarara
Birdlings Flat
Selwyn Huts
Cooptown
Duvauchelle
Robinsons Bay
Le Bons Bay
Barry's Bay
Little River
Ataahua
e Ellesmere
aihora)
French Fram
Takamutua
Okuti Valley
Akaroa
Cab Stand
Poranui
The Kaik
Wainui
Long Bay

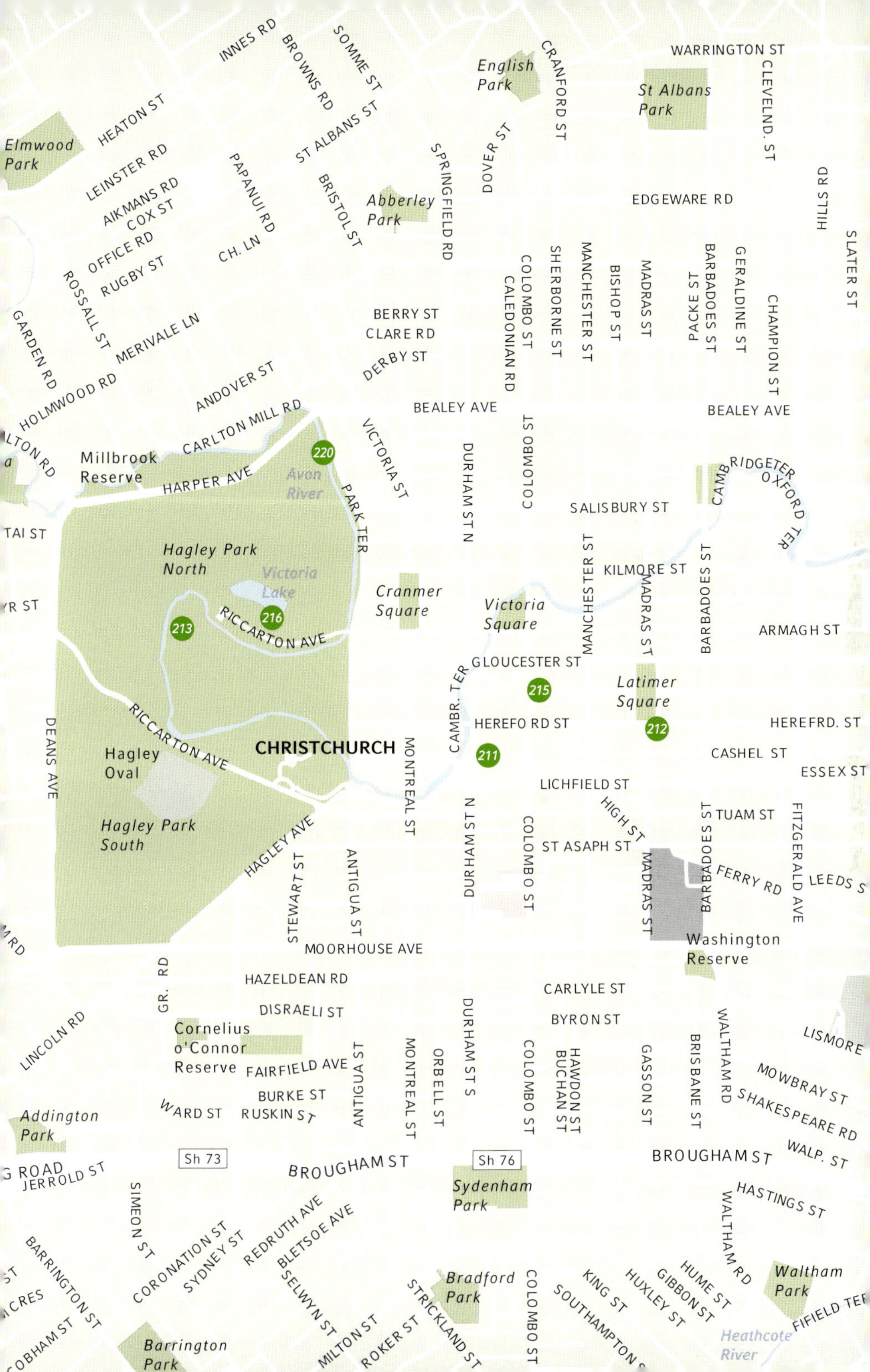

Elmwood Park
English Park
St Albans Park
Abberley Park
Millbrook Reserve
Avon River
Hagley Park North
Victoria Lake
Cranmer Square
Victoria Square
Latimer Square
CHRISTCHURCH
Hagley Oval
Hagley Park South
Washington Reserve
Cornelius o'Connor Reserve
Addington Park
Sydenham Park
Bradford Park
Barrington Park
Waltham Park
Heathcote River
220
216
213
215
212
211
Sh 73
Sh 76
INNES RD
BROWNS RD
SOMME ST
HEATON ST
ST ALBANS ST
LEINSTER RD
AIKMANS RD
COX ST
OFFICE RD
RUGBY ST
PAPANUI RD
BRISTOL ST
CH. LN
ROSSALL ST
MERIVALE LN
GARDEN RD
HOLMWOOD RD
ANDOVER ST
CARLTON MILL RD
HARPER AVE
SPRINGFIELD RD
DOVER ST
CRANFORD ST
WARRINGTON ST
CLEVELND. ST
EDGEWARE RD
HILLS RD
SLATER ST
BERRY ST
CLARE RD
DERBY ST
COLOMBO ST
CALEDONIAN RD
SHERBORNE ST
MANCHESTER ST
BISHOP ST
MADRAS ST
PACKE ST
BARBADOES ST
GERALDINE ST
CHAMPION ST
BEALEY AVE
VICTORIA ST
PARK TER
DURHAM ST N
SALISBURY ST
CAMB
RIDGETER
OXFORD TER
TAI ST
KILMORE ST
ARMAGH ST
RICCARTON AVE
GLOUCESTER ST
CAMBR. TER
HEREFO RD ST
HEREFRD. ST
CASHEL ST
ESSEX ST
DEANS AVE
MONTREAL ST
LICHFIELD ST
HIGH ST
TUAM ST
FITZGERALD AVE
ST ASAPH ST
FERRY RD
LEEDS S
HAGLEY AVE
STEWART ST
ANTIGUA ST
DURHAM ST N
MOORHOUSE AVE
HAZELDEAN RD
GR. RD
CARLYLE ST
DISRAELI ST
BYRON ST
LINCOLN RD
LISMORE
FAIRFIELD AVE
DURHAM ST S
ORBELL ST
HAWDON ST
BUCHAN ST
GASSON ST
BRISBANE ST
WALTHAM RD
MOWBRAY ST
SHAKESPEARE RD
BURKE ST
WARD ST
RUSKIN ST
WALP. ST
G ROAD
JERROLD ST
BROUGHAM ST
HASTINGS ST
SIMEON ST
BARRINGTON ST
CORONATION ST
SYDNEY ST
REDRUTH AVE
BLETSOE AVE
SELWYN ST
STRICKLAND ST
KING ST
SOUTHAMPTON S
HUXLEY ST
GIBBON ST
HUME ST
FIFIELD TER
COBHAM ST
MILTON ST
ROKER ST

211 Re:START Mall – Symbol für den Wiederaufbau

Schiffscontainer in bunt schillernden Farben stehen für den Lebenswillen Christchurchs. Inmitten der Stadt, nah der zerstörten Kathedrale im Zentrum, pulsiert das Leben. Als Ersatz für die vielen zerstörten Gebäude nach den Erdbeben von 2010 und 2011 schufen clevere Geschäftsmänner hier eine neue Mitte. Sogenannte PopUp-Shops, die nur zeitweilig bestehen, siedelten sich in den Containern an.

Schon Ende 2014, also drei Jahre nach ihrem Start, umfasste die Re:START Container Mall rund 50 Angebote. Dazu zählen mehrere Textilgeschäfte Souvenirläden und zahlreiche Essensstände, vom Coffee-Shop bis zum -Pizzabäcker. Auch die Touristeninformation I-SITE betreibt hier mittlerweile eine Niederlassung. Während rings herum auf großen Baustellen Neues errichtet wird oder noch Zerstörungen der Katastrophe zu sehen sind, wird in den zwölf Meter langen Containern die Lebensfreude der Neuseeländer trotz der Tragödie sichtbar.

Am Rande der Re:START-Zone eröffnete im Jahr 2013 das bedeutende Canterbury Museum eine Außenstelle: Das Museum Quake City informiert über die Erdbeben, ihre Folgen und die Entstehung. In der Ausstellung können Besucher auch Teile der weltberühmten Rosette aus der zerstörten Kathedrale sehen.

Weiteres Zeichen für den Wiederaufbau: Die legendäre Tram, die erstmals Ende des 19. Jahrhunderts durch Christchurch fuhr, hat ihren Betrieb wieder aufgenommen. An zahlreichen Stellen war das Schienennetz nach den Erdstößen zerstört. Die Straßenbahn verbindet mit 17 Haltestellen die interessantesten Plätze in der Innenstadt. Dazu zählen der Botanische Garten und der Cathedral Square.

www.restart.org.nz
www.canterburymuseum.com/quakecity
www.welcomeaboard.co.nz/christchurch-tram

212 Botanic Gardens & Canterbury Museum

Ein Meer von strahlenden Blüten verzaubert jährlich mehr als eine Million Besucher des Botanischen Gartens. Direkt in der Innenstadt erstreckt sich auf rund 30 Hektar die Grünanlage, die ihresgleichen in Neuseeland sucht. Die Spanne erstreckt sich vom Buschland über die Bergregionen bis hin zu den Wetlands. An kaum einem anderen Ort lässt sich die vielfältige Fauna des Landes so kompakt erleben wie hier an einer Fluss-Schleife des Avon. Neben einheimischen sind auch exotische Pflanzen zu sehen. Besonders beliebt ist der Rosengarten im Dezember, wenn 250 verschiedene Arten blühen. Er wurde schon 1909 angelegt und war seinerzeit die größte Rosenschau im australisch-asiatischen Raum. Zu den insgesamt neun Gärten, darunter auch ein Kräutergarten, kommen zahlreiche Baumarten, die schon im 19. Jahrhundert gepflanzt wurden. In einer Broschüre sind mehrere Wege vorgeschlagen, um den Park thematisch zu erkunden. Sehenswert ist der blaue Brunnen am Haupteingang am Museum. Die Botanic Gardens wurden bereits 1863 gegründet, als zu Ehren einer Hochzeit im englischen Königshaus eine Eiche gepflanzt wurde.

Direkt neben dem Park liegt eine weitere Attraktion, die zum Pflichtprogramm aller Christchurch-Besucher zählen sollte: das Canterbury Museum. Es eröffnete 1870 und zählt mit zwei Millionen Exponaten zu den wichtigsten Ausstellungshäusern des Landes. Erster Museumsdirektor war der deutsche Geologe und Entdecker Julius von Haast (siehe „Persönlichkeiten“, Seite 394), dessen Sammlung den Grundstock bildete. Großen Raum nehmen die Maori- und Polynesien-Ausstellung sowie die naturkundliche Abteilung ein – letztere mit drei Moa-Skeletten als beson-

ders sehenswerten Exponaten. Auch die Besiedlung Neuseelands wird beleuchtet. Einen weiteren Schwerpunkt bildet eine umfangreiche Antarktis-Sammlung, beispielsweise mit dem Skelett eines Blauwals und Fahrzeugen einer Expedition aus den 1950er-Jahren.

Die schweren Erdbeben 2010 und 2011 überstand das Haus, erbaut im viktorianisch-gotischen Stil, weitgehend unbeschadet, auch wenn es danach einige Zeit geschlossen war. Da zahlten sich offenbar umfangreiche Sanierungsarbeiten in den 1990er-Jahren aus, die das repräsentative Museum auch besser vor Erdstößen schützen sollten.

www.ccc.govt.nz/parks-and-gardens
www.canterburymuseum.com

213 Christchurch Cathedral – Nationale Tragödie

Die ehemals beeindruckende Kathedrale ist heute das steinerne Symbol für die katastrophalen Erdbeben. Schon bei den Erdstößen von 2010 beschädigt, stürzten im Februar 2011 der 65 Meter hohe Turm und der Westflügel ein. Die berühmte Rosette wurde bei einem heftigen Nachbeben zerstört.

Mehrere Monate lag das einstige Wahrzeichen zusammen mit weiteren Gebäuden in der sogenannten Todeszone, die nicht betreten werden durfte. Heute ist das Areal rund um den Cathedral Square wieder zugänglich. Eine kleine Aussichtsplattform ermöglicht einen Blick auf die Ruine.

Die Kathedrale war 1881 eingeweiht worden und gilt bis heute als wichtigstes Gotteshaus Neuseelands. Vom zerstörten und mittlerweile abgetragenen Turm hatten Besucher einst einen schönen Blick.

Noch immer ist nicht entschieden, ob der neugotische Prachtbau abgerissen wird – wie es die Kirchenführung befürwortet – oder doch wieder aufgebaut wird. Als Ersatz fungiert die Cardboard Cathedral, fünf Fuß-Minuten entfernt.

www.cardboardcathedral.org.nz
restorechristchurchcathedral.co.nz

214 International Antarctic Centre – Tor zum Südpol

Christchurch ist bis heute wichtiger Ausgangspunkt für Expeditionen in die Antarktis. So startete Robert Scott hier seine tödliche Tour zum Südpol. Nachdem ohnehin Roald Amundsen den Wettlauf für sich entschieden hatte, kamen Scott und seine Mitstreiter auf dem Rückweg ums Leben. Bis heute starten jährlich dutzende Flüge im Rahmen des amerikanischen und neuseeländischen Forschungsprogramms zu den Station im ewigen Eis. Neben dem Canterbury Museum widmet sich das sehenswerte International Antartic Centre der Erkundung des Südpols.

Das Haus in der Nähe des internationalen Flughafens vermittelt zahlreiche Details zur Forschung sowie zur Bedeutung der Antarktis für das Weltklima. Zu den Attraktionen zählt ein spezieller Kälteraum: Ausgerüstet mit einer wärmenden Daunenjacke können Besucher dort Temperaturen von minus 18 Grad nacherleben. In einem modernen 4D-Kino mit einem Film in 3D, beweglichen Sitzen und Wasserfontänen wird à la Hollywood und amerikanischer Vergnügungsparks eine Bootsfahrt durch die eisigen Gewässer simuliert. Regelmäßig läuft ein 17-minütiger Film über die Antarktis. Eine kleine Kolonie von 26 Zwergpinguinen ist ebenfalls anzutreffen, samt täglicher öffentlicher Fütterung.

www.iceberg.co.nz

215 Transitional Cardboard Cathedral

Mit der Transitional Cathedral hat die Anglikanische Kirche im August 2013 einen futuristischen Ersatz für die zerstörte Christchurch Cathedral eröffnet. Architekt war der Japaner Shigeru Ban, der für seine preiswerten Behelfsbauten in Krisengebieten bekannt ist. Ein Rahmen aus 86 Kartonageröhren (Cardboards) bildet das Gerüst des 24 Meter hohen Neubaus für 700 Menschen.

www.cardboardcathedral.org.nz

216 Hagley Park

Der Hagley Park umschließt den berühmten Botanischen Garten. Mit 160 Hektar Fläche wesentlich größer, dient er der Stadt seit den 1850er-Jahren als grüne Lunge. Hier liegen beispielsweise Tennis- und Kricketfelder sowie ein Golfclub, ein Rugby Areal und ein Fitnesspfad.

www.ccc.govt.nz/parks-and-gardens

217 Willowbank Wildlife Reserve und Ko Tane

Größte Attraktion des kleinen Naturparks ist das Nachttierhaus. Ein Blick auf den Kiwi ist also garantiert. Dem Willowbank Wildlife Reserve, seit der Gründung 1974 in Familienbesitz, angeschlossen ist ein nachgebautes Maori-Dorf. Das Ko Tane Maori Experience beinhaltet eine traditionelle Begrüßungszeremonie, kulturelle Vorführungen samt Kriegstanz Haka sowie ein Hangi-Buffet.

www.willowbank.co.nz

218 Orana Wildlife Park

Im Vergleich zum Willowbank Wildlife Reserve ist der Orana Wildlife Park deutlich größer. Die Anlage ist zudem nicht nur auf neuseeländische Tiere fokussiert. Neben den schon fast obligatorischen Kiwis und einem Kea-Gehege leben hier auch Löwen, Nashörner, Giraffen und Gorillas.
www.oranawildlifepark.co.nz

219 Christchurch Gondola

Den schönsten Blick auf Christchurch und die Banks Peninsula genießen Besucher von der in 500 Meter über dem Meeresspiegel gelegenen Bergstation der Christchurch Gondola. Bei guter Sicht sind sogar die Southern Alps zu erkennen. Der Komplex mit Aussichtsplattform, Café und Souvenirshop ist wenig einladend. Der Blick und die Wandermöglichkeiten rechtfertigen dennoch den Besuch.
www.welcomeaboard.co.nz/gondola

220 Avon River

Der Avon River schlängelt sich quer durch die Innenstadt. Wer es sportlich mag, kann bei Antigua Boat Sheds (Bootshaus mit angeschlossenem Cafe) ein Kanu, Ruderboot oder auch ein Fahrrad mieten. Wer lieber genießen will, lässt sich beim sogenannten Punting on the Avon in einem kleinen Holzboot treiben. Erinnert an die Gondeln von Venedig.
www.boatsheds.co.nz
www.welcomeaboard.co.nz/punting

Trendziel auf der Südinsel: Wanaka am gleichnamigen See

Otago

Die Schönheit der Natur trifft in der Mitte der Südinsel auf den Adrenalinkick-Suchenden des 21. Jahrhunderts. Der Lake Wanaka und die Berge des Mount Aspiring National Park locken Wanderer, während die Otago Peninsula Besucher mit Albatrossen, Pinguinen und Seerobben verzaubert. Und das kolonial-mondäne Dunedin steht im krassen Gegensatz zum lärmenden Queenstown, wo der erste Bungee-Jump der Welt den Ruf der Fun-Metropole begründete. Otago bietet vielleicht so viele unterschiedliche Attraktionen wie keine andere Region Neuseelands.

www.otago.co.nz

221 Wanaka – Bilderbuch-Landschaft

Ob Wandern oder Wasser- und Wintersport: Mit seinem vielfältigen Angebot etabliert sich das schnell wachsende Wanaka zunehmend als weiteres touristisches Zentrum der Südinsel. Damit läuft der Ort am gleichnamigen See dem nahe gelegenen Queenstown zunehmend den Rang ab. Neben der reizvollen Lage inmitten der Berge und am Rande des viertgrößten Sees profitiert Wanaka von seiner gediegenen Atmosphäre. Gerade Gäste aus Europa bevorzugen mittlerweile den Ort am Fuße des mächtigen Mount Aspiring.

Wanaka selbst besticht vor allem von der großartigen Auswahl an sehens-

werten Ausflugszielen. Doch ungeachtet aller Abenteuer in der Umgebung – im überschaubaren Ortskern geht es noch weitgehend beschaulich zu. Kein Vergleich zum hektischen Queenstown mit seinen lärmenden Massen, Souvenirgeschäften und vielen Reisebüros. Bekannteste Attraktion ist das angeblich größte Labyrinth der Welt – der hölzerne Irrgarten Stuart Landsborough's Puzzling World & Great Maze. Ebenfalls einen Besuch lohnen das New Zealand Fighter Pilots Museum zu Ehren der Luftwaffe und ihrer Einsätze im Zweiten Weltkrieg sowie das Wanaka Transport and Toy Museum mit 600 Fahrzeugen und Spielzeug aller Art, darunter mehr als 1500 Stoffbären und Puppen.

Im Vergleich dazu weitaus beeindruckender präsentiert sich Mutter Erde. Schon die vergleichsweise kurze Wanderung auf den 549 Meter hohen Mount Iron liefert einen Vorgeschmack auf die grandiose Bergwelt. Ebenfalls nah am Ort liegen die Wanderwege Diamond Lake Track und Waterfall Creek Walk. Zudem ist Wanaka das Tor in den Mount Aspiring National Park mit seinen hohen Gipfeln und Gletschern (siehe „Nationalparks“, Seite 30, „Tageswanderungen“, Seite 68, und „Mehrtageswanderungen“, Seite 81).

Der Lake Wanaka und die Flüsse laden ein, die Landschaft vom Wasser aus zu erleben: beschaulich bei einer Bootsfahrt, sportlich im Kajak auf dem See oder abenteuerlich auf einem der Flüsse beim Raften oder im Jetboat (siehe „Seen“, Seite 84). Und wer aus der Luft die Bergwelt genießen will, hat am Airport Wanaka die Qual der Wahl: von Rundflügen über Gleitschirmfliegen bis zum (Tandem-) Fallschirmsprung reicht das Angebot.

www.puzzlingworld.co.nz
www.warbirdsandwheels.com
www.nttmuseumwanaka.co.nz

222 Dunedin – Schönste Stadt des Landes?

Bei einem Spaziergang durch die zweitgrößte Stadt der neuseeländischen Südinsel fühlen sich Besucher zeitweilig ins alte Europa versetzt. Mit seinen vielen sehenswerten Prachtbauten im viktorianischen und edwardischen Stil kommt Dunedin in der Tat seinem Namensgeber ziemlich nah: der schottischen Metropole Edinburgh. Vermutlich gaben schottische Einwanderer der Siedlung ihren heutigen Namen, - „Dun Edin" steht im Gällischen für Edinburgh.

1848 gegründet, ist Dunedin eine Stadt der Superlative: die älteste Universität des Landes, mit dem Bahnhof das vielleicht meistfotografierte Gebäude des Landes und während des Goldrauschs auch die reichste Siedlung im gesamten Land. Heute locken die vorgelagerte Otago Peninsula (siehe „Tierbeobachtungen", Seite 36) und das historische Stadtbild gepaart mit relaxter Lebensfreude die Besucher an.

Zentraler Platz ist der Octagon, um den sich viele sehenswerte Gebäude gruppieren. Direkt am Achteck liegt die St. Paul's Anglican Cathedral, eines von mehreren bedeutenden Gotteshäusern neben der älteren Katholischen Bischofskirche und zugleich Musterbeispiel für neogotische Gebäude im Land. Weitere Überbleibsel aus der Kolonialzeit sind das Gerichtsgebäude und der Bahnhof. Die Railway Station punktet mit farbenfrohen Mosaiken, bunten Glasfenstern und verschnörkelten Balustraden. Im Renaissancestil errichtet, gilt der Bahnhof bis heute als eine der weltweit schönsten Zugkathedralen. Vom landesweit längsten Bahnsteig starten freilich nur noch die Touristenzüge von Dunedin Railways.

Bei einem Stadtbummel lohnen überdies eine Führung durch das Werk der

Schokoladenmarke Cadbury sowie ein Rundgang durch das Otago Museum. Es zählt zu den Top-4 des Landes und beweist mit seinem pompösen Bau von 1876 den früheren Reichtum der Stadt. Sehenswert ist vor allem die Ausstellung über die Historie sowie Flora und Fauna der Südinsel. Einen Fotostopp und kurzen Spaziergang ist die 1869 gegründeten Universität wert. Im Mittelpunkt des Campus steht der neugotische Uhrenturm. Und bei der Fahrt aus der Stadt gen Norden stoppen viele Urlauber an der Baldwin Street. Sie streckt sich im 38-Grad-Winkel nach oben und ist damit laut Guiness Buch der Rekorde die steilste Straße der Welt.

www.visit-dunedin.co.nz
www.dunedinnz.com
www.dunedinrailways.co.nz
www.cadbury.co.nz
www.otagomuseum.nz

223 Glenorchy – Idylle am Fuße der Berge

Wer durch den verschlafenen Ortskern am Ufer des Lake Wakatipu schlendert, kann sich kaum vorstellen, dass Glenorchy das Tor zu den schönsten Wanderwegen und abenteuerlichsten Touren des Landes ist. Tracks wie der Routeburn Track oder der für Jetboat-Touren beliebte Dart River starten in der Region. Populär sind auch geführte Rundfahrten zu Drehorten, wie etwa von „Der Herr der Ringe“ (siehe „Drehorte“, Seite 336). Ungeachtet der vielen Angebote hat sich der kleine Ort seinen dörflichen Charme bewahren können – die abgelegene Lage inmitten der Berge am Nordufer des Sees dürfte sich auszahlen.

Im Grunde besteht der überschaubare Ort nur aus wenigen Straßen, einigen Cafés und Restaurants sowie kleinen Hotels und Privatunterkünften – und genau das begründet den Charme von Glenorchy. Schon ein kurzer Spaziergang am Seeufer versetzt Besucher in entspannte Stimmung. Viele Aktivitäten starten auch von hier – selbst wenn sie auf den ersten Blick nur ab Queenstown angeboten werden.

Glenorchy ist zugleich eine gute Wahl für einen längeren Aufenthalt nach einer mehrtägigen Wanderung im Mount Aspiring National Park oder am Ende einer Rundreise. Queenstown liegt 60 Fahrminuten entfernt. Die Straße zwischen beiden Orten zählt zu den schönsten im Land (siehe „Traumstraßen“, Seite 304).

www.glenorchyinfocentre.co.nz

224 Queenstown – Auf der Suche nach dem Kick

Alan John „AJ" Hackett prägt den Mythos der Stadt am Lake Wakatipu wie kein anderer: Er siedelte den weltweit ersten kommerziellen Bungee-Jump in Queenstown an und begründete damit den Ruf als Welthauptstadt des Abenteuers (siehe „Abenteuer", Seite 110). Das lärmende Queenstown punktet mit seinen vielen Aktivitäten in der famosen Bergwelt, die von hier aus starten und bis zum Milford und Doubtful Sound führen. Neben dem Bungee-Jump lockt das sogenannte Swinging: Besucher lassen sich an einem langen Seil hängend hin und her schwingen. Anderen Touren führen zum Raften oder mit dem Jetboat über die tosenden Flüsse. Klettern und Canyoning, Drachenfliegen, Parasailing und Fallschirmsprünge sowie Reiten und Mountainbiketouren runden das Angebot ab, ebenso Rundflüge und Fahrten mit dem Heißluftballon.

Die wenig sehenswerte Innenstadt ist geprägt von Reisebüros, Restaurants sowie Souvenirgeschäften. In der Stadt selbst lohnt einzig der Ausflug auf den Aussichtsberg Bob's Peak mit perfektem Panoramablick über die Stadt samt See inmitten der Berge – als Spaziergang oder mit der Skyline Gondola. Außerdem interessant: eine Fahrt mit dem Dampfschiff TSS Earnslaw über den Lake Wakatipu.

www.queenstownnz.co.nz
www.bungy.co.nz
www.skyline.co.nz
www.realjourneys.co.nz
www.milliondollarcruise.co.nz

225 Otago Peninsula

Albatrosse, Pinguine, Seehunde: Die Otago Peninsula östlich von Dunedin ist einer der besten Plätze für Tierbeobachtungen (siehe „Tierbeobachtungen“, Seite 36). Am Royal Albatros Centre können auch alte Wehranlagen mit unterirdischen Kriegskanonen besucht werden. Zudem steht hier mit Larnach Castle das einzige Schloss des Landes und lockt mit schönen Gartenanlagen.

226 Oamaru

Sowohl die Innenstadt im Kolonialstil als auch zwei Pinguinkolonien tragen zur Attraktivität der Kleinstadt bei. Errichtet Ende des 19. Jahrhunderts und berühmt für ihre Fassaden aus örtlichem weißen Kalkstein, sind vor allem die National Bank und First Post Office einen Blick Wert. Nach einem Stadtspaziergang durch Oamaru zieht es Besucher zum Nachmittag zu den Pinguinen (siehe „Tierbeobachtungen“, Seite 40).

227 Mount Aspiring National Park

Namensgeber für den Nationalpark zwischen der Westküste und dem Fiordland ist der 3030 Meter hohe Mount Aspiring. Seine markante Spitze erinnert an eine Pyramide – oder das berühmte Schweizer Matterhorn. Wanderwege unterschiedlicher Länge führen durch das alpine Gebirge (siehe „Tageswanderungen“, Seite 68, und „Mehrtageswanderungen“, Seite 81). Am besten ist der Park von Wanaka oder Glenorchy aus erreichbar.

228 Paradise

Das Straßenschild klingt verheißungsvoll: Paradise. Doch wer hier einen zauberhaften, bewohnten Ort erwartet, der irrt gewaltig. Hier ist die traumhafte Berglandschaft der Namensgeber für die wenigen Häuser. Zum Ruhm hat auch Regisseur Peter Jackson beigetragen. Die unbefestigte Straße gilt als ebenso schön wie der geteerte Abschnitt zwischen Queenstown und Glenorchy (siehe „Traumstraßen“, Seite 304).

229 Arrowtown

Noch heute ist etwas vom alten Glanz während des Goldrausches zu spüren: Ende des 19. Jahrhunderts galt der Arrow River als goldreichster Fluss der Erde, gemessen an den Funden im Verhältnis zur Größe des Flusses. Mehr als 50 historische Gebäude prägen noch heute die Innenstadt von Arrowtown. Das Museum gibt Einblick in die Zeit der Goldgräber sowie der örtlichen Maori.
www.museumqueenstown.com

230 Dart River

Für eine rasante Jetboat-Tour ist der Dart River, der bei Glenorchy in den Lake Wakatipu mündet, so etwas wie ein Geheimtipp. Der Fluss durch den beliebten Mount Aspiring National Park ist weit weniger frequentiert als der Shotover River oder der Kawarau River (beide bei Queenstown). Die 90-minütige Tour umfasst eine kleine Wanderung sowie Informationen zu Drehorten von „Der Herr der Ringe“.
www.dartriver.co.nz

Der Milford Sound ist das beliebteste Ziel im Süden Neuseelands.

Southland

Keine Region beeinflusst vermutlich so sehr das Bild Neuseelands in der Welt wie die beeindruckenden Landschaften im Süden der Südinsel. Der Milford Sound gilt als einer der schönsten Fjorde weltweit – kaum ein Reisender lässt sich die Bootsfahrt entlang schneebedeckter Gipfel und Robbenkolonien entgehen. Vor dem Trubel flüchten Besucher auf einigen der schönsten Wanderwege des Landes sowie an den einsamen Buchten an der Ostküste.

www.southlandnz.com

231 Doubtful Sound – Perfekt für Naturliebhaber

Schon lange vor dem ohnehin frühen Frühstück herrscht pure Aufregung bei Besatzung und Passagieren der Fiordland Navigator: Ein Zwergpinguin (Blue Penguin) hat sich verirrt und ist für wenige Minuten unerwartet zu Gast auf dem Segelschiff. Für die Besucher des Doubtful Sound eine unerwartete Begegnung und vielleicht der Höhepunkt ihrer Übernachtungskreuzfahrt. Glücklich kann sich schätzen, wer diesen seltenen Moment erlebt.

Der abgelegene Doubtful Sound ist der zweitgrößte des Landes. Vergleichbar den norwegischen Fjorden umgeben ihn hohe Berge. Die

Eismassen urzeitlicher Gletscher schufen gigantische Täler, die heute mit Wasser gefüllt sind. Durch seine Größe und die flacheren Berge wirkt er zwar weniger spektakulär als sein populärer Bruder Milford Sound – für Naturliebhaber ist er aber die bessere Wahl. So lebt hier beispielsweise eine Schule von Tümmler-Delfinen (Bottlenose Dolphins), Gelegentlich sind auch andere Delfinarten anzutreffen.

Ganzjährig sehen Besucher Pelzrobben (Fur Seals) auf den Nee Islets in der Mündung des Doubtful Sound. Und ganz in der Nähe leben einige Dickschnabelpinguine (Fiordland Crested Pinguins). Doch nicht nur die Tierwelt ist spektakulär: Zahlreiche Wasserfälle wie die Helena Falls, die sich 220 Meter in die Tiefe stürzen, und der dichte Regenwald runden das Abenteuer in der Natur ab.

Der Doubtful Sound ist nur per Schiff und Bus zu erreichen. Die Touren starten in Manapouri mit einer einstündigen Bootsfahrt über den gleichnamigen See, ehe es mit dem Bus über den spektakulären Bergpass Wilmot Pass geht. In Deep Cove beginnt dann die Tour. Die Übernachtungskreuzfahrt bietet das beste Naturerlebnis. Sie schließt auch kurze Ausflüge mit dem Beiboot oder Kajak ein, die Verpflegung ist hervorragend. Alternativ werden Tagestouren angeboten, die auch einen kurzen Besuch des Wasserkraftwerks am Lake Manapouri umfassen. Besonders Sportliche entscheiden sich für eine ein- oder zweitägige Kajaktour.

Die beschriebene Übernachtungskreuzfahrt fand auf dem Segelschiff Fjordland Navigator statt. Auch andere Veranstalter haben Tages- und Übernachtungsfahrten im Programm. Kajaktouren sind ebenso möglich.

www.doubtfulsound.com
www.realjourneys.co.
www.fiordlandadventure.co.nz

232 Catlins Coast – Einsamer Südosten

Die Küstenregion im Südosten der Südinsel ist bislang touristisch wenig erschlossen und hat somit viel von ihrer ursprünglichen Schönheit bewahren können. Die Landschaft zwischen Dunedin im Nordosten und Invercargill im Süden ist geprägt von dichten Wäldern und malerischen Buchten. Gerade einmal rund 1500 Menschen leben hier. Wer die Einsamkeit liebt, ist in den Catlins richtig. Und hat auch gute Chancen, einheimische Tiere zu beobachten. Nicht zu vergessen: In den Catlins liegt mit Slope Point der südlichste Punkt der Südinsel, auch wenn viele Reisende den Ort Bluff dafür halten.

Die Region lässt sich als Teil der Southern Scenic Route an einem Tag durchqueren (siehe „Traumstraßen", Seite 306). Doch erst mit mehr Zeit haben Reisende die Chance, wenigstens einen Teil der vielen kleinen Buchten zu erkunden und tatsächlich die Tierwelt zu sehen. Größer Ort hier im Südosten ist Owaka, der vor allem als Versorgungsmöglichkeit genutzt wird und neuerdings zumindest über ein Museum verfügt. Zu den schönsten Plätzen neben Nugget Point zählt Kaka Point. Nicht zuletzt dank der im Sommer anwesenden Rettungsschwimmer ein schöner und sicherer Platz zum Baden. In der Roaring Bay lassen sich, gerade morgens und abends, Gelbaugenpinguine beobachten, in der nahe gelegenen Cannibal Bay leben Seelöwen. Hector-Delfine wiederum leben in der Porpoise Bay.

Äußerst sehenswert ist auch die Curio Bay mit ihrem versteinerten Wald und den Gelbaugenpinguinen (siehe „Tierbeobachtungen", Seite 34, und „Strände der Südinsel", Seite 58).

Die einsamen Buchten an der Küste im äußersten Südwesten sind zudem als Paradies für Surfer bekannt.

Weitere Attraktion sind die Cathedral Caves. Die Höhlen können nur bei Ebbe besichtigt werden und wurden von gewaltigen Wellen geschaffen. Ebenfalls einen Abstecher wert sind die dichten Wälder. Mit viel Zeit und guten Augen lassen sich hier Tuis und Kererus erspähen.

Als schönste Wanderung gilt der 22 Kilometer lange Catlins Top Track mit Start und Ziel im kleine Ort Papatowai. Wanderer passieren lange Strände und durchqueren private Farm- und Waldgebiete. Die Tour ist gut an einem Tag machbar, man kann aber auch mittendrin übernachten.

www.southernscenicroute.co.nz
www.catlins-surf.co.nz

233 Milford Sound – Beliebtester Fjord

Eine Bootstour durch den spektakulären Milford Sound zählt zu den beliebtesten Ausflügen in ganz Neuseeland. Der 15 Kilometer lange Fjord ist umgeben von steilen, eisbedeckten Gipfeln, deren Spitzen bis zu 2000 Meter erreichen. Top-Fotomotiv ist der markante, 1692 Meter hohe Mitre Peak. Hohe Wasserfälle und eine Robbenkolonie, mit viel Glück auch Delfine, machen das Naturerlebnis perfekt. Die Fahrten dauern zwischen 90 Minuten und drei Stunden. Besonders empfehlenswert sind die längeren Nature Cruises: Bei ihnen kreuzt das Boot auch kurzzeitig auf dem offenen Meer. Außerdem sind die Boote kleiner. Auf normalen Rundfahrten wird teilweise der gesamte Kommentar der Reiseleiter für chinesische Besucher übersetzt. Wie auf dem Doubtful Sound sind auch Übernachtungskreuzfahrten möglich.

Der Milford Sound ist wesentlich einfacher zu erreichen als der größere und weniger stark frequentierte Doubtful Sound. Die Mehrzahl der Gäste kommt per Bus oder Auto über die Panoramastraße Milford Road, gespickt mit Fotomotiven wie den Mirror Lakes oder Wanderungen wie dem Key Summit Walk (siehe „Traumstraßen“, Seite 300 und „Tageswanderungen“, Seite 70). Wer die mehrstündige Anreise scheut, kann in Queenstown in den Flieger steigen – spektakuläre Blicke aus der Luft inklusive.

www.realjourneys.co.nz
www.fiordlandtours.co.nz

234 Stewart Island – Kiwis quasi garantiert

Vor der Südküste liegt ein echtes, bislang vergleichsweise wenig touristisches Kleinod: Stewart Island mit seinen angrenzenden Inseln. An kaum einem anderen Platz lässt sich die Vielfalt von Neuseelands Flora und Fauna so gut erleben. Star ist der Nationalvogel Kiwi. Nirgendwo anders ist die Population größer. An manchen Abenden stolziert er direkt durch die Straßen des Hauptortes Oban. Einheimische erinnern sich gern an heftige Kämpfe zweier Kiwis. Ansonsten bieten örtliche Veranstalter Ausflüge, beispielsweise abends an den Ocean Beach oder als mehrtägige Touren in die Mason Bay.

Neben dem Kiwi sind der Tui und der South Island Saddleback heimisch, Pinguine werden ebenfalls gesichtet. Dazu bietet sich ein Ausflug auf die kleine Ulva Island an, die komplett unter Naturschutz steht. Besucher können sie auf eigene Faust erkunden oder, noch besser, mit einem ortskundigen Guide. Auch weite Teile von Stewart Island sind geschützt. Mehrtägige Wanderungen führen beispielsweise über den Rakiura Track, einen der neun Great Walks des Landes, durch den gleichnamigen Nationalpark (siehe „Mehrtageswanderungen“, Seite 81).

Stewart Island ist per Fähre ab Bluff oder Kleinflugzeug ab Invercargill erreichbar. Es gibt nur wenige Unterkünfte und Versorgungsmöglichkeiten. Bei Sturm müssen Fähre und Airline zuweilen den Betrieb einstellen.

www.stewartislandexperience.co.nz
www.stewartislandflights.com
www.kiwispotting.co.nz
www.ruggedyrange.com.

235 Nugget Point

Die Klippen von Nugget Point zählen zu den schönsten Plätzen in den Catlins. Ein Spaziergang führt zum Leuchtturm, der spektakulär auf einer Landzunge mit steilen Wänden über dem Meer thront. Von einer Aussichtsplattform lassen sich Meeresbewohner aller Art beobachten: von Seelöwen über Sturmtaucher bis hin zu Gelbaugenpinguinen.

236 Lake Te Anau

Te Anau am gleichnamigen See ist das Eingangstor in den Fiordland National Park mit Attraktionen wie dem Milford Sound sowie dem Kepler, Milford oder Hollyford Track (siehe „Tageswanderungen", Seite 70, und „Mehrtageswanderungen", Seite 79). Besuchermagnet ist die Glühwürmchenhöhle.

www.luxmorejet.com
www.realjourneys.co.nz
www.fiordlandtours.co.nz

237 Dusky Sound

Der größte Fjord Neuseelands misst beeindruckende 44 Kilometer – und wird trotz seiner sehenswerten Landschaft auf absehbare Zeit ein Geheimtipp bleiben. Denn der Dusky Sound ist nur per Boot vom offenen Meer aus oder auf beschwerlichen Wanderwegen, etwa vom Doubtful Sound, erreichbar. Besonders beliebt sind Kanutouren (mit Transfer per Heli und Schiff).

238 Te Anau Glowworm Caves

In tausenden von Jahren hat ein kleiner Bach ein Höhlenlabyrinth mit unterirdischen Wasserfällen und Flüssen in den Kalkstein gegraben. Ein Teil der Te Anau Glowworm Caves kann auf geführten Touren besichtigt werden. Für einige Minuten steigen Besucher in einer völlig dunklen Umgebung in ein kleines Boot, um die Glühwürmchen zu erleben. Die Höhlen sind von Te Anau aus per Boot erreichbar.
www.realjourneys.co.nz

239 Bluff – Stirling Point

Das vermeintliche Ende der Welt markiert der Wegweiser zu den Metropolen der Erde am Südende von Bluff. Zwar liegt Stirling Point am Ende des Highway 1, der 2047 Kilometer weiter nördlich an Cape Reinga beginnt. Doch der südlichste Punkt ist Slope Point in den Catlins. Neben diesem Fotomotiv ist Bluff als Hafen für die Fähre nach Stewart Island sowie für die einzige Aluminiumhütte des Landes bekannt.

240 Invercargill

Neuseelands südlichste Stadt zeigt ihre Schönheit erst auf den zweiten Blick: Fabriken und modern-sterile Gebäude prägen Invercargill. Doch dazwischen lassen sich sehenswerte Kolonialbauten entdecken. Attraktionen sind der Queens Park sowie das Southland Museum & Art Gallery. Dort finden sich Ausstellungen sowie Gehege mit den vom Aussterben bedrohten Tuatara (Brückenechsen).
www.southlandmuseum.com

West Coast

Wanderungen auf glänzenden Gletschern sind die Top-Attraktion an der Westküste der Südinsel. Kaum vorstellbare Regenmassen, angetrieben von den tosenden Winden am 40. Breitengrad, und die Gipfel der Southern Alps schaffen eine unwirkliche, aber beeindruckende Landschaft. Die Gletscher mit ihren Seen und dem dichten Regenwald am Fuße der Berge bilden das sehenswerte Pendant zur schroffen Küstenlinie mit bizarren Steinformationen.

www.westcoast.co.nz

Auch der Franz Josef Glacier leidet unter dem Klimawandel.

241 Franz Josef Glacier – der berühmteste Gletscher

Wo ihr Blick auch hinfällt – Eis und Schnee umgeben die kleine Gruppe von Wanderern. Sie stehen in etwa 700 Metern Höhe in einer kleinen Höhle auf dem Franz Josef Glacier inmitten der neuseeländischen Alpen. Einmal innehalten und die eisige Atmosphäre auf sich wirken lassen. Lediglich das Knarzen des wandernden Gletschers und regelmäßige Wassertropfen vom schmelzenden Eis sind zu hören. Ansonsten Stille. Der kurze Aufenthalt ist vielleicht der Höhepunkt einer Wanderung über den 7000 Jahre alten Gletscher. Die Wanderer erkunden im Rahmen eines sogenannten Heli-Hikes die weiße Welt: Nach einem kurzen Flug mit

dem Helikopter landen sie direkt auf dem Gletscher. Ausgerüstet mit Stiefeln, Spikes und Axt geht es dann zu Fuß für rund zwei Stunden durch Eis und Schnee, ehe sie mit dem Helikopter zurück ins Tal fliegen.

Der Heli-Hike ist die mit Abstand spektakulärste Tour, den wohl berühmtesten Gletscher zu erkunden. Alternativ können geübte Wanderer sowie Eiskletterer den Gletscher bei geführten Touren besteigen, während der Weg zum Gletschertor auch auf eigene Faust zugänglich ist. Überdies laden zahlreiche Aussichtspunkte zum Staunen und Fotografieren ein: So liegt beispielsweise der Sentinel Rock nur wenige Minuten von einem Parkplatz entfernt.

Der Franz Josef Glacier erhielt im Jahr 1885 seinen heutigen Namen vom deutschen Entdecker Julius von Haast (siehe „Persönlichkeiten“, Seite 394). Auf einer Länge von nur zwölf Kilometern fällt der Gletscher steil aus rund 3000 Metern Höhe in die Ebene auf Höhe des Meeresspiegels herab. Während er zur letzten Eiszeit noch direkt ins Meer kalbte, endet er heute rund 25 Kilometer von der Küste entfernt. Wie die Mehrzahl aller Gletscher weltweit, zieht sich der Franz Josef Glacier grundsätzlich immer weiter zurück. Aufgrund seiner Steillage sorgen heftige Schneeschauer und kurzfristige Klimaschwankungen aber dafür, dass er zwischenzeitlich wieder wächst.

Der kleine, gleichnamige Ort lebt ausschließlich vom Tourismus. Hier finden sich zahlreiche Unterkünfte, Restaurants und Versorgungsmöglichkeiten. Größte Attraktion: ein Bad in den Becken der künstlich beheizten Glacier Hot Pools.

www.franzjosefglacier.com
www.glaciervalley.co.nz
www.glacierhelicopters.co.nz
www.helicopter.co.nz

242 Punakaiki – Zu Besuch bei den Pancake Rocks

Vielversprechend klingt der Name der berühmten Felsformation an der Westküste: Pancake Rocks, zu deutsch Pfannkuchen-Felsen. Sie sind die beliebteste Attraktion des 1987 gegründeten Paparoa National Park mit seinem Hauptort Punakaiki.

In 30 Millionen Jahren modellierten Wind, Wetter, Schlamm und Wasser die eigenartigen Kalksteinfelsen, die einst unterhalb des Meeresspiegels lagen. Die Felsen bestehen aus unterschiedlichen Schichten, die sich einander abwechseln – und so zum Namen Pancake animierten. Angesichts der unterschiedlichen Härtegerade des Gesteins ist ein Teil der Kalksteinmasse mittlerweile der Erosion zum Opfer gefallen. So entstanden im Laufe der Zeit zahlreiche natürliche Felsbrücken und Grotten sowie die sogenannten Blowholes. Hier spritzt die starke Brandung das Wasser bei Hochwasser in Fontänen hoch hinaus. Besucher sollten daher vorzugsweise bei Flut einen Abstecher zu den Streifenfelsen unternehmen. Der einfach zu begehende und auch rollstuhlgerechte Dolomite Point Walk führt vom Besucherzentrum zu den Felsen.

Doch der Paparoa National Park, eines der kleineren neuseeländischen Schutzgebiete, umfasst noch weitere sehenswerte Plätze. Sie gelten eher noch als Geheimtipp, da sich die Mehrheit der Besucher auf den Spaziergang zu den berühmten Kalksteinfelsen konzentriert. Wer nur wenig Zeit mitbringt, sollte zumindest auch den Truman Track gehen. Die kurze Wanderung führt durch Regenwald, gesäumt von Nikau-Palmen, zu einer Steilküste mit einem langgezogenen und teils überhängendem Kliff. Treppenstufen führen zum Strand. Am anderen Ende stürzt ein kleiner Was-

serfall herab. Ebenfalls sehenswert: die Punakaiki Cavern, nur wenige hundert Meter vom Besucherzentrum entfernt. Sie stellt ein schönes Beispiel für die Karstlandschaft dar und bietet überdies die Möglichkeit, Glühwürmchen zu sehen.

Der Nationalpark erstreckt sich von Punkaiki noch weit gen Osten und Norden. Wanderer können die zahlreichen Schluchten, Höhlen und Wasserläufe sowie nahezu unberührte Wälder auf unterschiedlich langen Touren erkunden. Der Inland Pack Track als längste Wanderung durchquert auf 25 Kilometern den Park auf eine Dauer von zwei bis drei Tage.

www.punakaiki.co.nz

243 Fox Glacier – Weniger bekannt, aber ebenso schön

Wie sein berühmterer Bruder Franz Josef Glacier liegt der Fox Glacier im 1960 eingerichteten Westland National Park. Kaum vorstellbare Wassermassen sorgen für diese beiden Naturschauspiele, aber auch oftmals graue Tage. Bis zu 7000 Millimeter Niederschlag fallen hier pro Jahr, an den Spitzen der bis 3500 Meter hohen Southern Alps noch mehr. Zum Vergleich: Berlin kommt auf 580 Millimeter im Jahr. Die Wassermassen sorgen nicht nur für die weiße Wunderlandschaft, sondern auch für den dichten Regenwald am Fuße der Berge.

Der Fox Glacier, benannt 1872 nach dem früheren Premierminister William Fox, erstreckt sich von den Berggipfeln, etwa des Mount Tasman, auf rund 14 Kilometer Länge bis auf etwa 200 Meter über dem Meeresspiegel. So tief fällt in dieser Region kein Gletscher herab. Seit den Entdeckungsfahrten von James Cook haben beide Gletscher, obwohl sie immer mal wieder an Länge zulegen, angesichts der Erderwärmung schon mehrere Kilometer an Länge eingebüßt. Und ähnlich wie am rund 30 Fahr-Minuten entfernten Franz Josef Glacier werden auch geführte Touren, teils als Heli-Hike mit dem Helikopter, oder Rundflüge angeboten. Zu den schönsten kurzen Wanderungen zählt der River Walk zum Glacier Valley Viewpoint. Ein schöner Ausblick bietet sich auch vom nahe gelegenen Peak Viewpoint.

www.foxguides.co.nz
www.glaciercountry.co.nz
www.helicopter.co.nz

244 Haast Pass – niedrigster Alpenpass

Namensgeber für den Pass über die Southern Alps war der deutsche Entdecker und Geologe Julius von Haast (siehe „Persönlichkeiten“, Seite 394). Der Highway 6 verläuft parallel zum Haast River und verbindet auf einer Gipfelhöhe von 564 Meter die Regionen West Coast und Otago.

Wegen der mühevollen und langwierigen Arbeiten konnte die Straße erst 1965 für den Autoverkehr eröffnet werden. Der Pass selbst wurde schon 1863 nahezu gleichzeitig vom deutschen Entdecker sowie einer konkurrierenden Expedition unter Führung von Charles Cameron entdeckt. Doch Haast war es, der mit seinen Plänen den Weg ebnete, so dass 1876 erstmals Post über einen schmalen Pfad transportiert werden konnte und somit endlich Ost und West verband.

Entlang der regenreichen Strecke finden sich zahlreich kürzere und längere Wanderwege. Besonders beliebt ist der Blue Pools Walk, der in 30 Minuten und über eine Hängebrücke zu den leuchtend blauen Wasserlöchern führt. Diese Wanderung liegt bereits jenseits des Passes in Otago und zählt zum Mount Aspiring National Park. Der Ort Haast selbst besteht aus drei Teilorten und ist überwiegend als Verwaltungszentrum bekannt. Zu den wenigen Attraktionen zählen der schöne Strand sowie Jetboat-Touren auf dem Waiatoto River.

www.riversafaris.co.nz

245 Lake Matheson

Postkarten-Motiv: Der Lake Matheson dürfte wohl den Titel „Meistfotografierter Ort an der Westküste" tragen. Bei klarer Sicht blicken Besucher hier auf das vielleicht schönste Alpenpanorama, das sich gerade morgens und abends im Gletschersee kitschig-schön spiegelt. Angesichts der nur wenigen Kilometer bis zum Fox Glacier ein Pflichttermin bei gutem Wetter (siehe „Seen", Seite 88). *www.lakematheson.com*

246 Cape Foulwind

Als erster Europäer ist Abel Tasman im Dezember 1642 an den 72 Meter hohen Klippen vorbei gesegelt. Seinen heutigen Namen erhielt Cape Foulwind von James Cook aufgrund schlechter Wetterverhältnisse. Die Spitze markiert ein Leuchtturm. An der nahe gelegenen Tauranga Bay lebt eine Robbenkolonie. Der Cape Foulwind Walkway verbindet beide Attraktionen, gerade zum Sonnenuntergang ein schöner Spaziergang.

247 Oparara Basin

Das Oparara Basin gehört zu den schönsten Plätzen im Kahurangi National Park: Es ist einerseits berühmt für seine bizarre Kalkstein-Landschaft wie beispielsweise der 37 Meter hohe Oparara Arch. Andererseits liegen hier die Honeycomb Hill Caves. In den Höhlen – teilweise zugänglich auf geführten Touren – wurden die Skelette zahlreicher Vogelarten gefunden, darunter auch vom Moa und vom Haast-Adler.

248 Okarito Lagoon

Einst ein blühender Ort: Vom Goldrausch im 20. Jahrhundert ist in Okarito nicht viel übrig geblieben. Heute steht die Natur im Fokus: Okarito Lagoon ist berühmt für ihre Silberreiher mit dem landesweit einstigen Nistplatz. Boots- und Kajaktouren sind ideal zum Erkunden. Zudem ist eine seltene Kiwi-Art in der Region heimisch.

249 Hokitika

Edelmetalle prägen Hokitika. Während des Goldrausches war die Stadt schnell gewachsen und verfügte zeitweilig über einen der wichtigsten Häfen. Heute ist Hokitika der wichtigste Jade-Exporteur. Schon die Maori handelten mit den gefragten Greenstones. Parallel etablierte sich eine lebendige Kunsthandwerk-Szene, vor allem mit Töpfer- und Glasblas-Arbeiten. Außerdem lohnt ein Besuch des National Kiwi Centre.

250 Jackson Bay

Abseits der Touristenströme liegt am südlichen Ende der Westküste der kleine Ort Jackson Bay. Als Walfängerstation gegründet, sollte hier ein weiterer Hafen entstehen. Die Regierung förderte dazu den Zuzug von Einwanderern. Doch die Pläne scheiterten angesichts des rauen Klimas. Heute ist die Region für ihre Tierwelt bekannt: von Hector-Delfinen und Pinguinen über Seevögel bis hin zu Hirschen.

Mein Neuseeland

Autor, Reisejournalist sowie Berater für Public und Investor Relations. www.traumziele-von-oben.de

Übertroffene Erwartungen

Neuseeland, Du hast es einfach besser. Hier kann ich morgens über Gletscher wandern und abends Pinguine beobachten. Und schon am nächsten Tag an romantischen Stränden relaxen, die an Schönheit kaum zu überbieten sind. Neuseeland, in Dich habe mich schon beim Anflug verliebt, als ich über die Gipfel der Southern Alps und die sich mäandernden und Türkis strahlenden Gletscherflüsse nach Christchurch hereingeschwebt bin. „Wie cool ist das denn", war mein erster Gedanke.

Und so traumhaft ging es dann weiter. Auch wenn das Wetter sich oft nicht von seiner besten Seite zeigte, zog mich das Land in seinen Bann. Ob die Sonnengänge am Ninety Mile Beach oder die tropisch anmutende Bay of Islands, die Buchten in den Marlborough Sounds oder die Strände in der Golden Bay, die Bergwelt oder die Tierwelt – es ist schwer, das Lieblingsziel Nummer Eins zu küren. Zumal parallel wohl in kaum einem anderen Land so sympathische und hilfsbereite Menschen leben wie hier. Bestes Beispiel: Auf meiner zweiten Reise lerne ich beim Abendessen ein Ehepaar kennen, die eine große Schaffarm betreiben. Am Ende eines langen Dinners heißt es nur: „Hier ist unsere Nummer. Melde Dich, wenn Du Hilfe brauchst!" Gilt das auch, wenn am liebsten sofort übersiedeln möchte?

Somit fällt mein Fazit leicht: Meine hohen Erwartungen im Vorfeld der ersten Reise wurden sogar noch übertroffen. Frühere Trips hatten mich nach Australien, nach Nordamerika und ins südliche Afrika geführt -– alle diese Ziele hatte ich mehrfach erkundet und so schon viel erlebt. Doch ganz auf oben auf der Wunschliste stand noch Neuseeland. Höher hätten die Erwartungen also nicht sein können – und glücklicherweise wurde ich nicht enttäuscht, ganz im Gegenteil. Und dieser famose Eindruck hält auch nach der zweiten intensiven Reise an. So werde ich sicherlich schon bald wieder ans „Grüne Ende der Welt" reisen. Und es stimmt mich natürlich besonders glücklich, dass der erste Reiseführer aus meiner Feder zu Neuseeland erscheint. Ein Grund mehr für weitere Touren.

Lieblingsplatz

Stewart Island: Unvergessliche Begegnungen mit der heimischen Tierwelt

Allein schon die Lage ist spektakulär: Kein Ort liegt de facto weiter südlich als Stewart Island, quasi der letzte Außenposten vor der Antarktis. Doch mich lockt vor allem die vielfältige Tierwelt. Allen voran natürlich der Kiwi, aber auch Pinguine und Co. lassen sich hier beobachten. Im Pub des South Sea Hotels schwärmen die Einheimischen schon: Gestern waren Pinguine im Ort unterwegs. Und vor Kurzem lieferten sich zwei Kiwis mitten auf der Straße einen regelrechten Kampf – vermutlich um ein Weibchen.

Mein Highlight erlebe ich nachts nach einer ruppigen Bootstour an einem abgelegenen Strand. Dort erspähen wir auf einer organisierten Tour im Mondschein einen Kiwi. Ein unvergesslicher Moment! Ebenso beeindruckend verläuft mein mehrstündiger Spaziergang auf Ulva Island. Dort entdecke ich beispielsweise Austernfischer und einen Weka, ehe ich auf dem Rückweg zurück nach Stewart Island noch eine Pinguin-Familie im kalten Ozean erspähe. Die entspannte Atmosphäre auf der Insel trägt überdies dazu bei, sie zu meinem Lieblingsplatz zu machen.

Mein Neuseeland

Eva Hoetzel

Präsidentin der Deutsch-Neuseeländischen Gesellschaft e.V. und freiberufliche Autorin

Mystische Stimmung

Eigentlich hatten wir 2004 ganz andere Reisepläne. Aber unser Sohn, der gerade sein einjähriges Schuljahr im Ausland beendete, brannte darauf, uns seine Gastfamilie in Neuseeland und seine zweite Heimat in Tauranga vorzustellen. Deshalb entschlossen wir uns spontan, ihn „abzuholen“ und dies anschließend mit einer dreiwöchigen Rundreise durch NZ zu kombinieren. Insoweit kamen wir fast zufällig nach Neuseeland.

Seine – für unseren eher introvertierten Teenager überraschend – überschwängliche Begeisterung, unser überaus herzlicher Empfang bei der Gastfamilie und die faszinierende Offenheit, mit der uns seine Lehrer am College begegneten, ließen unser Elternherz am Ankunftstag aufgehen. Wir konnten nun nachvollziehen, wieso unser Sohn sich im vergangenen Jahr in Tauranga so wohl fühlte und sich das Heimweh eher in Grenzen hielt. Wir waren fasziniert von den facettenreichen, farbigen Eindrücken Neuseelands, die all unsere Sinne berührten.

Dass dies dann in einer doppelten Liebeserklärung auf dem Mount Maunganui, einem Vulkankegel am Ende der Tauranga vorgelagerten lang gestreckten Halbinsel, enden würde, ahnten wir nicht. Alle drei waren wir dort oben von der mystischen Stimmung, dem Wahnsinnsausblick und dem Glück des Wiedersehens in einen magischen Bann gezogen. Vor einer atemberaubenden Sonnenuntergangskulisse gestand uns unser Sohn, dass der Aufenthalt für ihn eine lebenswegweisende Erfahrung sei, und mein Mann mir, dass er sich von der ersten Minute an in das Land Neuseeland verliebt habe, so wie damals in mich bei unserem ersten Treffen vor annähernd 25 Jahren. Und mir ging es genauso.

Wir lieben Neuseeland und empfinden es mittlerweile als unsere Heimat.

Lieblingsplatz

Mount Maunganui – unvergessliche Sonnenaufgänge

Manche Leute, insbesondere Touristen, begeistern sich an dem mit 232 Metern stattlich aus dem Meer ragenden Vulkanhügel wegen der herrlichen Panoramafotos, die vom Gipfel aus als Erinnerungsfotos zu schießen sind. Meist Einheimische erklimmen den Berg aus sportlicher Herausforderung nahezu täglich, um sich fit zu halten. Waghalsige stürzen sich mit Gleitschirmen vom Gipfel, um die dort wohl außerordentlich gute Thermik zu genießen. Romantiker machen dort bei Sonnenuntergang Heiratsanträge und schwören ewige Liebe. Die Faszination, die von diesem bei den Maori heiligen Berg ausgeht, ist vielseitig.

Mich persönlich faszinieren die Sonnenaufgänge immer wieder. Wenn das Umland langsam in weiches Licht getaucht wird, die Luft noch klar ist und den Gesang der Vögel wie eine Symphonie erwachen lässt. Eingetaucht in diese Mystik kann man die Legende nachvollziehen, wieso dieser markante Berg seinen Namen erhalten hat.

Mein Neuseeland

Gründer des Reiseveranstalters TravelEssence www.travelessence.de

Gastfreundschaft par excellence

Neuseeland hat viel Liebenswertes. Von einzigartigen Stränden über Urwälder bis hin zu atemberaubenden Bergen bieten sich Landschaften für alle Geschmäcker – und natürlich Natur pur.

Was das Land aber für mich persönlich liebenswert macht – und von den meisten andern Urlaubszielen unterscheidet –, ist die gelebte Gastfreundschaft seiner Bewohner. Dies hat mich schon auf meiner ersten Reise begeistert, und auch nach vielen Jahren gehört das Erleben dieser Kultur zu den schönsten Aspekten einer Neuseelandreise.

Die Neuseeländer freuen sich wirklich auf die Besucher aus aller Welt und darauf, ihnen so viel wie möglich von ihrem schönen Land und ihrer Lebensweise zu zeigen. Vor – angenehmen – Überraschungen ist man hier nie sicher. Ich habe von unseren Kunden von Gastgebern gehört (und diese auch selbst erlebt), die spontan zum Abendessen mit den Nachbarn einladen, mal für einen Abend die Kinderbetreuung übernehmen oder die Gäste schon am frühen Morgen auf einen Spaziergang mitnehmen, auf dem sie sich Frühstückseier und vielleicht auch sogar die Languste zum Abendessen selbst einsammeln können. Diese Begegnungen auf Augenhöhe schaffen authentische Erlebnisse, die man oft noch Jahre später, wenn viele andere Erinnerungen schon verblasst sind, Revue passieren lässt.

Nirgendwo scheint die Redewendung „Man kommt als Gast und geht als Freund" mehr zu stimmen als hier.

Lieblingsplatz

Maori-Kultur pur im Te Urewera-Regenwald

Ein magischer Ort in Neuseeland ist der Te Urewera-Regenwald. Dieser Nationalpark auf der Nordinsel liegt ganz in der Nähe von Rotorua und hier können Reisende authentische Maori-Kultur erleben. Bei einer Wanderung durch den Urwald erzählen die Führer von den verschiedenen Pflanzen und den mystischen Geschichten des Waldes und geben Einblick in ihre Philosophie.

Der Wald ist etwas ganz Besonderes für mich, weil man selten so direkt mit dieser faszinierenden Kultur in Kontakt kommt. In der Denkweise der Maori ist alles – Tiere, Pflanzen und Menschen – miteinander verbunden. Beim Wandern unter Baumriesen, inmitten von Farnen und Vogelgezwitscher im Ohr, nehme ich die Welt mit ihren Augen war.

Lake Pukaki

Reisen & Übernachten

- Traumstraßen
- Campingplätze
- Ungewöhnliche Übernachtungsplätze
- Unterkünfte
- Drehorte

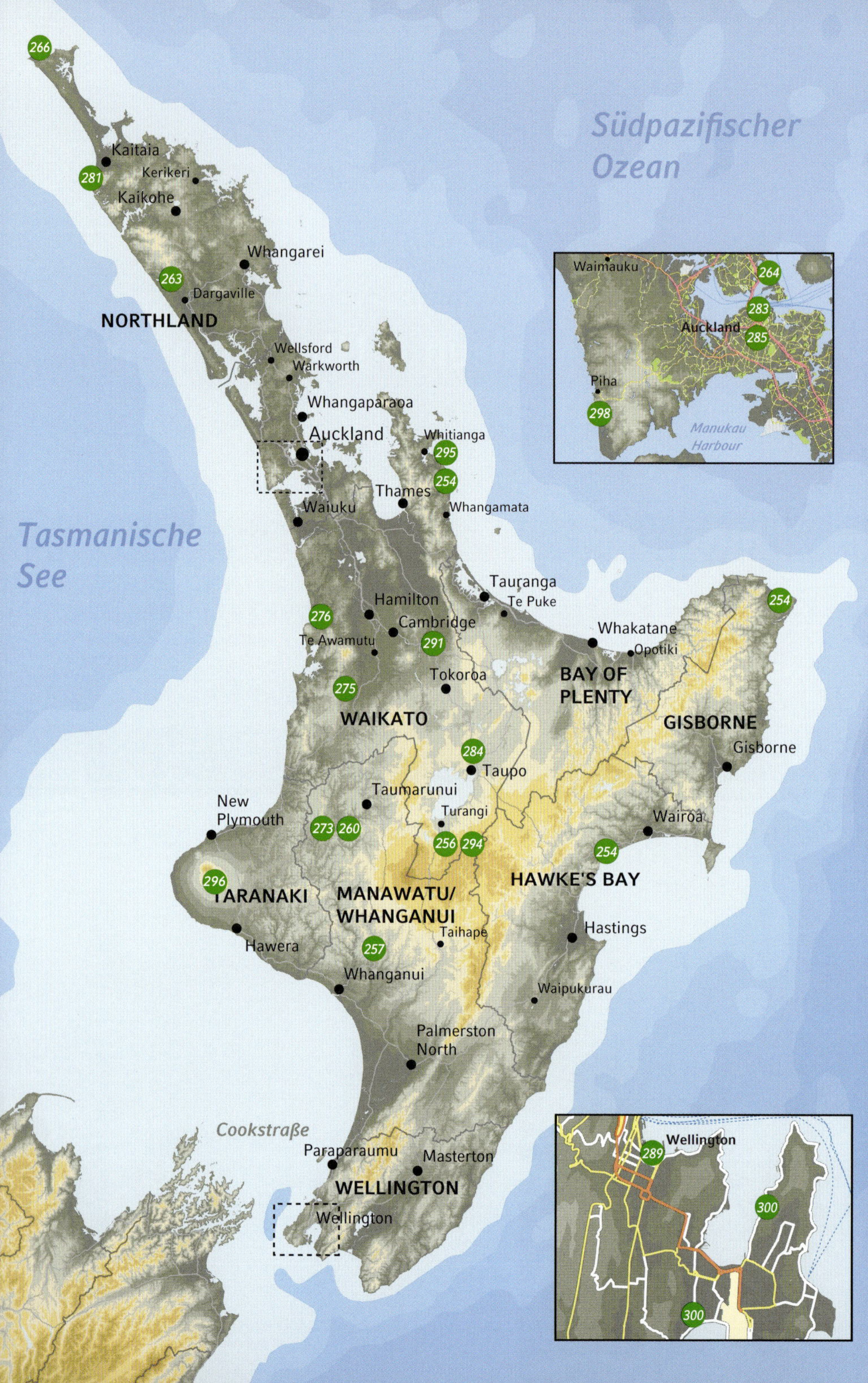

Südpazifischer Ozean
Tasmanische See
Cookstraße
266
Kaitaia
281
Kerikeri
Kaikohe
Whangarei
263
Dargaville
NORTHLAND
Wellsford
Warkworth
Whangaparaoa
Auckland
Whitianga
295
254
Thames
Waiuku
Whangamata
Tauranga
Te Puke
Hamilton
276
Cambridge
Te Awamutu
291
Whakatane
Opotiki
254
275
Tokoroa
BAY OF PLENTY
WAIKATO
GISBORNE
Gisborne
284
Taupo
Taumarunui
New Plymouth
Turangi
273
260
256
294
Wairoa
254
296
TARANAKI
MANAWATU/ WHANGANUI
HAWKE'S BAY
Taihape
Hastings
Hawera
257
Whanganui
Waipukurau
Palmerston North
Paraparaumu
Masterton
WELLINGTON
Wellington
Waimauku
264
283
Auckland
285
Piha
298
Manukau Harbour
Wellington
289
300
300

Cookstraße
Collingwood
267
Motueka
Karamea
Nelson
286
258
Picton
Richmond
280
Tasmanische
See
Westport
Blenheim
Seddon
274
Greymouth
Hanmer Springs
Kaikoura
269
Hokitika
268
Ross
279
CANTERBURY
Christchurch
282
271
297
265
287
299
Ashburton
Akaroa
270
Temuka
Twizel
252
Waimate
259
Wanaka
253
272
Queenstown
288
Oamaru
293
Cromwell
292
Alexandra
Hampden
262
Te Anau
OTAGO
Palmerston
251
Karitane
SOUTHLAND
Mosgiel
277
278
255
Dunedin
Winton
Gore
Balclutha
Invercargill
261
255
290
Südpazifischer
Ozean

Traumstraßen

Ob Bergpässe oder mondähnliche Wüsten – auf dem weitverzweigten Straßennetz geraten Reisende immer wieder ins Staunen. So gilt die Milford Road im Fiordland National Park vielen gar als schönste Panoramastraße der Welt. Und von der Fun-Metropole Queenstown zweigt das „Gateway to Paradise" („Tor zum Paradies") ab – schöner könnte eine Straße nicht heißen.

Panoramablick auf Gletscher und Seen

251 Milford Road – Schönste Straße der Welt?

Die Fahrt könnte kaum vielfältiger sein: Reißende Bäche, türkisfarbene Seen, glänzende Gletscher und neugierige Keas säumen den Weg. So kommen Autofahrer auf den 119 Kilometern zwischen Te Anau und dem Milford Sound nur langsam voran. Immer wieder lohnt ein Abstecher in die Natur. Aus einer Fahrtzeit von zweieinhalb Stunden kann mit längeren Wanderungen sogar ein Tagestrip werden. 400.000 Menschen passieren alljährlich die 1954 eröffnete Straße, die viele Besucher für die schönste Bergstraße der Welt halten.

Die Milford Road beginnt in Te Anau und führt zunächst vergleichsweise

unspektakulär am gleichnamigen See entlang, ehe das Eglinton Valley mit seinen dicken Südbuchen-Wäldern, offenen Tussockgras-Ebenen und den im Frühjahr blühenden Feldern mit Lupinen durchfahren wird. Spätestens am Mirror Lake sollten auch Reisende mit wenig Zeit anhalten und einen Blick auf das sich im Wasser spiegelnde Bergpanorama werfen. Wer mehr Zeit mitbringt, für den lohnt die Wanderung zum Lake Gunn. Anschließend steigt die Straße steil an, ehe sie nach 83 Kilometern den 532 Meter hohen Bergpass The Divide erreicht. Hier startet die populärste Tagestour entlang der Milford Road: Der dreistündige Key Summit Track als Teilstrecke des Routeburn Track führt zu einem Gipfel mit einem sehenswerten Blick über den Nationalpark (siehe „Tageswanderungen", Seite 70).

Schließlich wird der berühmte Homer Tunnel erreicht. Er führt 1200 Meter durch massiven Bergfels und stellte die Arbeiter in der 1930er-Jahren vor enorme Schwierigkeiten. Ampeln regeln den Verkehr und machen ihn tagsüber wechselseitig zur Einbahnstraße. Morgens herrscht reger (Bus-) Verkehr zum Fjord, nachmittags gen Te Anau. An den Parkplätzen tummeln sich Keas, die gern Teile der Autos anknabbern. Nach dem Tunnel geht es in steilen Serpentinen zurück ins Tal. Ein letzter Fotostopp sind die Wasserfälle am kurzen Chasm Walk. Schließlich endet die Straße am Bootsanleger des Milford Sound. Neben der dortigen Milford Lodge liegen mehrere Unterkünfte und Campingplätze entlang der Panoramastraße.

Und egal wie das Wetter ist – die Milford Road ist immer eine Fahrt wert: Bei Sonnenschein glänzen Bäume und Berge um die Wette, bei Regen säumen hunderte kleine Wasserfälle die Strecke.

www.milfordlodge.com
www.gunnscamp.org.nz

252 Mount Aspiring Road – Ab in die Berge

Von einem der schönsten Seen des Landes zu den imponierenden Gipfeln des Mount Aspiring National Park: Auf gerade einmal 54 Kilometern Strecke erleben Besucher mit das Beste, was den Reiz von Neuseeland ausmacht. Sämtliche Klischees und Erwartungen werden hier erfüllt. Die teils ungeteerte und mit mehreren Flussdurchquerungen gespickte Mount Aspiring Road zieht sich vom Seeufer in Wanaka bis zum Raspberry Creek in den Southern Alps. Wer keinen Geländewagen samt Streckenfreigabe des Vermieters hat, kann sich mit örtlichen Bussen hoch in die begeisternde und weitflächige Berglandschaft bringen lassen.

Von Wanaka verläuft die Mount Aspiring Road zunächst am See entlang. Erster Stopp ist die Glendhu Bay mit einem sehenswerten Blick auf den Mount Aspiring, der einzige Gipfel über 3000 Metern Höhe außerhalb des Aoraki/Mount Cook National Park. Auch gut für eine erholsame Pause geeignet. Anschließend folgt die Piste dem Matukituki River, einem beliebte Raftingrevier.

Vom Diamond Lake starten verschiedene Wanderwege, ehe schließlich der Parkplatz am Raspberry Creek erreicht wird. Hier gilt für Wanderer die sprichwörtliche Qual der Wahl. Zu den beliebtesten Touren zählt der Weg über die Schwingbrücke zum Rob Roy Glacier (siehe „Tageswanderungen“, Seite 69). Ebenfalls viele Besucher zählt der Pfad mit sehenswerter Aussicht auf den Rob Roy Glacier und den Mount Avalanche zur luxuriösen Aspiring Hut, während die Cascade Saddle Route über fünf Tage nur für erfahrene Tourengänger geeignet ist.

Aufgrund der alpinen Umgebung ist die Gefahr von Lawinen und Wetterwechseln hoch. Wanderer sollten sich vorab deshalb bei den Rangern im DOC-Besucherzentrum in Wanaka entsprechend informieren und ihre Wanderung an- sowie sich nach Rückkehr wieder zurückmelden.

Wanaka ist ein guter Ausgangspunkt für viele Touren in den Bergen und am See. Und mit seinem gediegenen Ambiente läuft es dem eher lärmigen Queenstown zunehmend den Rang ab.

www.alpineconnexions.co.nz

253 Gateway to Paradise – Auf nach Glenorchy

Auf dieser Straße fällt es Fahrern schwer, sich auf den Verkehr konzentrieren. Immer wieder geht ihr Blick auf das farbenfroh funkelnde Wasser im Lake Wakatipu und die dahinter liegenden Gipfel. „Kurz, aber extrem schön" wäre auch ein treffender Titel für die 45 Kilometer vom pulsierenden Queenstown ins ruhige Glenorchy am Nordende des Sees und weiter in den kleinen Ort Paradise. Doch mit „Gateway to Paradise" trägt die Straße ohnehin schon einen Namen, der Sehnsüchte weckt.

Quasi „Pflicht" ist ein Fotostopp am Aussichtspunkt Bennet's Bluff Lookout, 25 Kilometer hinter Queenstown auf der linken, dem See zugewandten Seite. Von dort genießen Besucher den besten Blick über See mit seinem stetigen Wellengang und den Gipfeln der umliegenden Southern Alps. Zusätzlich locken entlang der Straße sowie im Ort selbst mehrere kleine Buchten für ein gemütliches Picknick mit prächtiger Aussicht.

Glenorchy selbst wirkt wie ein Ort aus einer anderen Zeit. Weder den Rummel des nahen Queenstown noch die abenteuerlichen Jetboat-Touren kann sich vorstellen, wer am Seeufer die Stille genießt. Eher kreisen die Gedanken um die nahen Wanderwege, allen voran den Routeburn Track (siehe „Mehrtageswanderungen", Seite 76).

254 Pacific Coast Highway – Zur Ostspitze

Ob Coromandel Halbinsel oder die Art-déco-Stadt Napier: Auf knapp 1200 Kilometern Länge verbindet der Pacific Coast Highway (SH45) von seinem Startpunkt in der Millionen-Metropole Auckland die sehenswerten Plätze an der Ostküste der Nordinsel. Als landschaftlicher Höhepunkt gilt der Abstecher zum abseits gelegenen East Cape, wo morgens die ersten Sonnenstrahlen auf Aotearoa leuchten.

Für die rund 375 Kilometer zwischen Whakatane und Gisborne sollten Reisende mindestens einen Tag, besser gleich zwei Tage einplanen. Allein die reine Fahrtzeit beträgt knapp fünf Stunden – weder Fotostopps noch kurze Wanderungen eingerechnet. Bekanntestes Ziel ist der östlichste Punkt der beiden Hauptinseln mit seinem auf einer Anhöhe thronenden Leuchtturm. Die malerische und einsame, aber nicht schnell befahrbare Landstraße windet sich entlang der Küste und gibt immer wieder den Blick frei auf windumtoste Buchten. Überdies lässt sich der schönste Abschnitt des Pacific Coast Highway gut mit einem Abstecher in den Te Urewera National Park kombinieren (siehe „Gisborne & Hawke's Bay“, Seite 188).

255 Southern Scenic Route

Eine Vielzahl der schönsten Plätze im Süden erschließt die 610 Kilometer lange Southern Scenic Route (SH98 und SH99). Auf dem Weg von Dunedin nach Queenstown passieren Reisende die Tierwelt der Catlins, Invercargill sowie den Fiordland National Park. Wer hier nur durchrauscht, dürfte die Stille in der unerschlossenen Region verpassen (siehe „Southland“, Seite 286).
www.southernscenicroute.co.nz

256 Desert Road

Die 52 Kilometer des insgesamt 2047 Kilometer langen Highway Nummer Eins zählen zu den beliebtesten Strecken im Land: Seinen Namen verdankt der Abschnitt der vulkanischen Geröllwüste Rangipo Desert. Die Popularität resultiert aus dem Panoramablick auf die drei Vulkane Ngauruhoe, Ruapehu und Tongariro. Die Desert Road gehört zum Straßensystem, das auf rund 180 Kilometern um den Nationalpark führt.

257 Whanganui River Road

Östlich vom bekannten Whanganui River führt die Whanganui River Road auf 79 Kilometern entlang dem Fluss und erschließt den gleichnamigen Nationalpark. Wer keine Zeit für eine Kajak- oder Bootstour hat, kann so zumindest Teile des Parks erkunden. Achtung: Die Straße von Pipiriki nach Whanganui ist streckenweise nicht geteert und nach Unwettern häufig unpassierbar.

258 Queen Charlotte Drive

Entlang zahlreicher Buchten führt der Queen Charlotte Drive kurvenreich durch die üppig grüne Landschaft. Die Straße verbindet auf 35 Kilometern die Hafenstadt Picton mit dem kleinen Örtchen Havelock am sehenswerten Pelorus Sound. Beliebt ist der Aussichtspunkt Cullen Point. Über abzweigende Schotterpisten sind weitere Teile der Marlborough Sounds erreichbar, etwa der abgelegenen Strand der Titirangi Bay.

259 Cardrona Valley Road

Die Strecke zwischen Wanaka und Queenstown zählt zu den spektakulärsten Straßen des Landes. Auf 51 Kilometern schlängelt sich die Cardrona Valley Road (SH 89) auf etlichen Kurven durch die Berge. Die Straße ist die sehenswerte und kürzere Alternative zur Strecke entlang des Kawarau River (SH 6). Wichtig: Mit dem Autovermieter vorab klären, ob die Cardrona Valley Road befahren werden darf.

260 Forgotten World Highway

Viele Fotomotive bietet die 150 Kilometer lange Strecke zwischen Stratford und Taumarunui, besonders auf den Mount Taranaki und auf den Tongariro National Park. Weitere Attraktionen des Forgotten World Highway sind die Wasserfälle am Mount Damper, das kleine Örtchen Whangamomona sowie Stätten der Maori. Entlang der Strecke, die auf einigen Kilometern noch ungeteert ist, gibt es keine Tankstelle.

Campingplätze

Den Blick auf Delfine oder einen magisch rot leuchtenden Sonnenuntergang vom Bett aus genießen – wer mit Wohnmobil oder Zelt unterwegs ist, kann an den wohl schönsten Flecken Neuseelands übernachten. Neben Anlagen privater Anbieter können Reisende unter mehr als 200 Campingplätzen der Naturschutzbehörde DOC wählen. Zudem ist prinzipiell „wildes Campen" überall dort erlaubt, wo es nicht explizit verboten ist. Allerdings untersagen immer mehr Gemeinden das freie Campen oder erheben Auflagen, so dass beispielsweise Wohnmobile generell über eine eigene Toilette an Bord verfügen müssen.

www.nzcamping.co.nz
www.doc.govt.nz/parks-and-recreation/things-to-do/camping
www.holidayparks.co.nz

In der Tapotupotu Bay bei Cape Reinga liegt Neuseelands nördlichster Campingplatz.

261 Curio Bay Holiday Park – für Surfer und Tierfreunde

„Hier wollten wir am liebsten gar nicht mehr weg“, lobt Jenny Menzel, Autorin des Buches „Als Dach der Sternenhimmel: Camping in Neuseeland“ in ihrem Reiseblog weltwunderer.de. Und in der Tat, schöner als der Curio Bay Holiday Park könnte ein Campingplatz kaum gelegen sein.

Die wildromantischen und wenig bevölkerten Catlins liegen abseits der wichtigsten touristischen Routen. Sie zählen damit zu den wenigen noch verbliebenen Regionen Neuseelands, die noch weitgehend unberührt sind und vergleichsweise wenige Urlauber anziehen.

Hoch oben auf einer kleinen Anhöhe mit perfektem Blick auf zwei Buchten der Extraklasse liegt dieser Campingplatz. Je nach Wunsch erleben Reisende auf dem Curio Bay Holiday Park einen farbenfrohen Sonnenaufgang oder -untergang direkt vom Wohnmobil oder Zelt. Und trotz der abgeschiedenen Lage bietet der Curio Bay Holiday Park die übliche Ausstattung: Stellplätze mit Strom, Waschmaschinen, Campingküche und einen kleinen Shop samt Imbiss.

Doch damit nicht genug: Kaum ein Platz in Neuseeland bietet so gute Chancen, Tiere in freier Wildbahn zu erleben - und das dazu noch kostenlos. Hector- Delfine und Gelbaugenpinguine, oftmals auch Wale, sind regelmäßig Gast in den nebeneinanderliegenden Buchten Porpoise Bay und Curio Bay. Sie gelten überdies als exzellentes Surfrevier. Dank der ortsansässigen Surfschule können Urlauber auch gleich eine Übungsstunde wagen bzw. als erfahrene Surfer ein Board mieten. Und zu guter Letzt findet sich in der Curio Bay mit dem versteinerten Wald (Petrified Forest) eine echte Natursensation (siehe „Tierbeobachtungen“, Seite 34, „Strände der Südinsel“, Seite 58, und „Southland“, Seite 272).

www.curiobayholidaypark.com
www.360grad-medienshop.de/als-dach-der-sternenhimmel
www.weltwunderer.de

262 Te Anau Top 10 – Tor ins Fiordland

Im warmen Wasser des kleinen Pools entspannen und einen der schönsten Seen Neuseelands direkt im Blick haben: Die Hot Tube ist der wohl attraktivste Platz des Te Anau Top 10 Holiday Park in Te Anau, nur wenige Meter vom Seeufer entfernt. Und bei Nacht funkeln über den Badenden und dem Lake Te Anau romantisch die Sterne. Naturgenuss pur.

In Te Anau als Ausgangspunkt zu beliebten Zielen wie dem Milford Sound, dem Doubtful Sound und mehreren Great Walks liegen gleich mehrere Campingplätze. Doch keine andere Anlage ist gleichermaßen so nah zur Natur und zum See wie auch zur Innenstadt gelegen wie das Angebot der renommierten Kette. Hot Pool und Sauna zählen zu den neuesten Angeboten des Campingplatzes. Neben Stellplätzen für Wohnmobile und Zelte stehen auch Motelzimmer und Cabins unterschiedlicher Größe zur Auswahl. Zudem können Fahrräder ausgeliehen werden. Die sehr gepflegte Anlage, die nur eine Straße vom See entfernt liegt, bietet ansonsten den üblichen Standard und ist nach eigenen Angaben der einzige Fünf-Sterne-Campingplatz in der Region Fiordland. Aufgrund seiner guten Lagen und des breiten Angebots ist der Te Anau Top 10 Holiday Park oft frühzeitig ausgebucht.

Auch wenn Te Anau vor allem als Durchgangsstation zum Einkaufen und Tanken (am Milford Sound gibt es, wenn überhaupt, nur teuren Sprit) lohnt sich in dem kleinen Ort eine Übernachtung. Am See führen mehrere schöne Wege entlang. Überdies laden eine Glühwürmchenhöhle am anderen Ende des Sees und Bootstouren zum Verweilen ein (siehe „Southland“, Seite 277). Mehrere gute Restaurants sind zudem eine Alternative zum Selbstkochen auf dem Campingplatz.

Camper, die von hier gen Milford Sound weiter fahren, finden entlang der Panoramastraße zwölf Übernachtungsplätze, die vom DOC betrieben werden. Hinzu kommen die privat geführten Anlagen Gunn's Camp (an einer Stichstraße zum Hollyford Track) sowie die Milford Sound Lodge am Ende der Straße, nah zum Hafen.

Gerade auf diesen Plätzen sollten sich Reisende gut von den stechenden Sandflies schützen – selbst wer sonst im Regelfall nicht gestochen wird, kommt hier nicht ungeschoren weg. In Manapouri, nicht weit vom dortigen Bootsableger entfernt, liegt ebenfalls ein Campingplatz.

www.teanautop10.co.nz
www.teanaukiwiholidaypark.co.nz
www.stayfiordland.co.nz
www.gunnscamp.org.nz
www.milfordlodge.com

263 Kauri Coast Top 10 – Zu Gast bei Kiwis

Wer einmal Kiwis in freier Wildbahn sehen möchte, ist auf dem Kauri Coast Top 10 Holiday Park gut aufgehoben. Der Park liegt strategisch günstig, 30 Kilometer nördlich von Dargaville sowie nah den Kauri-Bäumen im Waipoua Kauri Forest und im Trounson Kauri Park.

Allabendlich starten Führungen mit maximal elf Teilnehmern, um Neuseelands Nationalvogel in freier Wildbahn aufzuspüren. Gäste sind dabei angehalten, möglichst wenig Lärm und Gebrauch von Taschenlampen zu machen. Und mit etwas Glück lässt sich dann auch einer der nachtaktiven, aber flugunfähigen Vögel blicken. Wenn nicht, so treffen die Besucher meist auf andere Vertreter von Neuseelands Tierwelt wie Schlangen und Spinnen. Die Touren dauern rund zwei Stunden, die meiste Zeit geht man über gut ausgebaute Wege. Um sich den Führungen anzuschließen, muss man nicht Gast des Campingplatzes sein – zahlt dann aber einen kleinen Aufschlag.

Der Kauri Coast Top 10 Holiday Park verfügt über alles, was Camper erwarten – und darunter trotz der abgelegenen Lage eine Hot Tube und Internet via WLAN. Auckland ist vom Park aus etwa einen halben Fahrtag entfernt. Wer wenig Zeit für eine Rundreise in den Norden hat, kann hier gut eine erste oder letzte Nacht einlegen.

www.kauricoasttop10.co.nz

264 Takapuna Beach – Nah an Auckland

Nur rund 15 Minuten von der Innenstadt Aucklands entfernt und doch direkt am Strand: Wer auf dem Takapuna Beach Holiday Park übernachtet, kann City-Flair und Entspannung am Meer gut mit einander kombinieren. Die sogenannten Waterfront-Stellplätze trennt nur ein schmaler Gehweg von Strand und Wellen am Pazifik.

Der Park, gelegen am nördlichen Ende der weit gezogenen Bucht, verfügt über die übliche Ausstattung. Durch die Lage mitten im Ort Takapuna fallen die Stellplätze jedoch – zumindest gefühlt – etwas kleiner aus als auf anderen Anlagen außerhalb von Städten. Takapuna Beach selbst ist ein pulsierender Vorort der Millionenmetropole. Neben dem breiten Strand zählen viele Cafés und Restaurants zu den Vorzügen. Zudem bietet sich ein Ausflug ins nahe Devonport an.

Der Campground eignet sich für Reisende aus dem Norden gut für die letzte Nacht vor der Rückgabe des Wohnmobils – der Flughafen ist je nach Verkehr in 45 bis 60 Minuten zu erreichen. Wer aus dem Süden kommt, steuert hingegen besser den nah den Terminals gelegenen Manukau Holiday Park an.

www.takapunabeachholidaypark.co.nz
www.manukauhp.co.nz

265 Akaroa Top 10

Einen schönen Blick über Akaroa Harbour genießen Gäste des Akaroa Top 10 Holiday Park. Die Anlage zieht sich terrassenförmig nach oben – einer der schönsten Campingplätze im Land. Die Banks Peninsula ist für Hector-Delfine bekannt (siehe „Canterbury“, Seite 243). Wer keine Zeit fürs Sightseeing hat, sollte den Platz nicht für die letzte Nacht wählen.
www.akaroa-holidaypark.co.nz
www.akaroadolphins.co.nz

266 Tapotupotu Campsite (Cape Reinga)

Der nördlichste Campingplatz des Landes besticht mit einer ruhigen, abgeschiedenen Lage am Strand – einem der schönsten der Nordinsel (siehe „Strände der Nordinsel“, Seite 48). Zudem ist der vom DOC verwaltete Park die ideale Ausgangsbasis zum Cape Reinga, das mit dem Auto binnen fünf Minuten zu erreichen ist. Es gibt keinen Stromanschluss, Reservierungen sind nicht möglich.
www.doc.govt.nz/parks-and-recreation

267 Totaranui Campground (Abel Tasman National Park)

Am nordwestlichen Ende des Abel Tasman National Park liegt der Totaranui Campingplatz direkt am gleichnamigen Strand. Der Platz des DOC ist ein idealer Ausgangspunkt, um den Nationalpark sowie die angrenzende Golden Bay zu erkunden (siehe „Tasman & Nelson“, Seite 230). Stromanschlüsse sind nicht vorhanden, immerhin ein kleiner Shop. Für die Hochsaison reservieren!
www.doc.govt.nz/abeltasman

268 Jackson's Retreat (Arthur's Pass)

Mit vielen Auszeichnungen wirbt der Campingplatz auf der Westseite des Arthur's Pass. Jackson's Retreat offeriert neben den üblichen Stellplätzen (mit/ohne Strom) auch überdachte Flächen, um Wohnmobile oder Zelte vor den Regenmassen der Westküste zu schützen. Von der Anlage bietet sich eine schöne Sicht auf die Bergwelt.

www.jacksonsretreat.co.nz

269 Greymouth Seaside Top 10

Mit Strandlage und vielen Unterkunftsmöglichkeiten bis hin zum Apartment mit Seeblick ist der Campingplatz in Greymouth auch für Autoreisende interessant. Neben dem gewohnten Service stehen auf dem Greymouth Seaside Top 10 Platz auch ein Whirlpool und WLAN zur Verfügung. Die berühmten Pancake Rocks liegen 30 Minuten entfernt.

www.top10greymouth.co.nz

270 Glentanner Park Centre (Aoraki/Mount Cook)

Einen schöneren Ausblick gibt es selten: Vom Glentanner Park Centre genießen Urlauber von Sonnenaufgang bis Sonnenaufgang den perfekten Blick auf Neuseelands höchsten Berg. Der Campingplatz samt Restaurant vermittelt eine Vielzahl von Aktivitäten. Im nahen Nationalpark betreibt auch das DOC einen Campingplatz.

www.glentanner.co.nz

Ungewöhnliche Übernachtungsplätze

Ob in alten Flugzeugen, Eisenbahnwaggons oder in einer ehemaligen Bischofsresidenz: Wer nicht in meist eher langweiligen Hotelzimmern übernachten möchte, findet in Neuseeland eine große Auswahl ungewöhnlicher Übernachtungsmöglichkeiten. Reisende können sich auf Nächte in ungewohntem Ambiente freuen und selbst in früheren Gefängniszellen ihre Schlafstätte aufschlagen.

Schlafen statt fliegen: Selbst Flugzeuge werden zu Hotels umfunktioniert.

271 Jailhouse Accommodation – Bett hinter Gittern

Es ist keine 20 Jahre her, dass hier noch die „ganz schweren" Jungs einsaßen: Bis 1999 fungierte der mächtige Bau mit seinen 60 Zentimeter dicken Wänden als Gefängnis. Heute hingegen gilt das Jailhouse in Christchurch als Neuseelands wohl ungewöhnlichste Unterkunft. 2016 eröffneten die Betreiber Kirsty und Grant das ehemalige Gefängnis als Hostel – mit großem Erfolg und zugleich als neue Attraktion.

Wo ehemals Untersuchungs- und Strafgefangene einsaßen, locken heute saubere und moderne Zimmer. Wie bei Hostels üblich, können Gäste sowohl unter Mehrbettzimmern (Dorms) auch als Ein- und Zwei-Bett-Zimmern sowie Familienzimmern (für sechs Personen) wählen. Bedingt durch die frühere Nutzung als Gefängnis verfügt jedoch kein Zimmer über private Badezimmer. Daneben stehen die üblichen Einrichtungen vom Fernsehraum bis zur Gemeinschaftsküche zur Verfügung. Überdies können Fahrräder gemietet werden. Einige Zellen sind noch im ursprünglichen Zustand erhalten und geben Einblick in längst vergangene Zeiten.

Das Jailhouse liegt am Rande der Innenstadt. Zum bekannten Hanley Park, an den sich der Botanische Garten anschließt, sind es 450 Meter, bis zum Bahnhof immerhin nur 1.200 Meter. Der lebhafte Stadtteil Addington lockt mit zahlreichen Restaurants, Cafés und Bars.

Das Hostel der anderen Art ist gerade auch für Architekturfans einen Besuch Wert: Der 1874 errichtete Bau zählt zu den schönsten Gebäuden im neugotischen Stil während der Gründerzeit. Kein Wunder: Das ehemalige Gefängnis entstand unter Führung des bedeutenden Architekten Benjamin W. Mountfort. Er verantwortete auch den Bau der mittlerweile zerstörten Christchurch Cathedral, des Canterbury Museum und des The Canterbury Provincial Council Building und prägte somit maßgeblich das Stadtbild.

www.jail.co.nz

272 Cardrona Hotel – Nostalgie pur

In die alten Zeiten des Goldrauschs fühlen sich Gäste hier zurück versetzt: Das Cardrona Hotel beherbergte als erste Gäste die Goldschürfer der nahen Goldminen. Heute ist das 1863 eröffnete Haus – gelegen malerisch in den Bergen und 40 Minuten von Queenstown entfernt – eines der ältesten noch in Betrieb befindlichen Hotels im ganzen Land.

In der Gründungszeit der quirligen Stadt mit 5000 Einwohnern eines von vier Hotels, überlebten nur das Cardrona Hotel, eine weitere Unterkunft und wenige Geschäfte den Niedergang nach Ende des großen Goldrauschs. Mangels Bauholz wurden die meisten Gebäude abgerissen und im nahen Pembroke – dem heutigen Wanaka – wieder aufgebaut. Dem Charme von Cardrona hat diese Entwicklung zumindest aus heutiger Sicht nicht geschadet. Im Hotel wie auch der historischen Stadthalle und der Kirche ist der Pioniergeist der Goldsucher aus der Zeit des Otago-Goldrauschs noch spürbar. Heute ist Cardrona ein beliebter Zwischenstopp entlang der Crown Range Road von Wanaka nach Queenstown und im Winter ein beliebter Treffpunkt für Ski-Fahrer.

Das Hotel ist seit dem Start im 19. Jahrhundert ununterbrochen für Reisende geöffnet. Im Jahr 1926 übernahm die lokale Legende Patterson das Hotel und bediente bis zu seinem Tod im Alter von 91 Jahren seine Gäste. Unvergesslich sein Hinweis an Reisende in der Winterzeit, wenn das Hotel geschlossen war: „Das Bier steht unter der Theke, bedient euch!“ Seit seinem Tod 1961 hatte das Haus wechselnde Eigentümer.

Mittlerweile erstrahlt das Cardrona Hotel in neuem Glanz: 2002 wurde das denkmalgeschützte Gebäude aufwendig saniert und um einen weiteren Flügel ergänzt. Reisende schätzen heute das Flair im Landhausstil und die Verandas zum gepflegten Garten. Die Qualität des Restaurants wird oft gelobt, das Pub zählt zu den meist fotografierten des Landes. Kein Wunder: Die bekannte Brauerei Speight's machte das Pub in einer großen Werbekampagne landesweit bekannt und zu einem beliebten Ausflugsziel.

www.cardronahotel.co.nz

273 Whangamomona Hotel – Stempel im Reisepass

Nur zehn Einwohner – und doch ein eigener Staat: Der kleine Ort Whangamomona am Forgotten World Highway erklärte sich 1989 für unabhängig, als die Regierung in Wellington die Provinzgrenzen neu festlegte und die Kleinstadt fortan nicht mehr zu Taranaki gehörte.

Diese „Unabhängigkeit" von der Zentralregierung feiern Einheimische wie Gäste (Pass erforderlich!) alle zwei Jahre. Zu den Feierlichkeiten gehören die Kür eines Präsidenten und zahlreiche „sportliche Wettbewerbe" wie beispielsweise das Werfen von Gummistiefeln. Zudem ist der Ort ein guter Ausgangspunkt, den Forgotten World Highway (SH 43) zu erkunden (siehe „Traumstraßen", Seite 307).

Im Mittelpunkt des großen Volksfests steht das 1902 erstmals als Restaurant und dann 1912 nach einem Feuer neu errichtete Whangamomona Hotel, das sich selbst den Beinamen „Heimat der Republik" gegeben hat. Auch nach einer umfassenden Renovierung versprüht das Haus das Ambiente eines klassischen Landhotels. Nach längerem Leerstand sind Hotel und Pub seit 1984 wieder geöffnet.

www.whangamomonahotel.co.nz

274 Hapuku Lodge & Tree House – Ab ins Baumhaus

Rund zehn Metern über dem Boden, inmitten von Manuka-Bäumen, thronen sechs Baumhäuser mit einem À-la-Carte-Blick gen Berge und Meer. Die Hapuku Lodge & Tree House bietet somit ein einzigartiges Ambiente zum Übernachten und Entspannen. Die Lodge liegt am nördlichen Ortsrand von Kaikoura und umfasst neben den unterschiedlich großen Baumhäusern auch mehrere Suiten und ein eigenes Restaurant.

Suiten wie Baumhäuser bieten Luxus pur: Kamin, Sitzecke, Highend-Unterhaltungssystem, große Badezimmer mit Regenwasser-Dusche zum offenen Deck (im Baumhaus) oder Whirlpool (in den Suiten). Gerade die Baumhäuser richten sich an Paare, die auf Hochzeitsreise sind oder besondere Ereignisse feiern möchten. Speziell für Familien ist ein Baumhaus extra groß ausgebaut und bietet bis zu fünf Betten. Entsprechend hoch liegen allerdings die Preise, beispielsweise kostet eine Übernachtung im Zwei-Personen-Baumhaus mehr als 1100 Dollar (inkl. Halbpension für zwei Personen). Trotz der Preise ist die Lodge stets gut gebucht und sollte frühzeitig reserviert werden.

www.hapukulodge.com

275 Woodlyn Park

Mehr Auswahl geht fast nicht, wer nicht im Zelt oder gewöhnlichen Hotelzimmer übernachten möchte: ob im Schiff oder in einem ehemaligen Schnellzug, einem alten Fracht-Flugzeug oder einer Hobbit-Höhle. Der Woodlyn Park bei den Waitomo-Glühwürmchenhöhlen macht's möglich. Alle zehn ungewöhnlichen Zimmer verfügen über ein eigenes Bad und eine kleine Küche.

www.woodlynpark.co.nz

276 Tipi im Busch von Raglan

Wenige Minute von Raglans berühmten Surfstränden entfernt, legt das Team Solscape viel Wert auf einen nachhaltigen Umgang mit der Umwelt. Besonders beliebt in der ökologisch ausgerichteten Unterkunft: die Zelte im Tipi Forest. Die Ausstattung umfasst neben Solarduschen und Komposttoiletten einen Erdofen zum Pizza-Backen. Daneben gibt es Zimmer und Stellflächen für Camper.

www.solscape.co.nz

277 Larnach Castle

Einmal sich als Schlossherr fühlen – Reisende erleben dies (zumindest ansatzweise) bei einer Übernachtung in Larnach Castle. Neuseelands angeblich einziges Schloss, gelegen auf der Otago Peninsula bei Dunedin, bietet verschiedene Zimmer unterschiedlicher Qualität und Preislage. Die Wahl reicht vom Raum in einem Anbau des Schlosses mit Meerblick bis hin zum Zimmer im historischen Stall.

www.larnachcastle.co.nz

278 Hogwartz Backpackers

In den 1870er-Jahren ist der mächtige steinerne Bau als Residenz des katholischen Bischofs von Dunedin errichtet worden. Heute verbirgt sich dahinter eine gemütliche Backpacker-Unterkunft. Der einstige Speisesaal des Bischofs wurde zum übergroßen Schlafsaal – aber mit lediglich fünf Betten. Insgesamt verfügt das Haus über 17 Zimmer, darunter auch Doppelzimmer mit eigenem Bad.

www.hogwartz.co.nz

279 Waipara Sleepers

In ehemaligen Eisenbahnwaggons übernachten Reisende in Waipara. Der Ort liegt 200 Meter von der Kreuzung der beiden Highways 1 und 7 entfernt, etwa 45 Minuten nördlich vom Flughafen in Christchurch. Die alten Waggons sind in Doppel-, Zwei- und Mehrbettzimmer umgewandelt worden. Auch in alten Eisenbahner-Häusern sind Betten aufgestellt.

280 The Marlborough Lodge

Das ehemaliges Kloster der Saint Mary's Church in Blenheim ist seit 2016 eine luxuriöse Lodge. Aus den Zimmern für die Nonnen wurden zehn Suiten. Das Anwesen umfasst auch Restaurant, Spa, Tennisplätze und eigene Rebstöcke. Die Geschichte beginnt im Jahr 1901, bis das Kloster 1994 wegzieht und vorübergehend ein Bed&Breakfast namens Old St Mary's Convent B&B entsteht.

www.themarlboroughlodge.co.nz

Unterkünfte

Reisende können unter einer ungezählten Fülle von Unterkünften in Neuseeland wählen. Die Bandbreite reicht – je nach Geldbeutel und persönlichen Vorlieben – von Backpacker-Herbergen über Cabins bis hin zu Luxushotels, die allen internationalen Ansprüchen gerecht werden. Zehn Unterkünfte, sowohl Hotels als auch Hostels, können die Experten dieses Buches sowie die Facebook-Fans des Magazins 360° Neuseeland besonders empfehlen.

Eine der besten Unterkünfte des Landes ist die Bay of Many Coves Lodge.

281 Endless Summer Lodge Ahipara – Direkt am Strand

Strand ohne Ende bietet die Endless Summer Lodge in Ahipara: Die historische Villa liegt direkt am Sand des bekannten Ninety Mile Beach, rund zehn Minuten von Kaitaia entfernt, an der Shipwreck Bay am südlichen Ende des berühmten Strandes.

Die Endless Summer Lodge ist als Hostel eine klassische Backpacker-Unterkunft. Neben Zweibettzimmern gibt es auch ein Mehrbettzimmer (Dorm). Aufgrund der großzügigen Räume – teils mit Meerblick – dürften sich hier Reisende aller Altersklassen wohl fühlen. Neben der Lage am Strand loben Gäste auch immer wieder die freundlich-sympathischen Mitarbeiter und die Atmosphäre der Strandvilla aus den 1870-er Jahren mit ihrem großen Garten, der zu entspannten Stunden einlädt.

Das Haus aus Kauri-Holz stellt seinen Gästen auf Wunsch kostenlos Sandboards zur Verfügung. Damit lässt sich die Dünenlandschaft des Ninety Mile Beach und der Halbinsel bis hoch zum Cape Reinga sportlich erkunden. Auch Bodyboards zum Treiben in den Pazifikwellen sind kostenlos erhältlich. Surfbretter können gemietet werden. Wer möchte, kann die Region auch mit dem Quad erleben – individuell auf eigenen Touren oder auf organisierten Ausflügen.

www.endlesssummer.co.nz

282 Te Waonui Forest Retreat – Mitten im Regenwald

Einen idyllischen Blick auf den Regenwald erleben Gäste im Te Waonui Forest Retreat. Das Hotel gehört zu herausragenden Häusern am Franz Josef Glacier an der Westküste der Südinsel.

Die Gäste schätzen die hochwertigen Zimmer mit ihrer luxuriösen Ausstattung. Wie im gesamten Hotel wurde auch hier viel Holz verarbeitet, was für eine besonders gemütliche und naturnahe Atmosphäre sorgt. Ein Restaurant komplettiert die Anlage am Rande des kleinen Ortes. Direkt an das Hotel grenzt das Thermalbad Glacier Hot Pools, das entspannte Stunden im warmen Nass bietet.

www.tewaonui.co.nz

283 Bamber House – Nah am Mount Eden

Das frühere Herrenhaus Bamber House besticht mit seiner ruhigen Lage unterhalb des bekannten Mount Eden. Die Zimmer befinden sich sowohl im Haupthaus als auch in modernen Cabins inmitten des großen Gartens. Das Hostel verfügt über Zimmer mit eigenem Badezimmer, ansonsten Zweibettzimmer und Mehrbettzimmer (Dorms) mit Gemeinschaftsbädern. Gelobt werden die ruhige Atmosphäre, die gut ausgestattete Küche und das Ambiente der Zimmer.

Vom Bamber House erreichen Gäste die Innenstadt von Auckland auf einem 30- bis 60-minütigen Spaziergang oder alternativ mit dem Bus (20 Minuten). Bis zum Aussichtspunkt auf der Spitze des Mount Eden läuft man eine Viertelstunde.

www.bamberhouse.co.nz

284 Huka Lodge – Am Wasserfall

Die Gästeliste liest sich ganz vorzüglich: Persönlichkeiten von Queen Elizabeth II. bis hin zu Filmregisseur Peter Jackson nächtigten schon in dem feudalen Anwesen nah den Huka Falls in Taupo (zehn Minuten entfernt). Seit 1924 entspannen hier Gäste aus aller Welt. Mittlerweile gilt das Hotel als eines der besten in ganz Neuseeland.

Die großzügige Anlage umfasst zahlreiche Suiten sowie einige – noch luxuriösere – Cottages. Von allen Zimmern genießen Gäste den Blick auf den Waikato River, den Luxus runden abgetrennte Ankleidezimmer in jeder Suite ab. Die Huka Lodge bietet überdies einen Whirlpool und einen Tennisplatz, Fahrräder können kostenlos ausgeliehen werden. Der 17 Hektar große Garten mit einer Vielzahl von einheimischen Pflanzen zählt seit 2011 als „Garden of National Significance“ zu den bedeutenden Landschaftsparks des Landes. Der Luxus der Huka Lodge spiegelt sich in entsprechend gehobenen Preisen ab 1600 Dollar inklusive Halbpension im hervorragenden Restaurant wider. Die Gastronomie genießt einen erstklassigen Ruf.

www.hukalodge.co.nz

285 Stamford Plaza Auckland

Nur wenige Gehminuten von Aucklands Hafen liegt mit dem Stamford Plaza eines der besten Häuser von Neuseelands größter Stadt. Die große Fünf-Sterne-Herberge offeriert drei Restaurants und eine Bar. Zudem wird der berühmte englische „High Tea“ mit Sandwiches, Scones und Kuchen serviert. Die Zimmerauswahl reicht bis hin zu besonders großen Suiten. Hotelpool im elften Stock.
www.stamford.com.au

286 Bay of Many Coves Resort

Es ist die vielleicht schönste Unterkunft Neuseelands. Das Bay of Many Coves Resort liegt abgelegen in einem Seitenarm der Marlborough Sounds und ist nur per Boot oder Helikopter zu erreichen. Von allen elf luxuriösen und voll ausgestatteten Apartments haben Gäste einen Panoramablick auf die Buchten. Ein hervorragendes Restaurant sowie Pool und Spa runden das Urlaubserlebnis ab.
www.bayofmanycoves.co.nz

287 The Hermitage Hotel

Das Beste ist der Blick: Gäste genießen im Hermitage einen Panoramablick auf den Aoraki/Mount Cook. Neben dem gehobenen Panorama Room und dem Alpine Restaurant besteht das Sir Edmund Hillary Café & Bar, wobei letzteres eher den Charme einer Kantine versprüht. Das Hermitage wird gern von asiatischen Gästen gewählt. Im Souvenirgeschäft können Ausflüge gebucht werden.
www.hermitage.co.nz

288 The Rees Hotel

Direkt am Ufer des Lake Wakatipu liegt das vornehme Hotel The Rees. Neben Hotelzimmern umfasst es auch großzügige Apartments, mit Sitzecke, Esstisch, Schreibtisch, Kamin und einer vollausgestatteten Küche ideal für einen längeren Aufenthalt. Der Weinkeller des angeschlossenen Restaurants genießt einen guten Ruf. In die Innenstadt von Queenstown pendelt ein kostenloser Shuttlebus.
www.therees.co.nz

289 Museum Art Hotel

Mitten in der Innenstadt von Wellington erleben Gäste ein Boutique-Hotel par excellence. Das Museum Art Hotel präsentiert einen Stilmix aus großen Kronleuchtern, moderner Kunst und fetziger Musik in der Lobby. Klassische Eleganz vergangener Zeiten strahlt das Restaurant aus. Manche Zimmer bieten einen Blick auf den Hafen der Hauptstadt. Auch ein großer Innenpool gehört zur Anlage.
www.museumhotel.co.nz

290 South Sea Hotel Stewart Island

Treffpunkt für Einheimische und Unterkunft für Reisende ist das South Sea Hotel auf Stewart Island. Das Flair alter Pub-Hotels ist hier noch gut zu spüren. Neben modernen Studios mit eigenem Badezimmer haben die Zimmer im Haupthaus zwar Gemeinschaftsbäder, glänzen aber mit Meerblick. Neben dem Restaurant umfasst das Hotel ein Pub.
www.stewart-island.co.nz

Drehorte

Die Liste der Blockbuster ist lang: „Das Piano" und „King Kong" sind nur zwei von zahlreichen Filme, die von Neuseelands famoser Landschaft als Kulisse profitierten. Vor allem aber die Filmtrilogie „Der Herr der Ringe" machte Feuerberge und verwunschene Schluchten weltbekannt. Viele der rund 150 Drehorte lassen sich unkompliziert auf eigene Faust erkunden. Oftmals werden auch geführte Touren angeboten, die dann mehr Informationen über die einzelnen Locations und die Dreharbeiten vermitteln. Das Zauberwort für Fans lautet „LOTR" – es weist auf Touren und Drehorte hin. Angesichts der Vielfalt helfen zahlreiche Websites bei der Suche. Und selbst die Naturschutzbehörde DOC fördert den Hype. Zudem sind spezielle Reiseführer für LOTR-Fans erhältlich.

www.doc.govt.nz/lordoftherings
www.newzealand.com/de/feature/the-lord-of-the-rings-trilogy-filming-locations

Pflichttermin für Tolkien-Fans: die Filmstadt Hobbiton

291 Hobbiton – Pflichttermin für Hobbit-Fans

Einmal durch eine Hobbit-Höhle laufen, einen Blick in Bilbos Haus werfen oder ein „echtes" Hobbit-Bier genießen: Hobbiton ist Mittelerde pur und ist das Paradies für Fans von Peter Jacksons Erfolgsfilmen „Der Herr der Ringe" und der Fortsetzung „Der kleine Hobbit". Der Regisseur persönlich hatte das Areal beim Überflug entdeckt, als er Drehorte für die Filmtrilogie suchte. „Der große und allein stehende Macrocarpa-Nadelbaum in der Mitte der Farm und das Fehlen jeglicher Überland-Leitungen haben ihn überzeugt", sagen Kenner der Filmproduktion. Heute besuchen täglich hunderte Cineasten das weitläufige Areal in der Nähe von Ma-

tamata auf der Nordinsel, rund 180 Kilometer südlich von Auckland oder 70 Kilometer westlich von Rotorua entfernt. Manch hartgesonnene Fans kleiden sich extra in Filmkostümen und wollen so den Abstecher in die Kulissen ihres Lieblingsfilms möglichst stilecht erleben.

Zwar wurde hier schon „Der Herr der Ringe" gedreht, doch damals mussten alle Filmkulissen wieder abgerissen und die Landschaft in den Originalzustand versetzt werden. Anders bei der Fortsetzung: Für die „Hobbit"-Filme musste die Filmcrew alles neu errichten, durfte es anschließend aber in einen Filmpark verwandeln. Heute ist Hobbiton eine der beliebtesten Touristenattraktionen der Nordinsel und angeblich das weltweit größte begehbare Film-Set. Zu den Sehenswürdigkeiten in der lieblichen, friedvollen Landschaft zählen neben 40 Hobbit-Höhlen, detailgetreu mit Obst- und Gemüsegärten und Teichen gestaltet, die Wassermühle und das Pub „Zum Grünen Drachen". Vom Gasthaus abgesehen, handelt es sich meist aber nur um reine Kulissen – die Innenaufnahmen filmte die Crew im Studio. Schöner Schein eben.

Für einen Besuch in Hobbiton sollten Filmfreunde mindestens zwei Stunden einplanen. Wer den Drehort möglichst ruhig genießen und Fotos der Kulisse ohne andere Besucher machen möchte, sollte die erste Tour morgens (um 9 Uhr) oder die letzte (um 15.30 Uhr) buchen. Sie starten im Normalfall alle 15 oder 30 Minuten. Dienstags und samstags kann Hobbiton auch auf abendlichen Führungen inklusive Abendessen erkundet werden. Von zahlreichen Städten aus werden geführte Touren angeboten, selbst von Auckland ist ein Tagesbesuch möglich.

www.hobbitontours.com
www.newzealandtours.co.nz

292 Fiordland National Park – Imposante Kulisse

Ob mächtige Gletscher, steinerne Gipfel oder scheinbar endlose Wasserfälle: Hier fühlen sich Hobbits wohl, ist zumindest Regisseur Jackson überzeugt. Der überaus populäre Nationalpark im Südwesten der Südinsel verleiht den Filmen nach Tolkiens Romanen den monumentalen Rahmen. Epische Szenen entstanden in der zerklüfteten Landschaft.

Zu den wohl spektakulärsten Aufnahmen zählt eine Episode aus „Der Hobbit: Eine unerwartete Reise“: Auf Adlerrücken fliehen die Gefährten aus den Bergen. Zudem ist hier der „Fanggorn Forest“ angesiedelt, der an die „Misty Mountains“ grenzt. Am Milford Sound spielen viele Szenen mit Isengard, Lothlorien und Amon Hen. Die weiten Grasflächen bei Te Anau Downs sind Schauplatz aufregender Verfolgungsjagden. Der Lake Gunn, an der Milford Road gelegen, mit den Eglinton Mountains im Hintergrund spielt somit in Tolkiens Filmtrilogie eine bedeutende Rolle.

Überdies liegt hier im Nationalpark der sogenannte „Great River“ (oder Anduin River) aus Tolkiens Fabelwelt: Die Auftaktszene für „Der Herr der Ringe: Die Gefährten“ – also den ersten Teil – wurde am Waiau River zwischen Te Anau und Manapouri gedreht.

Das Fiordland zählt zu beliebtesten Zielen Neuseelands. Vor allem den Milford Sound (siehe „Southland“, Seite 274) lässt kaum ein Besucher aus. Auf Bootsfahrten zwischen 90 Minuten und drei Stunden lässt sich der 15 Kilometer lange Fjord erkunden. Wasserfälle und schneebedeckte Gipfel von bis zu 2.000 Meter Höhe

umrahmen den Milford Sound, der zuweilen auch als achtes Weltwunder bezeichnet wird. Einen atemberaubenden Blick genießen Besucher auch aus der Luft – Rundflüge werden sowohl mit dem Hubschrauber als auch mit dem Kleinflugzeug angeboten. Das mächtige Landschaftspanorama beeindruckt Urlauber schon auf der Milford Road, die zum Fjord führt und zu den schönsten Straßen der Welt zählt.

www.realjourneys.co.nz
www.cruisemilfordnz.com
www.southerndiscoveries.co.nz

293 Lake Wakatipu – Jacksons Lieblingsort?

Magische Momente spielen rund um den spektakuläre Lake Wakatipu und seine umgebende Berglandschaft. Die Region scheint einer der Lieblingsplätze von Regisseur Peter Jacksons zu sein, wenn man bedenkt, wie viele Szenen für beide Filmreihen hier gedreht wurden.

Vor allem eine Szene in „Der Hobbit: Eine unerwartete Reise" machte die Region berühmt: Am Mount Earnslaw mit seinem Gletscher und kaskadenartigen Wasserfällen kommen Bilbo und seine Gefährten bei ihrer Suche vorbei, nachdem sie Rivendell verlassen haben. Besucher können die beeindruckende Bergregion auf dem vier- bis sechsstündigen The Earnlaw Burn Track erkunden. Die Tour startet im beschaulichen Glenorchy am Ende des Lake Wakatipu. Ganz in der Nähe liegt der beschauliche Ort Paradise mit nur wenigen Häusern. Hier in der Region verläuft – am Mavora Walkway – auch der Pfad, der in Tolkiens Misty Mountains führt. Und die Farm Arcadia Station im Paradise Valley bildete den Rahmen für Beorn's House in „Der Hobbit: Smaugs Einöde".

Gerade in und rund um Queenstown, dem wuseligen und größten Ort am Lake Wakatipu, werden zahlreiche Touren zu LOTR-Drehorten angeboten. Ein halbtägiger Ausflug verläuft beispielsweise auf den Spuren von Isengard, Amon Hen, dem Lothlorien Forest, den Misty Mountains und Ithilien – schlichtweg Mittelerde pur.

www.tourism.net.nz/nz-places/earnslaw-burn.html
www.lordoftheringstours.co.nz
www.pureglenorchy.com

294 Tongariro National Park – Tolkiens Schicksalsberg

Die verwunschene Landschaft rund um die drei Vulkanberge Ngauruhoe, Ruapehu und Tongariro mit ihrem bizarren, dunklen Gestein sowie der kargen Vegetation versprühen die ideale Atmosphäre für Tolkiens Schicksalsberg: Der Mount Ngauruhoe mutierte zu Mount Doom, wo Frodo Mittelerde rettet. Hier wirft er den Ring, um sein Volk vor der Versklavung durch den bösen Herrscher Sauron zu schützen. Hier wurden zahlreiche Szenen für Mordor, das unheimliche Land des Bösen, gedreht.

Der populäre Nationalpark ist zugleich Schauplatz zahlreicher weiterer Szenen aus Jacksons Filmtrilogien, vor allem an den Hängen des 2.291 Meter hohen Mount Ruapehu, dem höchsten Berg der Nordinsel. Per Sessellift und weiter zu Fuß sind beispielsweise die Felsen zu erreichen, an denen Sam und Frodo in „Der Herr der Ringe: Die zwei Türme" von Gollum gerettet werden. Und in der Nähe des Örtchens Okahune liegen die Mangatepopo-Wasserfälle, wo Gollum in einem oberhalb gelegenen Becken einen Fisch fängt.

Reisende können den Tongariro National Park auf zahlreichen kurzen und längeren Wanderungen erkunden. So gilt das sechs- bis neunstündige Tongariro Alpine Crossing sogar als eine der schönsten Tagestouren weltweit (siehe „Nationalparks", Seite 28, und „Tageswanderungen", Seite 64).

www.tongarirocrossing.org.nz/the-lord-of-the-rings.html

295 Cathedral Cove

Die eindrucksvolle Felshöhle Cathedral Cove auf der Coromandel Peninsula zählt zu den beliebtesten Drehorten aus der Roman- und Filmreihe „Die Chroniken von Narnia". Am Pazifikstrand liegt das fiktionale Film-Schloss „Cair Paravel" – hier herrschte das Königspaar von Narnia. Ebenfalls aus der Filmreihe bekannt: Flock Hill Station am Arthur's Pass auf der Südinsel.

296 Mount Taranaki

Double für Japans Vorzeigeberg Mount Fuji: Der Mount Taranaki mit seinem perfekt geformten Vulkankegel war die wohl wichtigste Kulisse im Historienfilm „Last Samurai" mit Tom Cruise. Für die Dreharbeiten wurde eigens ein japanisches Dorf am Fuße des Berges errichtet. Zahlreiche Wanderwege erschließen den oftmals schneebedeckten Mount Taranaki im Egmont National Park.

297 Mount Sunday

Auch im Hochland bei Ashburton machte Jacksons Filmcrew Halt: Der Mount Sunday war in der Trilogie „Der Herr der Ringe" die Kulisse für Edoras. Der Aufbau des Filmsets nahm angeblich neun Monate in Anspruch – leider ist nichts davon stehen geblieben. Der Drehort ist erreichbar über die Hakatere Potts Road, in der Nähe liegt die Mount Potts Lodge mit Zimmern und Campingplatz.
www.mtpotts.co.nz

298 Karekare Beach

Der malerische Strand, eingerahmt von Felsen und kleinen Bergen, bildet den würdigen Auftakt des Oscar-prämierten Films „Das Piano". Hier spielen die weltbekannten ersten Szenen, die 1993 Premiere hatten. Karekare Beach liegt in den Waitakere Ranges, etwa 30 Kilometer westlich von Auckland. Die Dreharbeiten fanden 1992 statt.

299 Aoraki/Mount Cook

An Neuseelands höchstem Berg hat der einheimische Regisseur Martin Campbell das spektakuläre Bergsteigerdrama „Vertical Limit" produziert. Die Southern Alps mit Gletschern und hohen Gipfeln locken dazu mit unvergesslichen Panoramaaufnahmen. Zu Fuß und aus der Luft lässt sich der Aoraki/Mount Cook gut erkunden. Am nahen Lake Pukaki wiederum drehte Tolkien-Fan Peter Jackson mehrfach.

300 Lyall Bay & Shelly Bay

Von den Hobbits zu King Kong: Nach den Erfolgen mit Tolkiens Romanen hat sich Regisseur Jackson 2005 an die Neuverfilmung des Klassikers „King Kong" gewagt. Unweit von Wellingtons Innenstadt ließ er in der Lyall Bay ein grandioses Filmset für die fiktive geheimnisvolle Insel Skull Island aufbauen. Und am populären Surfbeach Shelly Bay – ebenfalls auf der Peninsula Miramar – rennen im Film die Dinosaurier.

Mein Neuseeland

Jenny Menzel

Mutter von drei Kindern und arbeitet als freie Texterin, Lektorin und Buchautorin. www.weltwunderer.de

Dem Land verfallen

Wie kann man Neuseeland nicht lieben? Mein erster Besuch ist schon mehr als 20 Jahre her, aber an das Gefühl, das direkt beim Heraustreten aus dem Flughafengebäude von Auckland erwachte, erinnere ich mich bis heute: dieser unglaublich blaue, weite Himmel, dazu das satte Grün der sanften Hügel und vor allem die weiche, milde Luft, die man mit einem Gefühl in die Lungen zieht, als wäre sie ein Lebenselixier ...

Wir schauten uns damals verstohlen an und prüften, ob dem anderen auch gerade Tränen in den Augen standen. Dann stellten wir fest, dass unsere Mundwinkel sich ganz von selbst nach oben gezogen hatten. Das leicht debile Grinsen konnten wir in den folgenden Wochen einfach nicht abstellen, wir fühlten uns zeitweilig sogar leicht „auf Droge".

Auf unserer zweiten Reise, inzwischen mit zwei Kindern, war es nicht anders: Wir stolperten übernächtigt aus dem Flughafen von Christchurch und setzten uns erst einmal auf eine Bank. Der Stress der monatelangen Reisevorbereitung und die Strapazen des mehrtägigen Fluges schienen sich in der unvergleichlichen Luft, die wir sofort wiedererkannten, in Nichts aufzulösen. Unseren Kindern ging es ähnlich; sie verfielen in einen Freudentanz, das Genörgel der vergangenen Stunden war vergessen.

In den folgenden Wochen hatten wir keinen Grund, unser Dauergrinsen abzustellen; im Gegenteil. Zur puren Schönheit der neuseeländischen Natur kamen nun noch die täglichen kleinen Nettigkeiten, die man als reisende Familie besonders sensibel wahrnimmt. Neuseelands Menschen nahmen uns wie lange vermisste Freunde oder Familienangehörige auf, selbst wenn wir sie gar nicht kannten. Unsere Kinder staunten anfangs, passten sich aber schnell an - und erlebten zwei Monate voller Freiheit und Offenheit. Wir standen immer wieder kopfschüttelnd und dankbar da und fragten uns mehr als einmal, ob wir nicht einfach bleiben sollten...

Wer mit offenen Augen und offenem Herzen herkommt, der wird gar nicht anders können, als Neuseeland komplett zu verfallen.

Lieblingsplatz

Moke Lake – Einsamer Bergsee

Braucht man in so einem Traumland überhaupt noch einen Lieblingsort? Einer hat sich tiefer als alle anderen in mein Herz gebrannt. Moke Lake, nur wenige Kilometer außerhalb von Queenstown, ist ein kleiner Bergsee, der umgeben von hohen Gipfeln und weiten Grasflächen in grandioser Einsamkeit daliegt. Hier und da ertönt ein leises „Mäh!", aber ansonsten ist es so still, dass man die eigenen Gedanken hören kann. Und die drehen sich vor allem um Dankbarkeit – dass man hier sein kann, am anderen Ende der Welt, unter dem Sternenhimmel der Südhalbkugel, der so viele Sterne hat, dass sie ganz von selbst zu Bildern verschwimmen.

Die Straße zum Moke Lake ist steil, kurvig und geschottert, weshalb nicht viele Urlauber herkommen. In der Nebensaison ist man auf dem kleinen DOC-Campingplatz oft allein, im Sommer teilt man sich das Seeufer mit Kiwi-Familien, die hart im Nehmen sind – hier gibt es keinen Strom, keinen Wasseranschluss und keinen Handy-Empfang. Hier gibt es nur den See und die Berge, und die grandiose Stille. Hoffen wir, dass es so bleibt.

Mein Neuseeland

Matthias Müller

CEO Crazy Planet Records GmbH
www.crazyplanetrecords.com

Sehnsucht seit Kindestagen

In seinen Bann gezogen hat mich das Land von Kindheit an. Aufgewachsen im Osten Deutschlands, umringt von Grenzen und leider auch politisch bedingt durch meine Familiensituation nicht gerade in Freiheit lebend, träumte ich schon immer von der Ferne. Angefangen hat meine Liebe zu Neuseeland, als ich als Kind ein Buch von meinem Vater geschenkt bekommen habe, das er mir zu meinem Geburtstag aus der damaligen BRD in die DDR gesendet hatte. Das war die Zeit der Wende - und endlich war das Gefühl von Freiheit zu spüren. In diesem Buch fand ich ein Bild von einem Kiwi. Der Hintergrund des Fotos war das für mich damals wohl Schönste, was ich je gesehen hatte. Da war es um mich geschehen und ich wusste, dort will ich irgendwann hin. Nach vielen Jahren der Träumerei konnte ich mir endlich meinen ersten Flug leisten.

Nun besuche ich seit nunmehr fast zwei Dekaden die Nord- und Südinsel. Neuseeland hat mich vom ersten Tag an fasziniert. Nicht nur die Natur, die Menschen oder die Tierwelt haben mich von Anfang an beeindruckt, sondern die Kultur ist Grund meiner Liebe. Gänsehaut überkommt mich beim Zusehen des Haka, dem ursprünglichen Kriegstanz der Maori. Die Tattoo-Kunst der Maori ist ein leidenschaftlicher Teil dieses Volkes, der mich berührte. Ich habe viel Zeit mit Freunden verbracht, die ihrer eigenen Whanau (Familie) angehören und mir viele Geschichten ihrer Herkunft erzählten - und ich kann stolz sein, diese auch persönlich erzählt bekommen zu haben. Bestandteil meiner immer wiederkehrenden Rückkehr nach Neuseeland ist die Musik. Als ich auf meiner ersten Reise war - als Musikliebhaber und in der Musikbranche arbeitend - verliebte ich mich sofort in die so anders klingenden Harmonien. Und es war für mich das Allergrößte, diese Kunst auch nach Europa zu exportieren. Also brachte ich die ersten Bands in die alte Welt - und hole seitdem sowohl meine Leidenschaft als auch eine einzigartige Kultur in meine Heimat.

Lieblingsplatz

Raglan – Perle an der Westküste

Weder theoretisch noch praktisch fällt es mir leicht, den schönsten Ort zu benennen. Raglan ist jedoch ist einer dieser Flecken, die einem vor Staunen, Freude und Überwältigung das Wasser in die Augen rinnen lässt. In Raglan ist es, als wäre man auf einer Insel inmitten einer Insel. Hier findet sich einer der schönsten Wasserfälle, die Bridal Veil Falls, in unmittelbarer Umgebung. Ein Naturereignis der ganz besonderen Art. Auch der Mount Kariori verzaubert die Landschaft, und die weiten Strände und Buchten laden zum Surfen ein. Ab und an zeigen sich sogar Orcas im Hafen dieser kleinen Perle an der Westküste der Nordinsel.

Mein Neuseeland

Julia Schoon

Bloggt auf www.JaegerDes VerlorenenSchmatzes.de kulinarische Reiseabenteuer aus Neuseeland und dem Rest der Welt.

Gefühl von zu Hause

Eine große Sorge begleitete mich auf meine erste Neuseelandreise. Mir war nämlich von unterschiedlichen Leuten derart von diesem Land vorgeschwärmt worden, dass ich mir dachte: Na toll, jetzt sind meine Erwartungen riesig, das kann eigentlich nur schief gehen.

Sechs Monate später saß ich heulend im Flugzeug zurück und dachte übers Auswandern nach. Ich hatte mich nicht etwa in einen Kiwi verknallt (mein Freund wartete zu Hause auf mich), sondern in das ganze Land.

Ich bin schon viel gereist, aber nie kam ich so geflasht und in der Seele berührt nach Hause wie aus „Godzone". Übrigens ein sehr passender Kosename, mit dem die sonst so bescheidenen Kiwis ihre Inseln bezeichnen. Vier Mal war ich inzwischen dort, habe die laaaaange Anreise ans schönste Ende der Welt sogar mit Säugling unternommen. Und während wir in der Elternzeit sieben Monate auf der Nord- und Südinsel unterwegs waren und uns mit Kind pudelwohl und stets willkommen fühlten, habe ich mich noch ein bisschen mehr verliebt. Es gibt so viele Dinge, die dort mein Herz höher schlagen lassen ... ich kann sie unmöglich alle aufschreiben, nur ein paar, wichtige:

- *Das Licht! Als würde die Luft leuchten.*
- *Die Luft! Einfach mal durchatmen - die ganze Zeit.*
- *Die Landschaft! So abwechslungsreich und dabei exotisch und vertraut zugleich.*
- *Das Meer! Nie weiter als eine kurze Autofahrt entfernt und voller*
- *Fische, Abalone, Muscheln und Langusten, die von jedermann gefischt und gegessen werden dürfen (innerhalb gewisser Quoten, klar!).*
- *Die Strände! Niemals voll, niemals mit Liegen und Schirmen verunstaltet, dafür gab es tolles Treibholz, an dem unser Baby Laufen übte.*
- *Und natürlich: die Leute! So entspannt, gastfreundlich, mit einem herrlichen Humor, hilfsbereit, auf eine sehr coole Art pragmatisch (ich sag nur: kurze Hosen und Gummistiefel) und kinderlieb.*

Bereits bei meiner zweiten Neuseelandreise hatte ich in dem Moment, als ich aus dem Flughafen trat, das Gefühl, nach Hause zu kommen. Mal schauen, ob es das tatsächlich eines Tages wird: Zuhause.

Lieblingsplatz

Rund um das East Cape

Südlich des East Cape sei es gefährlich und in Gisborne gebe es Maori-Gangs, warnte man mich 2006. Damals reiste ich allein und fuhr lieber nur bis zum Leuchtturm am Kap und wieder zurück. Aber ich erinnere mich genau an das Gefühl, dass die Uhren hinter Opotiki langsamer zu gehen schienen. Und diese Landschaft! Breite Sandstrände mit Treibholz lagen in der flirrenden Hitze, während rechts der Küstenstraße, die ich gen Osten fuhr, dicht bewaldete Hügel immer höher aufragten.

2013 kehrte ich mit Freund und Baby zurück. Zu Beginn unseres Roadtrips lernten wir eine Frau aus Opotiki kennen, die uns zu sich einlud. Von dort fuhren wir weiter ums Kap und bis nach Gisborne. Durch eine Verkettung von Zufällen lernten wir rund ums East Cape mehrere Maori-Familie kennen – und ihre Gastfreundschaft. Wir sammelten Grünlippmuscheln, kochten und sangen zusammen und schnitzten mit einem Künstler einen Jade-Anhänger für unsere Tochter. Es waren einige der schönsten Tage unserer Reise.

Die facettenreiche Maori-Kultur ist allgegenwärtig.

Kultur & Lebensart

- Maori-Kultur
- Neuseeländische Spezialitäten
- Restaurants
- Persönlichkeiten
- Künstler
- Filme

Mit TravelEssence abseits der Massen reisen

TravelEssence organisiert maßgeschneiderten Individual-Urlaub in Down Under. Ob mit dem Mietwagen oder in der Kleingruppe mit dem Bus, allein, zu zweit oder mit der ganzen Familie.

Umfangreiche Reise- und Lebenserfahrung in Neuseeland sowie der Wunsch, das perfekte Reiseerlebnis für jeden Kunden zu schaffen, zeichnen den Spezialisten aus. Individualität, Authentizität und Komfort stehen bei der Reiseplanung mit TravelEssence im Vordergrund. Der Spezialist erfüllt so alle Neuseeland-Träume seiner Kunden und kombiniert Touren durch ursprüngliche Landschaften mit authentischen Maori-Erlebnissen sowie individuellen und einzigartigen Unterkünften.

Neuseelands Maori-Kultur ist ein wichtiger Bestandteil im Leben der Kiwis und ein einzigartiges Erlebnis für jeden Besucher. Vor mehr als 1000 Jahren kamen die Maori aus ihrer mythischen Heimat Hawaiki ins Land der weißen Wolke. Heute machen sie an die 14 Prozent der neuseeländischen Bevölkerung aus und ihre Geschichte, Sprache und Traditionen sind bis heute tief in Neuseelands Kultur und Identität verankert.

Auf der neuseeländischen Nordinsel können Urlauber mit „Footprints Waipoua“ in die Maori-Kultur eintauchen. In der Region rund um Hokianga erfahren Besucher auf einer Tour durch den Waipoua Forest alles Wissenswerte über die Ureinwohner Neuseelands und können jahrhundertealte Kauri-Bäume bestaunen. Joe und Maria vom Stamm der Ngapuhi führen auf der Whispering Trails Tour durch die unberührte Natur der Waima Forest Ranges. Besonders interessant: Zahlreiche Pflanzen des Waldes sind essbar und werden noch heute von den Maori als Medizin genutzt.

In der Tradition der Maori ist alles in der Natur miteinander verbunden, so auch der Mensch. Mit einem Wiederaufforstungsprogramm im Te Urewa-Regenwald setzen sie sich für den Erhalt ihrer natürlichen Umgebung ein. TravelEssence bietet gemeinsam mit den Maori die einzigartige Möglichkeit sich an diesem Projekt zu beteiligen. Auf einer Wanderung durch den beeindruckenden Regenwald pflanzen Teilnehmer selbst neue Bäume, die bis zu 1000 Jahre alt werden, und hinterlassen so ihre Spuren auf neuseeländischem Boden. Die Teilnahme ist als Tagesausflug von Rotorua aus möglich, kann aber auch mit einer Übernachtung im Regenwald verbunden werden.

Einzigartig übernachten lässt es sich aber nicht nur hier – wer ein Naturerlebnis und Abgeschiedenheit sucht, ist in der Takou River Lodge genau richtig. Die Unterkunft liegt inmitten der subtropischen Landschaft der Bay of Islands am Ufer des malerischen Takou River, der zu einer ausgedehnten Kajaktour einlädt. In der Mahitahi Lodge kommen Urlauber in den Genuss neuseeländischer Gastfreundschaft und erleben einen echten Kiwi-Klassiker: Gastgeber John führt seine Gäste zu den schönsten Punkten der Südinsel, ob zum Sonnenaufgang am Aoraki/Mount Cook oder auf eine Kajaktour durch den neuseeländischen Regenwald.

Mehr über die vielfältigen Möglichkeiten im Land der weißen Wolke erfahren Interessierte bei einem Gespräch mit den Neuseeland-Experten von TravelEssence in einem der Reisebüros in Frankfurt, Hamburg, Düsseldorf oder München, per Telefon oder auf Wunsch auch beim Kunden zuhause.

Mehr Infos unter: ***www.travelessence.de***

Südpazifischer Ozean
Tasmanische See
Cookstraße
Kaitaia
Kerikeri
301
302
Kaikohe
Whangarei
Dargaville
NORTHLAND
Wellsford
Warkworth
Whangaparaoa
Auckland
Whitianga
Thames
Whangamata
Waiuku
Tauranga
Te Puke
Hamilton
Cambridge
Te Awamutu
305
Whakatane
Opotiki
306
Tokoroa
307
310
BAY OF PLENTY
WAIKATO
GISBORNE
Gisborne
Taupo
Taumarunui
Turangi
New Plymouth
Wairoa
HAWKE'S BAY
TARANAKI
MANAWATU/ WHANGANUI
Taihape
Hastings
Hawera
Whanganui
Waipukurau
Palmerston North
Paraparaumu
Masterton
WELLINGTON
Wellington
DEVONPORT
326
330
Auckland
322
PARNELL
308
Wellington
303
325
ORIENTAL BAY
327
NEWTOWN
MIRAMAR

Cookstraße
Collingwood
328
Motueka
Nelson
324
Karamea
Picton
Richmond
Blenheim
Westport
Seddon
Tasmanische
See
Greymouth
Hanmer
Springs
321
Kaikoura
Hokitika
Ross
CANTERBURY
Christchurch
309
Ashburton
Akaroa
Temuka
Twizel
Wanaka
Waimate
Queenstown
329
330
Cromwell
Oamaru
Alexandra
Hampden
Te Anau
Palmerston
323
OTAGO
Karitane
SOUTHLAND
Mosgiel
Dunedin
Winton
Gore
Balclutha
Invercargill
Südpazifischer
Ozean

Maori-Kultur

Dank ihres Kriegstanzes ist die Kultur der Maori mittlerweile weltberühmt: Die All Blacks, das nationale Rugby-Team, zelebriert den Haka vor jedem Spiel, um den Gegner einzuschüchtern. Und auch bei anderen Sportarten setzen die Aktiven zunehmend auf den motivierenden und furchteinflößenden Tanz. Doch die Kultur und das Leben der Maori bietet weit mehr als nur den Haka. Das Hangi – leckere Köstlichkeiten aus dem Erdofen – ist mindestens genauso populär. Hinzu kommt die Jahrhunderte alte Geschichte der Maori, ihrer Besiedlung Neuseelands und ihre teils kriegerischen Auseinandersetzungen mit der britischen Besatzungsmacht. In Museen, Shows und auf geführten Touren geben die Maori Einblick in ihr Leben, das sich seit dem Eintreffen der Briten grundlegend wandelte.

www.maori.com

Der berühmte Kriegstanz Haka soll den Gegner beeindrucken.

301 Waitangi Treaty Grounds – Geschichte pur

Stolz streckt der Guide die Hand nach oben und zeigt auf eine feine Holzschnitzarbeit: „Das Gesicht dort oben repräsentiert meinen Urgroßvater.“ Hier auf den Waitangi Treaty Grounds in der Bay of Islands lassen sich Geschichte und Kultur live erleben. Dieser kurze und sehr persönliche Moment spielt sich im prächtigen Versammlungshaus Te Whare Runanga ab. Das sehenswerte Haus wurde 1940 errichtet – pünktlich zum 100. Jahrestag der Unterzeichnung des Vertrages von Waitangi.

Denn am 6. Februar 1840 unterzeichneten Captain William Hobson als oberster Vertreter Großbritanniens und rund 50 Maori-Häuptlinge den Vertrag von Waitangi, der als „Geburtsurkunde Neuseelands“ gilt. Laut den Worten des Vertrages sollten die

PRESENTATION PLATE, CENTENARY NUMBER "NEW ZEALAND FREE LANCE," OCTOBER 16, 1939

THE SIGNING OF THE TREATY OF WAITANGI, FEBR

The day that New Zealand became a part of the British Empire. The painting displays the historical group assembled at the residence of Mr. William Hobson, R.N., first Governor of New Zealand. The Rev. Henry Williams acted as interpreter, explaining the terms of the Treaty to th Mr. Williams, Captain Joseph Nias, R.N., Captain Hobson and Mr. Busby. The Maori chief in the act of si

ursprünglichen Bewohner Neuseelands die gleichen Rechte wie alle britischen Staatsbürger und die Rechte am Landbesitz erhalten. Im Gegenzug mussten sie dafür die britische Krone als Staatsoberhaupt anerkennen. Anschließend trugen Boten den Vertrag durchs Land, so dass schließlich mehr als 500 Stammesoberste der Vereinbarung zustimmten. Allerdings gab es schon seinerzeit ablehnende Stimmen in Sorge um die Selbstständigkeit der Maori, und nicht alle Stämme haben unterschrieben. Angesichts der Vorbehalte und auf Druck der jährlichen Proteste am Waitangi-Tag gründete die Regierung 1975 das Waitangi-Tribunal, um Streitigkeiten zu lösen. Denn bis heute nennen viele Maori den Vertrag schlicht den „Betrug von Waitangi".

he New Zealand Government Tourist and Publicity Dept. at the New York World's Fair.

840.

tish Resident, at Waitangi, Bay of Islands, to meet Captain
incipals in the impressive and historical scene included
Tamati Waka Nene.

Das opulent verzierte Maori-Versammlungshaus ist sicherlich das optische Highlight des traditionsreichen Geländes. Überdies können Besucher einen Blick in das Treaty House werfen – in dem sogenannten „Historischen Denkmal" wurde einst der Vertrag unterzeichnet. Ebenfalls sehenswert: das Waka Ngatokimatawhaorua, mit 36 Metern Länge und Platz für 150 Personen das wohl größte Kriegskanu der Welt. Vollbesetzt wiegt das Waka rund sechs Tonnen - und erreicht dennoch eine Geschwindigkeit von bis zu 50 Stundenkilometer.

Zudem informiert das Besucherzentrum ausführlich über die Geschichte des Landes und den aus Maori-Sicht verhängnisvollen Vertrag. Der geführte, 50-minütige Rundgang lohnt in jedem Fall. Mehrfach täglich zeigen Maori in kurzen Shows ihre Kultur. Und seit Neustem werden auch abends Veranstaltungen mit Vorführungen und einem Hangi-Buffet angeboten. Zum Waitangi Day am 6. Februar finden zahlreiche Feierlichkeiten statt.

www.waitangi.org.nz

302 Unterwegs im Waka mit Maori-Häuptling Hone

Seine Aura ist sofort zu spüren. Selbstbewusst, mit wachen Augen und schnellen Reaktionen, die Pfeife aus Röhrenknochen am Ohr steckend. Hone Mihaka ist Oberster des Stammes der Ngapuhi, mit mehr als 4500 Angehörigen der vermutlich mächtigste Maori-Stamm auf Neuseeland. Schon seit mehr als 200 Jahren handeln die Ngapuhi mit den „Weißen aus dem Westen“, wie Hone später berichten wird. Seine Vorfahren zählen zu den ersten Maori, die Neuseeland vor hunderten von Jahren erreichten. Seit 1997 lebt Hone Mihaka wieder in der Bay Of Islands und bringt Touristen seine uralte Kultur und seine persönliche Lebensgeschichte näher.

Geschichte und Legenden seines Volkes und seines Landes sind Mihakas Themen. Eine Zeitlang konnten bei „Ein Tag mit Hone“ Paare oder Familien – aber keine Gruppen – für einige Stunden an seinem Leben teilhaben. Ein festes, starres Programm gab es dabei nicht – Hone unternimmt das, worauf er Lust hast: „Für mich ist es keine Arbeit, wenn ich unsere Historie lebendig halte und dafür sorge, dass die Tradition nicht in Vergessenheit gerät.“ Oft schlug er eine Tour mit dem Waka, dem traditionellen Kriegskanu, vor. Dann zeigte er seinen Gästen den Haruru-Wasserfall und das Marae seines Stammes am Waitangi River. Gerade in diesem kleinen, etwas versteckt am Uferrand liegenden Versammlungshaus bekamen Besucher ein tiefes Verständnis für die Kultur der Maori und lauschten gespannt seinen Worten.

Heute organisiert Hone Mihaka mit seiner Familie geführte Kanutouren auf dem Waitangi River. Während ihre Gäste unter Anleitung die zwölf Me-

ter langen Kanus durchaus schweißtreibend über den Fluss paddeln, berichten Hone und seine Mitstreiter in vielen mitreißenden Geschichten über in ihre Tradition. So bekommen selbst Kreuzfahrtpassagiere, die meist nur wenige Tage in Neuseeland sind und oft zu den Gästen von Hone zählen, einen guten Einblick in die Maori-Kultur. Und gerade zum Waitangi Day hat der Familienbetrieb gut zu tun. Liebenswürdigkeit und Ausstrahlung von Hone und seinem Team sind auf diesen Touren allgegenwärtig und für die Gäste unvergesslich.

www.taiamaitours.co.nz

303 Te Papa Museum – Schatztruhe der Maori-Kultur

Ob furchteinflößendes Waka oder farbenfrohes Marae – mehr Schmuckstücke der spannenden Maori-Kultur finden sich wohl nirgends in Neuseeland. Kein Wunder, dass jährlich mehr als eine Million Besucher das Museum of New Zealand Te Papa Tongarewa, kurz Te Papa, das Museum des Landes schlechthin erkunden (siehe „Wellington“, Seite 208).

Als Nationalmuseum legt Te Papa naturgemäß seinen Schwerpunkt auf die eigene Historie. Neben Flora und Fauna steht die Maori-Kultur im Mittelpunkt. Zusätzlich zu den regulären Führungen können Besucher daher auch einen Rundgang speziell zur Kultur der ursprünglichen Bewohner buchen. Zusätzlich zu den Exponaten wie einem traditionellen Versammlungshaus aus Holz informieren zahlreiche Schautafeln über die Geschichte: So können die Museumsgäste den kompletten Vertrag von Waitangi nachlesen.

Eine Reise nach Neuseeland wäre ohne Abstecher ins Te Papa ins Museum sicherlich nicht komplett.

www.tepapa.govt.nz

304 Haka und Hangi – Kriegstanz und Erdofen

Es sind die Symbole schlechthin für die faszinierende Kultur der Maori: Der Kriegstanz Haka ist dank der einheimischen Rugby-Spieler mittlerweile weltbekannt. Und ein Abendessen mit Köstlichkeiten aus dem Erdofen, Hangi genannt, lässt sich kaum ein Besucher Neuseelands entgehen.

Kraft und Selbstbewusstsein strahlt der Haka aus und soll so die Gegner einschüchtern. Kein Wunder, dass die All Blacks – also das nationale Rugby-Team – vor jedem Spiel den alten Kriegstanz aufführen. Als Erfinder gilt Te Rauparaha, der ihn in der ersten Hälfte des 19. Jahrhunderts erstmals aufführte. Bei organisierten Veranstaltungen und abendlichen Maori-Shows werden Touristen gern zum Mitmachen animiert – samt Grimasse schneiden, Schenkel klopfen und Zunge herausstrecken.

Vergleichsweise weniger bekannt hingegen ist das traditionelle Essen der Maori. Denn in der Küche neuseeländischer Restaurants sind die Spezialitäten bis heute nicht zu finden. Im Regelfall erleben Besucher dies nur bei organisierten Veranstaltungen, etwa in Rotorua. Ob Gemüse oder Fleisch: Beim Hangi köcheln die Zutaten stundenlang im Erdofen. Statt Töpfe kommen Körbe zum Einsatz, die mit Blättern und Erde abgedeckt werden. So entsteht der ganz eigene Geschmack des Hangi.

305 Kawhia Kai Festival

Es ist der Tag des Jahres für die Bewohner des kleinen Örtchens Kawhia: das Kai Festival. Alljährlich, Anfang Februar, strömen tausende Besucher an die Westküste der Nordinsel. Traditionelle Maori-Kost und Livemusik sowie Treffen mit Verwandten und Freunde sind ihr Ziel. Am Kai von Kawhia steht das schön anzusehende Marae der örtlichen Maori.

www.kawhiaharbour.co.nz

306 East Cape

Das einsame East Cape auf der Nordinsel ist gespickt mit Versammlungshäusern und viel täglich gelebter Maori-Kultur. Ein Großteil des Landes liegt in Maori-Hand. Einen Stopp sollten Reisende unbedingt in Tikitiki einlegen: Die anglikanische St. Mary's Church ist ein Paradebeispiel für eine Maori-Kirche. Auf dem Mount Hikurangi stehen zehn beeindruckende Schnitzereien.

307 Whakarewarewa – The Thermal Village

Einmal im Marae übernachten? Im Whakarewarewa Thermal Village inmitten von Geysiren können Urlauber auf Anfrage im Versammlungshaus übernachten (ab zehn Teilnehmern). Das Dorf bei Rotorua existierte schon vor Ankunft der Europäer – heute laden die Bewohner ein, ihre Kultur kennenzulernen. Das Angebot reicht von einstündigen Führungen bis hin zu Köstlichkeiten aus dem Erdofen.

www.whakarewarewa.com

308 Auckland Museum

Wie es für die größte Stadt des Landes gebührt, verfügt auch das Auckland Museum über eine sehenswerte Maori-Schau (siehe „Auckland", Seite 158). Mit mehr als 1000 Exponaten soll es sich um die weltweit größte Sammlung überhaupt handeln. Dazu zählt das angeblich prächtigste Kriegskanu. Die Ausstellungsstücke wurden im gesamten Land zusammengetragen.
www.aucklandmuseum.com

309 Okains Bay Maori & Colonial Museum

Es ist ein echtes Kleinod: Gelegen auf der Banks Peninsula südöstlich von Christchurch, können Besucher hier die Geschichte der Halbinsel seit dem Jahr 1400 nacherleben. Zu den Exponaten zählen unter anderem ein Waka, aber auch Ausstellungsstücke der Kolonialzeit. Der Waitangi Day wird ebenfalls zelebriert.
www.okainsbaymuseum.co.nz

310 Tamaki Village

Zu den beliebtesten Attraktionen in Rotorua zählt die abendliche Maori-Show im Tamaki Village. Nach einem Haka zur Begrüßung – mithilfe einiger Touristen – stehen ein Hangi-Buffet und Vorführungen auf dem Programm. Anders als das Whakarewarewa Thermal Village als traditionellem Dorf wurde Tamaki Village extra gebaut. Auch hier sind Übernachtungen im Marae möglich.
www.tamakimaorivillage.co.nz

Manuka-Sträucher sind im Doubtful Sound zu finden.

Neuseeländische Spezialitäten

Kaum ein Vorurteil ist so überholt wie das von der langweiligen, geschmacksarmen, aber fettreichen Küche Neuseelands. Kulinarisch hat das Land in den vergangenen Jahrzehnten enorm aufgeholt und dank seiner Insellage – kein Ort ist mehr als 150 Kilometer vom Meer entfernt – die „Pacific Rim Cuisine" geprägt. Fisch und Meeresfrüchte zählen mittlerweile zu den beliebtesten Speisen der Neuseeländer, auch wenn Fleischliebhaber mit Rind, Lamm und Wild weiterhin auf ihre Kosten kommen. Und als edle Begleitung zu den ganz eigenen neuseeländischen Spezialitäten zählen heute natürlich feinste Weine, vor allem aus der Region Marlborough an der Spitze der Südinsel. Doch die typische Spezialität schlechthin ist nicht nur süß und lecker, sondern auch heilend: der Manuka-Honig.

311 Manuka-Honig – Süßer Wunderheiler

Die Maori wussten schon vor Jahrhunderten um seine heilsamen Kräfte: Der Honig aus dem Blütennektar des Manuka-Strauches ist nicht nur eine süße Verführung, sondern hilft zugleich bei zahlreichen gesundheitlichen Beschwerden. Während die traditionellen Bewohner Neuseelands vor allem Blätter und Rinden des Strauches nutzten, können Verbraucher bequem auf Manuka-Honig zurückgreifen. Und angeblich fütterten Farmer schon in der ersten Hälfte des 20. Jahrhunderts ihre Rinder mit Manuka, um sie resistenter gegen Krankheiten zu machen.

Zwar gelten auch andere Honigarten als Heilmittel für einzelne Beschwerden. Manuka-Honig hingegen wird

fast schon als „Allzweckwaffe" gesehen. Besonders bekannt sind die antibiotischen und antiviralen Eigenschaften. Gerührt in eine Tasse Tee, ist Manuka-Honig durchaus geeignet, Erkältungen zu lindern. Selbst bei Infektionen mit Bakterien – etwa Wundinfektionen, Lungenentzündungen sowie Nasennebenhöhlen- und Mittelohrentzündungen – kann der Honig von der neuseeländischen Pflanze in die Therapie integriert werden. Der

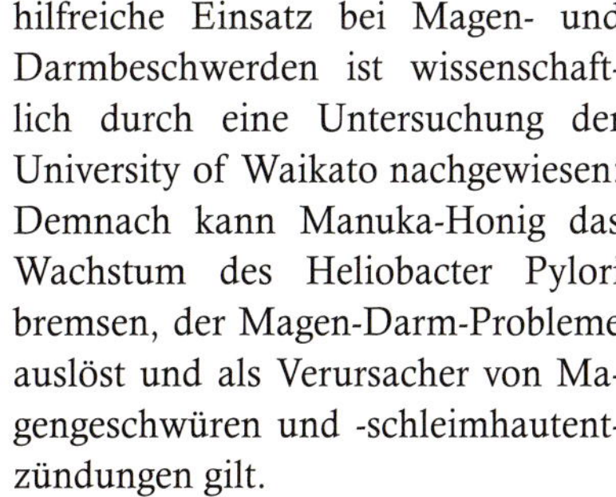

hilfreiche Einsatz bei Magen- und Darmbeschwerden ist wissenschaftlich durch eine Untersuchung der University of Waikato nachgewiesen: Demnach kann Manuka-Honig das Wachstum des Heliobacter Pylori bremsen, der Magen-Darm-Probleme auslöst und als Verursacher von Magengeschwüren und -schleimhautentzündungen gilt.

Manuka-Honig wird sowohl in seiner reinen Form angeboten als auch beispielsweise als Tee, Lutschbonbons und Sirup sowie als Öl zur äußerlichen Anwendung (etwa bei Plizerkrankungen). Käufer sollten darauf achten, dass sie Originalprodukte erwerben und keinen Produktfälschungen aufsitzen. Anerkannte Prüfsiegel zum Methylglyoxal-Gehalt sind MGO und UMF. Ein Verfahren zum sicheren Nachweis des Manuka-Honigs hat beispielsweise die Universität Dresden entwickelt.

Der Manuka-Strauch ist in den entlegenen Bergregionen Neuseelands heimisch. Gute Chancen auf Sichtungen haben Besucher des Doubtful Sound. Biologisch gesehen ist die Südseemyrte eng verwandt mit dem australischen Teebaum, dem ebenfalls heilende Kräfte nachgesagt werden. Pro Jahr werden rund 1700 Tonnen produziert.

www.neuseeland-haus.de
www.manuka-honig.org

312 Neuseeländischer Wein – Reben der Extraklasse

Auch in der Disziplin Rebensaft hat sich Neuseeland mittlerweile in die weltweite Spitzenklasse gespielt: Weine aus dem südlichsten Anbaugebiet genießen heute einen guten Ruf. Besonders bei Pinot Noir und Sauvignon Blanc kommen Weinfreunde ins Schwärmen. Ganz besondere Tropfen werden weltweit in Spitzenrestaurants ausgeschenkt, etwa Cloudy Bay aus Blenheim in den Gourmettempeln Singapurs.

Nachdem Missionare die ersten Reben im Jahr 1819 in der Bay of Islands pflanzten, ist heute die Marlborough-Region an der sonnenreichen Spitze der Südinsel das größte Anbaugebiet des Landes. Hier finden vor allem die Reben des Sauvignon Blanc beste Bedingungen. Die regelmäßigen Temperaturunterschiede sind Basis für einen Weißwein der Extraklasse. Erste Winzer siedelten hier schon im Jahr 1873 und begründeten eine Tradition, die bis heute währt – mit weiter steigenden Absatzzahlen. Neben der Kultmarke Cloudy Bay gilt Johanneshof Cellar als eine der Topadressen: Das Weingut gründeten die Deutsche Edel Everling, gebürtig aus der Riesling-Region Rheingau, und der Neuseeländer Warwick Foley im Jahr 1991 und führten es sukzessive an die Spitze vor allem in der Produktion von Gewürztraminern sowie bei Grappa.

Ebenfalls von der Südinsel stammen hervorragende Pinot-Noir-Weine, die vor allem in Central Otago gedeihen. Das nur dort herrschende Kontinentalklima begünstigt den Anbau der roten Trauben. Zu den weiteren bedeutenden Weinregionen im Süden zählt Canterbury für den Anbau von Chardonnay und Pinot Noir. Auf der Nordinsel lohnt für Weinkenner vor allem ein Besuch in der Hawke's Bay, die ebenfalls für Pinot Noir gerühmt

wird. Rund um Auckland sowie auf Waiheke Island haben sich die Weingüter vor allem auf Cabernet Sauvignon spezialisiert. Die bekannteste Marke – Villa Maria – betreibt ein großes Café samt Cellar Door nur wenige Minuten vom Flughafen Auckland entfernt. Wer Weißwein bevorzugt, wird vor allem rund um Gisborne fündig. Insgesamt zählt Neuseeland heute rund 700 Anbieter, die wie Johanneshof, Cloudy Bay und Villa Maria auch zu Verkostungen einladen. Örtliche Agenturen bieten Touren, bei denen mehrere Weingüter angesteuert werden und Urlauber ihr Auto stehen lassen können.

www.winesofnz.com
www.wine-marlborough.co.nz
www.winehawkesbay.co.nz
www.cloudybay.co.nz
www.johanneshof.co.nz
www.villamaria.co.nz

313 New Zealand Mussels – Delikatesse aus dem Meer

Mit der gewöhnlichen und in Europa bekannten Miesmuschel hat die neuseeländische Grünschalmuschel (New Zealand Green Lipped Mussel) wenig gemein: Die Spezialität ist mit zehn bis 17 Zentimeter wesentlich größer, der Rand des Gehäuses schimmert grünlich und gibt ihr den Namen. Auch geschmacklich unterscheidet sie sich deutlich und kommt eher einer Jakobsmuschel nah.

Die Grünschalmuscheln, die in den Handel kommen und in Restaurants und Supermärkten weit verbreitet sind, stammen aus großen Aquafarmen. Vor allem im Hauraki Gulf vor Auckland sowie in den Marlborough Sounds liegen große Zuchtgebiete. Denn die Wildbestände der Green Lipped Mussel stehen mittlerweile unter Naturschutz. Grünschalmuscheln sind ganzjährig erhältlich – gefroren auch in Deutschland.

Zu den besonders beliebten Meeresfrüchten Neuseelands zählt zudem die Bluff Oyster. Die edlen Austern sind der Region bei Bluff im äußersten Süden heimisch. Von April bis Oktober können Urlauber und Gourmets die rare Spezialität genießen.

314 Hokey Pokey Ice Cream – Eissorte Nummer Eins

Seit mehr als 70 Jahren gilt sie als *die* neuseeländische Eissorte schlechthin: Hokey Pokey Ice Cream. Die klebrig-süße Verführung besteht aus Vanilleeis gemischt mit Karamellstücken. Jedes Jahr verdrücken die Kiwis mehr als zwei Millionen Liter dieser eigenwilligen Eissorte. Nur das reine, klassische Vanilleeis soll noch beliebter sein. Mittlerweile ist es nicht nur in Neuseeland erhältlich – es wird auch in andere Pazifikstaaten und nach Japan exportiert. Und ausgewählte Szene-Eisdielen in Deutschlands Hauptstadt Berlin sollen die neuseeländische Spezialität mitunter ebenfalls auf der Karte haben.

Der Name Hokey Pokey ist vermutlich im 19. Jahrhundert in verschiedenen angelsächsischen Metropolen wie beispielsweise New York geprägt worden. Ursprünglich wurde wohl schlichtweg Eis von Straßenverkäufern so benannt. Vor allem Italiener verkauften damals die kühle Erfrischung – ganz so, wie es das Klischee will.

315 Pies

Pasteten, vorzugsweise mit Hackfleisch gefüllt, sind neben Fish&Chips das Gericht, was Besucher am ehesten mit der angelsächsischen Küche und damit Neuseeland assoziieren. In der Tat, die Tradition besteht noch. Aber moderner, leckerer und gesünderer. Heute offerieren Kneipen, Bäckereien und Supermärkte Pasteten mit unterschiedlichsten Füllungen – für Vegetarier, Fisch-Fans und Fleischliebhaber gleichermaßen.

316 Flat White

Neuseeland ist zum Land der Kaffeetrinker geworden: Seit den 1980er-Jahren hat die Kaffee-Spezialität Flat White von Auckland aus ihren Siegeszug um die ganze Welt angetreten. Wie lässt sich die Kreation beschreiben? Am ehesten als eine Kombination aus Café Latte und Cappuccino. Der Espresso mit aufgeschäumter Milch wird zwar in einem breiten, flachen Glas serviert, jedoch ohne Schaumhaube.

317 Pavlova

Sie ist das Nationaldessert schlechthin – und doch streiten sich Neuseeländer und Australier darum, wer die Baiser-Torte tatsächlich erfunden hat. Unstrittig ist zumindest: Die Torte wird mit Sahne und Früchten gefüllt und wurde nach der russischen Ballerina Anna Pavlova benannt. Als Besonderheit ist die Pavlova nur außen hart, während die Füllung weich bleibt. Traditionell wird sie mit Passionsfrüchten bestückt.

318 Blue Cod

Der Blue Cod wird ausschließlich in Neuseeland gefangen. Schon die Maori wussten um seinen feinen Geschmack und nannten ihn rawaru oder pakirikiri. Vor allem auf der Südinsel ist der blau-grüne Fisch vertreten. In felsigen Gewässern mit Tiefen bis zu 150 Metern fühlt er sich besonders wohl. Der Blue Cod wäre viel zu schade, um ihn nur als Fish&Chips zu genießen. Auch geräuchert gilt er als Delikatesse.

319 Feijoa

Ursprünglich als Brasilianische Guave bekannt geworden, ist die Frucht heute als Feijova weltweit vertreten und in Neuseeland ein beliebtes Gewächs im eigenen Garten. Sie hat einen hohen Vitamin- und Jodgehalt, lässt sich zugleich gut lagern. Man isst die Feijoa wie eine Kiwi, kann sie aber auch gut zu Kompott oder Früchtemus verarbeiten.

320 Crayfish

Crayfish genießen Urlauber idealerweise im Pazifik-Örtchen Kaikoura auf der Südinsel: Denn in der Sprache der Maori steht Kaikoura für „Mahl von Langusten“. Vom Crayfish – im Deutschen zuweilen als Languste oder Flusskrebs bezeichnet – ist nur ein Teil ist essbar. In Kaikoura bieten zahlreiche Restaurants und Stände Crayfish in jedweder Form an.

Die Schätzes des Meeres prägen Neuseelands Küche.

Restaurants

Neuseelands Gastronomie genießt mittlerweile einen erstklassigen Ruf. Die Zeiten schlechter Pies oder Fish&Chips ist längst vorbei. Ob Fisch oder Fleisch, vegetarisch oder vegan: Reisende kommen auf ihre Kosten. Und die beste Küche wird mitunter nicht nur in luxuriösen Restaurants serviert, manchmal ist es auch eine kleine Bude am Straßenrand, wo engagierte Mitarbeiter Gaumenfreuden zelebrieren.

321 Nins Bin – Berühmtester Imbiss des Landes

Kaikoura steht in der Sprache der Maori für „Crayfish essen“: „Kai“ bedeutet Essen, während Koura für Langusten (oder Lobster) steht. Und so wetteifern zahlreiche Imbisse, Stände und Restaurants rund um die Stadt Kaikoura auf der Südinsel um die Gunst der Reisenden.

Legendär ist die Küche des Nins Bin. Der Straßenimbiss, 23 Kilometer nördlich von Kaikoura, gilt als eines

der besten Orte des Landes, Langusten zu genießen. Auch Crayfish genannt, sind sie Neuseelands Variante vom Hummer (Lobster). Das weiße delikate Fleisch gilt weltweit als (teure) Delikatesse. „Der schäbige Nins Bin-Wohnwagen kommt einfach auch immer super gut an und ist selbst

für Gourmets ein spaßiges Erlebnis in Neuseeland“, so das Urteil einer erfahrenen Reiseleiterin. Allerdings wurde der Familienbetrieb bei dem schweren Erdbeben 2016 stark getroffen, so dass die künftige Entwicklung auch angesichts zwischenzeitlich gesperrter Straßen bei Redaktionsschluss weiter offen war.

Schon seit 1977 servierten die sympathischen Mitarbeiter hier ihre beiden Spezialitäten: Langusten und Muscheln. Viele Besucher lobten die Frische der Speisen und das vergleichsweise niedrige Preisniveau. Wobei auch hier mittlerweile etliche Dollar für eine Portion Crayfish aufgerufen wurden. Für „Kiwis“ war der Imbiss jeher eine echte Institution. Der umgebaute Wohnwagen gilt übrigens als Neuseelands Gegenstück zu den amerikanischen Foodtrucks, die auch in Deutschland immer beliebter werden.

Mit ihren exzellenten Langusten machen die Betreiber vom Nins Bin und der anderen kulinarischen Stätten dem Namen des Ortes wahrlich alle Ehre. Zu den favorisierten Restaurants zählen beispielsweise das Restaurant Green Dolphin, wo es neben Langusten auch Abalone gibt und das mit schönem Blick auf Meer und Berge lockt, sowie das Pier Hotel (Portion Crayfish für 90 Dollar inklusive Beilagen). Empfehlenswert ist auch das Hislops Wholefoods Café.

www.greendolphinkaikoura.com
www.thepierhotel.co.nz
www.hislops-wholefoods.co.nz

322 Orbit 360° Dining – Genießen mit Aussicht

Genuss trifft Panoramablick: Aus 190 Metern Höhe erleben Gäste während ihres Mahls den perfekten Blick über Auckland. Das Orbit 360° Dining im 52. Stock des Sky Tower ist das höchstgelegene Restaurant der Millionen-Metropole. Das einzige Drehrestaurant des Landes lässt in einer Stunde die Tische des Restaurants rotieren, so dass Besucher einen 360-Grad-Panoramablick über die Stadt genießen. Für viele Reisende gilt ein Besuch als absolutes Muss und als idealer Start oder schönes Ende einer Reise durch das „Land der langen weißen Wolke“. Ob Hauraki Gulf oder Mount Eden – der perfekte Blick zum Essen!

Das Orbit 360° Dining ist mittags und abends geöffnet. Die Küche offeriert vor allem einheimische Spezialitäten wie Lachs aus Akaroa, Lamm aus der Hawke's Bay oder Muscheln. Auf der Dessertkarte darf Pavlova natürlich nicht fehlen. Die Qualität der Speisen ist – im Gegensatz zu vielen anderen Restaurants vergleichbarer Sehenswürdigkeiten – ausgesprochen hoch. Gut zu wissen: Gäste im Orbit 360° Dining können kostenlos das Aussichtsdeck (Main Observation Level) des höchsten Fernsehturms der südlichen Hemisphäre besuchen. Reservierungen sind empfohlen und bis einschließlich 21.30 Uhr möglich. Hinweis: Pro Person werden ein Mindestverzehrwert von 30 Dollar (Lunch) bzw. 40 Dollar (Dinner) erwartet.

Darüber hinaus betreibt Neuseelands bekanntester Koch Peter Gordon im 53. Stock das Restaurant The Sugar Club: Im ursprünglichen Restaurant in der Innenstadt von Wellington begann 1986 die steile Karriere, die seine Restaurants weltberühmt und den Spitzenkoch zum TV-Star machten. Nach Ablegern in London eröff-

nete Gordon im Jahr 2013 den neuen The Sugar Club in luftiger Höhe über Auckland. Und ersetzte damit sein bisheriges Restaurant Dine In im Erdgeschoss des Unterhaltungskomplexes SkyCity, zu dem der Fernsehturm gehört. Ein Drei-Gang-Menü in exquisiter Atmosphäre mit traumhaften Blick kostet abends 90 Dollar, sechs Gänge 128 Dollar. Ein spezielles Menü mit sieben Gängen inklusive dazu passenden Weinen wird für 195 Dollar angeboten. The Sugar Club ist auch mittags geöffnet: Zwei-Gang-Menüs stehen für 56 Dollar auf der Karte, drei Gänge für 70 Dollar.

www.skycityauckland.co.nz/restaurants/orbit
www.skycityauckland.co.nz/restaurants/the-sugar-club

323 Fleurs Place – Fisch satt

Noch frischer dürfte der Fisch nirgends sein: Das Restaurant Fleurs Place liegt direkt am alten Steg im Hafen von Moeraki, auf dem Gelände einer früheren Walfangstation. Seit dem Start im Jahr 2002 etablierte es sich als eines der besten Fischrestaurants des Landes. Angeblich schauen sogar Feinschmecker aus dem rund 60 Minuten entfernten Dunedin in dem gemütlichen, früheren Schuppen auf ein Abendessen vorbei.

Die Karte umfasst alles, was der Pazifik vor der Ostküste der neuseeländischen Südinsel hergibt: Blue Cod, John Dory, Crayfish, Austern und vieles mehr. Besonders die Seafood Chowder (Fischsuppe) und die gemischten Fischteller werden gelobt. Die Portionen fallen eher groß aus! Ein eigener Maori-Kartoffel-Garten sorgt für landestypische Beilagen. Und keine Sorge – wer keinen Fisch mag, wird trotzdem fündig.

Besucher sollten unbedingt reservieren, da das Lokal klein und weithin berühmt ist. Montag und Dienstag sind Ruhetage. Wenn der Gourmettempel geschlossen hat, serviert ein kleiner Imbiss Köstlichkeiten aus dem Meer. Ein Besuch im Fleurs Place lässt sich gut mit einem Spaziergang zu den berühmten Steinkugeln Moeraki Boulders (siehe „Strände der Südinsel“, Seite 56) kombinieren.

www.fleursplace.com
www.moerakiboulders.com

324 Bay of Many Coves – Ausflug mit dem Boot

In der vielleicht schönsten Bucht der Marlborough Sounds liegt das Restaurant The Foredeck. Weit über die Wasserarme geht der Blick, allabendlich erstrahlen die Buchten im späten Licht in einem besonderen Glanz.

Das Lokal ist Teil des luxuriösen Resort Bay of Many Coves, dem vielleicht schönsten Hotel Neuseelands und gerade für Hochzeitsreisende eine gute Wahl. Serviert wird neuseeländische Küche wie Snapper, Lamm und John Dory – und natürlich die Greenlip-Muscheln, für die die Region berühmt ist. Neben dem Foredeck, das nur abends geöffnet ist, umfasst das Resort auch das legere Bight Café. Hier melden sich die Skipper zuweilen per Funk und reservieren einen Tisch – oder bestellen einen Coffee-to-Go. Im Café werden Frühstück und Lunch serviert.

Das Resort ist nur mit dem Boot ab Picton oder per Helikopter ab Picton oder Wellington erreichbar. Jeden Freitag Abend werden Dinner-Trips angeboten. Die Kosten für ein Drei-Gang-Menü inklusive einem Glas Champagner sowie der Bootsfahrt liegen bei 145 Dollar pro Person (buchbar ab vier Personen). Alternativ sind täglich organisierte Ausflüge ins Bight Café zum Mittagessen oder am Wochenende zum Brunch (jeweils 89 Dollar pro Person) buchbar. Da alle Ausflüge die Kosten für die 30-minütigen Bootsfahrten beinhalten, sind sie preislich ein gutes Angebot.

www.bayofmanycoves.co.nz

325 Logan Brown

In der Innenstadt von Wellington finden Feinschmecker ein absolutes Spitzenrestaurant: das 1996 gegründete Logan Brown. Das Lokal – stilvoll in einer alten Bank aus den 1920er-Jahren gelegen – serviert neuseeländische Küche auf höchstem Niveau. Das Fünf-Gang-Degustations-Menu kostet inklusive Wein vergleichsweise moderate 145 Dollar. Legendär: die Paua Ravioli. Reservierung empfohlen.

www.loganbrown.co.nz

326 Manuka Cafe

Mitten in der sehenswerten Innenstadt von Devonport ist das Manuka Cafe für seine Pizza aus dem Holzofen bekannt. Seit mehr als 15 Jahren ist das Lokal auf die mediterrane Küche spezialisiert. Da die Fähren nach Auckland auch spät abends fahren und das Manuka Cafe nur wenige Gehminuten vom Hafen entfernt ist, lohnt ein Ausflug am Nachmittag oder Abend.

www.manukarestaurant.co.nz

327 Chocolate Fish Cafe

Seine Berühmtheit verdankt das Café Peter Jackson und der Crew für seine Film-Trilogie „Der Herr der Ringe“: Sie waren Stammgäste im Chocolate Fish Cafe an seinem früheren Standort. Seit 2009 ist das Restaurant an der Shelly Bay (auf der Halbinsel Miramar) zu finden. Gäste genießen typische Café-Gerichte mit Blick auf das Meer und die Skyline von Neuseelands Hauptstadt.

www.chocolatefishcafe.co.nz

328 The Mussel Inn

Abseits der Hauptrouten ist das Mussel Inn für seine selbstgebrauten Biere – mit Manuka-Honig – und die Livemusik weithin populär. Ein Besuch im einfach, aber gemütlich eingerichteten Holzhaus gilt als Muss für Besucher der Golden Bay. Neben seinen eigenen Bieren (gebraut seit 1995) ist das Mussel Inn für seine Muschel-Gerichte bekannt.
www.musselinn.co.nz

329 Speights Ale House

Gutes Bier im historischen Ambiente: Das Speights Ale House ist im früheren Rathaus von Queenstown untergekommen, das 1880 von einem berühmten Architekten aus Invercargill errichtet worden war. Die namensgebende Brauerei Speights wurde vier Jahre zuvor in Dunedin gegründet. Das Speights Ale House serviert neben typischen Pub-Gerichten wie Burger auch Lachs und Wild.
www.speightsalehousequeenstown.co.nz

330 Botswana Butchery

Steaks satt – aber nicht nur – in gediegenem Ambiente serviert die Botswana Butchery. Sowohl in Queenstown als auch in Auckland, dort gelegen im historischen Ferry Building, können Gäste Steaks vom Angus-Rind, Wild, Lamm und Fisch genießen. Der Name Botswana ist somit irreführend, afrikanische Gerichte stehen nicht auf der Karte. Ideal für einen romantischen Abend zu zweit.
www.botswanabutchery.co.nz

Persönlichkeiten

Der weltweit berühmteste Bergsteiger stammt aus Auckland: Sir Edmund Hillary gilt dank seiner Taten im Himalaya als wichtigste Persönlichkeit des Landes. Neben einem Maori-Häupling und einem Wissenschafter zählt auch ein Deutscher zu den herausragenden Einwohnern Neuseelands.

An die Legende Sir Edmund Hillary erinnert eine Statue am Aoraki/Mount Cook.

331 Sir Edmund Hillary – Stiller Held im Himalaya

Als Pionier in der Fremde avanciert ein gelernter Imker zum weltweit bekanntesten Neuseeländer: Sir Edmund Hillary und sein Sherpa Tenzing Norgay erreichen am 29. Mai 1953 als erste Menschen den höchsten Gipfel des Planeten, den 8.848 Meter hohen Mount Everest im Himalaya-Gebirge. Doch es war nicht nur diese Leistung des „letzten Abenteurers", wie ihn die Süddeutsche Zeitung nach seinem Tod nannte, die seinen Ruhm förderten. Dazu trugen vor allem sein soziales Engagement und sein bescheidenes Auftreten bei. „Was mich genauso beeindruckt hat: Hillary hat seinen Ruhm nicht dazu verwendet, durch die Salons zu tingeln, sondern er hat Schulen und Krankenhäuser für die Sherpa gebaut, so dass es dem Volk heute von allen Völkern der Region am besten geht", würdigte ihn die Bergsteiger-Legende Reinhold Messner in der FAZ.

Als eines von drei Kindern wurde Hillary am 20. Juli 1919 in Auckland geboren. Schon als Kind zieht es ihn in die Southern Alps. Nach zwei Jahren an der Universität folgt er seinem Vater und arbeitet ebenfalls als Imker. 1948 gelingt ihm seine erste nennenswerte Leistung: Gemeinsam mit Harry Ayres erreicht er als erster den Gipfel des Aoraki/Mount Cook über den Südgrat. 1953 später ist er schließlich Teil einer Gruppe, die einen neuen Weg zum Mount Everest erkundet. Und obwohl nicht für den Gipfelsturm vorgesehen, stehen der Imker aus Neuseeland und sein nepalesischer Sherpa als erste Menschen am höchsten Punkt. Dieser Erfolg macht sie weltweit berühmt: Hillary wird von der zeitgleich gekrönten Queen Elizabeth II. in den Adelsstand gehoben, auch Tenzing Norgay wurde von ihr ausgezeichnet. Das US-Magazin TIME wählt 1999 beide zu den 100 wichtigsten Persönlichkeiten des 20. Jahrhunderts.

Es folgen weitere Touren im Himalaya. Einen Namen macht Hillary sich auch in der Antarktis: Als Teil einer Gruppe erreicht er 1958 den Südpol als erster Mensch nach den Expeditionen 1911 von Roald Amundsen und Robert Scott. Doch zunehmend konzentriert er sich auf sein Engagement in Nepal. Die von ihm 1961 gegründete Stiftung betreibt heute 26 Schulen und baute neben Krankenhäusern und Wasserleitungen auch den Flughafen von Lukla: Die Landebahn verbessert zwar die Versorgung, fördert jedoch auch den von Hillary kritisierten alpinen Tourismus. Seinem Land dient er später als Botschafter in Indien. Privat ereilt ihn 1975 ein Schicksalsschlag, als bei einem Flugzeugabsturz seine Ehefrau Louise und eines der gemeinsamen drei Kinder sterben. Später heiratet er die Witwe eines befreundeten Bergsteigers, der ebenfalls bei einem Flugzeugunglück ums Leben kam. Sir Edmund Hillary stirbt am 11. Januar 2008.

332 Hone Heke Pokai – Held der Maori

Vier gefällte Fahnenmasten begründen den Mythos von Hone Heke Pokai. Der vermutlich um das Jahr 1808 in der Bay of Islands geborene und spätere Maori-Häuptling wird bis heute von vielen für seinen Widerstand gegen die weiße Regierung verehrt.

Zunächst aber unterzeichnet er am 6. Februar 1840 als einer der ersten Stammesführer den berühmten Vertrag von Waitangi (siehe „Northland", Seite 171). Darin ist das Zusammenleben zwischen Maori und den Einwanderern geregelt. Ziel ist es, den Maori gleiche Bürgerrechte zuzusprechen und die Frage des Langeigentums zu klären. Doch schon bald kommen Zweifel auf, ob die Bedingungen des Vertrages tatsächlich fair für beide Seiten wären. Auch bei Pokai wächst das Misstrauen gegen die Regierung, nachdem er die Folgen des Vertrages und den damit verbundenen wirtschaftlichen Niedergang gerade in der Bay of Islands mit eigenen Augen sieht. So kassiert sein Stamm, die Ngapuhi, noch bis 1841 von jedem in die Bucht einfahrenden Schiffe entsprechende Abgaben. Doch dann verlangt die Regierung ihrerseits Zölle. Somit bleiben die bis dato kassierten Gelder der Walfischer aus. Zudem verlegt die Regierung ihren Sitz vom damaligen Kororareka, dem heutigen Russell, nach Auckland und verbietet das Fällen der Kauri-Bäume, ebenfalls eine wichtige Einnahmequelle für die Maori.

Als Zeichen seines Widerstands gegen die Politik der weißen Regierung fällt der zum Christentum konvertierte Maori-Häuptling in den Jahren 1844 und 1845 insgesamt vier Mal den Fahnenmast in Kororareka – und damit das Symbol der britischen Krone schlechthin. Die vierte Tat

gelingt ihm dank einer List, da mittlerweile ein Bataillon das britische Symbol bewacht. Bei dann folgenden Kämpfen wurden viele Häuser des Ortes – mit Ausnahme der Kirche und der christlichen Missionsstation – zerstört. Daraufhin entzündet sich der sogenannte Fahnenmast-Krieg, die erste Phase der neuseeländischen Landkriege zwischen 1845 und 1872. Zwischenzeitlich selbst schwer verwundet, kämpft Pokai bis zum endgültigen Waffenstillstand im Jahr 1848 gegen die weiße Regierung, auf deren Seite auch Maori stehen. Anschließend zieht sich der legendäre Anführer Hone Heke Pokai in sein Haus in Kaikohe in der Bay of Islands zurück, ehe er am 6. August 1850 an Tuberkulose stirbt.

333 Julius von Haast – Ein Deutscher findet den Moa

Auf seinen Namen stößt man auf der Südinsel immer wieder: Sir Julius von Haast gilt als erster professioneller Wissenschaftler Neuseelands und wirkte als Naturforscher und Direktor des Canterbury Museums in Christchurch (siehe „Christchurch", Seite 252). So tragen die Stadt Haast und die Alpenüberquerung Haast Pass seinen Namen. Doch berühmt wird der Deutsche als Entdecker des ausgestorbenen Riesenvogels Moa.

Als eines von acht Geschwistern wächst der am 1. Mai 1822 geborene Haast in Bonn auf. Sein Leben in Europa deutet nicht auf seine späteren Erfolge hin. Nach dem Gymnasium hält er sich mit wechselnden Jobs über Wasser, lernt aber immerhin viele Länder inklusive Russland kennen. Einzig sein Interesse an der Natur soll schon früh ausgeprägt gewesen sein. Im Auftrag einer englischen Reederei reist er 1858 nach Neuseeland, um die Lebensbedingungen für deutsche Auswanderer zu erkunden. Nach Touren mit dem österreichischen Naturforscher Ferdinand von Hochstetter auf der Nordinsel zieht Haast nach Christchurch, wo ihn die Regierung der Region Canterbury mit der Suche nach Bodenschätzen und der Erkundung der Westküste beauftragt. So findet er Kohlevorkommen am Grey River, sucht eine Route über die Alpen und erkundet die Gletscher. 1866 schließlich gräbt Haast die Knochen des berühmten Riesenvogels Moas aus dem Boden. Obwohl von seinen Geldgebern wegen nicht ausreichender Funde von Bodenschätze kritisiert, wird er für seine Erfolge als Naturforscher belohnt: Er erhält den Adelstitel, ehe er am 16. August 1885 stirbt.

334 Ernest Rutherford – Pionier der Atomphysik

Das vierte von zwölf Kindern eines Holzhändlers aus der Region Nelson schreibt Wissenschaftsgeschichte: Ernest Rutherford (geboren am 30. August 1871) entdeckt die unterschiedlichen radioaktiven Strahlenarten und formuliert den Begriff der Halbwertzeit beim Zerfall der Elemente. Damit legt der Forscher die Grundlagen der Atomphysik.

Nach seiner Jugend studiert Rutherford in Christchurch, ehe er 1895 Neuseeland verlässt und anschließend im englischen Cambridge forscht. In dieser Zeit entdeckt er die sogenannten Alpha- und Beta- sowie Gammastrahlen. Anschließend wechselt er von 1898 bis 1907 an die Universität in Montréal: Für seine dortigen Leistungen erhält er 1908 den Nobelpreis für Chemie. Ausgezeichnet werden seine „Untersuchungen über den Zerfall der Elemente und die Chemie der radioaktiven Materie". Zurück in England widmet sich Rutherford, verheiratet mit einer gebürtigen Neuseeländerin, weiter der Atomphysik und entwickelt das nach ihm benannte Atommodell. 1909 gelingt ihm als weitere wissenschaftliche Sensation die erste vom Menschen gesteuerte Umwandlung eines Atomkerns. Der Neuseeländer erhält zahlreiche Titel und wird in den Adelsstand erhoben. Zudem ziert sein Konterfei die 100-Dollar-Noten. Die Wissenschaftswelt würdigt ihn, indem sie ein Element des Periodensystems nach ihm benennt: Rutherfordium (Nummer 104 im Periodensystem). Rutherford stirbt am 19. Oktober 1937 in Cambridge.

335 Richie McCaw

Schon mit 35 Jahren eine lebende Legende: Richard McCaw gilt als einer der besten, wenn nicht sogar der beste, Rugbyspieler, den das Land je hatte. Unsterblich wird er am 31. Oktober 2015, als er zum zweiten Mal in Folge die „All Blacks" zum Weltmeistertitel führt. Vorher schaffte kein Team eine Titelverteidigung. Kurz danach tritt McCaw zurück, um nunmehr als Hubschrauber-Pilot zu arbeiten.

336 Kate Sheppard

Die Britin (geboren 1847 in Liverpool), die in jungen Jahren nach Christchurch kommt, prägt entscheidend die neuseeländische Frauenbewegung. Kate Sheppard erreicht große Erfolge für die Gleichberechtigung und trägt erheblich dazu bei, dass Neuseeland als erstes Land (abgesehen von einer kleinen Inselgruppe im Pazifik) weltweit das aktive Wahlrecht für Frauen einführt. Sie stirbt 1934.

337 Te Rauparaha

Vielleicht leistete er mehr als alle für die weltweite Akzeptanz der Maori: Maori-Häuptling Te Rauparaha entwickelt die Form des Haka (Kriegstanz), der dank der All Blacks heute weltbekannt ist. Auch keine Maori-Show kann auf die Darbietung zur Einschüchterung des Gegners verzichten. Te Rauparaha, der auch in zahlreichen Kriegen involviert war, lebt bis zu seinem Tod 1849 auf der Insel Kapiti Island.

338 Peter Blake

Als Segelsportler berühmt geworden, setzt sich der Gewinner des America's Cup für den Umweltschutz ein. Peter Blake (am 1. Oktober 1948 in Auckland geboren) segelt seit seinem fünften Lebensjahr und feiert seine größten Erfolge 1995 und 2000. Im Juli 2001 ernennt ihn die UNO zum Sonderbotschafter für das UN-Umweltprogramm. Nur wenige Monate später wird Blake in Brasilien von Flusspiraten ermordet.

339 Jean Batten

Sie ist die Elly Beinhorn Neuseelands: Ähnlich wie die Deutsche feiert Jean Batten aus Rotorua (geboren am 15. September 1909) zahlreiche Erfolge als Langstreckenfliegerin. So gelingt ihr nach zwei vergeblichen Anläufen 1934 ein Soloflug von London nach Australien und zurück. 1936 wagt sie den ersten Direktflug von England nach Neuseeland überhaupt. Sie stirbt am 22. November 1982 auf Mallorca nach einem Hundebiss.

340 Apirana Turupa Ngata

Sein Portrait ist landesweit bekannt: Apirana Turupa Ngata gilt als einer der einflussreichsten Maori-Politiker – angesichts seiner Leistungen ist sein Portrait auf den 50-Dollar-Noten abgebildet. Geboren am 3. Juli 1874, ist er der erste Maori mit Universitätsabschluss. 1905 wird Ngata ins Parlament gewählt, 1928 Minister für Maori-Angelegenheiten, 1932 tritt er zurück. Er stirbt am 14. Juli 1950.

Im Embassy Theatre in Wellington fand die Weltpremiere des „Hobbit" statt.

Künstler

Als „König der Kiwis“ hat ihn eine britische Zeitung gewürdigt: Filmregisseur Peter Jackson gilt wohl als bekanntester neuseeländischer Künstler. Das Land hat aber noch weitere Kunstschaffende hervorgebracht, die momentan jedoch in seinem Schatten stehen, beispielsweise bedeutende Schriftsteller wie Katherine Mansfield und den Schauspieler Russell Crowe.

341 Peter Jackson – Filmkönig der Kiwis

Neuseeland und Filmregisseur Peter Jackson haben gegenseitig stark voneinander profitiert: Der Erfolg der Film-Trilogie „Der Herr der Ringe“ rührt auch aus herrlichen Aufnahmen der weitgehend unberührten und spektakulären Landschaft des Landes (siehe „Filme“, Seite 410). Mit dieser Kulisse haben seine Filme das bekannte Image vom Naturparadies gestärkt und in alle Welt getragen, so dass Neuseeland auch dank der Filme als Urlaubsziel weiter an Bedeutung zulegt. Also eine echte Win-Win-Situation sowohl für Peter Jackson als auch sein Heimatland.

Geboren am 31. Oktober 1961 in Pukerua Bay (30 Kilometer nördlich von Wellington), sammelt er mit einer einfachen Super-8-Kamera wichtige Erfahrungen. Erste Filme dreht er noch als Jugendlicher, ehe er mit 16 Jahren die Schule verlässt, um die Filmwelt

zu erobern. Doch seine Bewerbungen lehnt die Filmbranche ab, so dass er zunächst als Lithograf bei einer Tageszeitung arbeiten muss. In dieser Zeit liest er erstmals Tolkiens Meisterwerk – ein Lebenstraum für Jackson erwacht. Sein erster Spielfilm, gedreht mit Freunden als Schauspielern, verhilft ihm 1987 zum Durchbruch: Der Science-Fiction-Streifen „Bad Taste“ gewinnt insgesamt 16 Auszeichnungen, unter anderem beim angesehenen Cannes Film Festival. Es folgen weitere Filme – doch erst „Heavenly Creatures“ mit Kate Winslet macht Jackson 1994 international bekannt. Für das Werk erhält Jackson, dessen Ehefrau ebenfalls als Filmproduzentin arbeitet, beim Filmfestival in Venedig den Silbernen Löwen und wird erstmals für den Oscar nominiert. Außerdem beteiligt er sich an der Filmeffektfirma Weta Workshop in Wellington. Das Studio trägt entscheidend dazu bei, den Ruf der neuseeländischen Filmindustrie zu stärken.

Ab 1997 widmet sich der „König der Kiwis“, wie eine britische Zeitung den zweifachen Vater nannte, dem weltbekannten Fantasy-Epos „Der Herr der Ringe“ von J.R.R. Tolkien. Gedreht wird an vielen Plätzen in seinem Heimatland (siehe „Drehorte“, Seite 336). Die drei Filme zu „Der Herr der Ringe“ werden ein Welterfolg und gewinnen 17 Oscars, davon allein drei für Jackson. Damit avanciert der Neuseeländer zu einem der wichtigsten Filmemacher der Gegenwart. Die Familie Tolkiens hingegen sieht die filmische Umsetzung der Bücher kritisch.

In den Folgejahren produziert Jackson unter anderem eine Neuverfilmung von „King Kong“. Anschließend nimmt sich der Regisseur ungeachtet der Kritik der Familie den nächsten Titel von Tolkien vor – die Film-Trilogie „Der Hobbit“ erzählt die Vorgeschichte zu „Der Herr der Ringe“. Allen Filmen gemein ist der Hang zur detailgenauen Arbeit mit einer großen, bildgewaltigen Szenerie.

342 Katherine Mansfield – Pionierin der Short Story

Ihre Kurzgeschichten prägen die Literaturwelt maßgeblich: Die am 14. Oktober 1888 in Wellington geborene Schriftstellerin Katherine Mansfield entwickelt die Erzählform der Short Story weiter und wurde so zu einer der bekanntesten Autorinnen der neuseeländischen Literatur.

Als eines von fünf Kindern des Bankiers Harold Beauchamp, dem späteren Präsidenten der Bank of New Zealand, vor den Toren der Hauptstadt aufgewachsen, wagt sie bei der Schülerzeitung erste literarische Schritte. Mit 15 Jahren besucht sie in London ein speziell für Frauen gegründetes College, wo sie ihre Freundin Ida Baker kennenlernt. Nach ihrer Rückkehr in ihre Heimat 1906 studiert sie Musik und Literatur, schreibt erste Texte. Die Werke erscheinen unter ihrem neuen Namen Katherine Mansfield anstelle ihres Geburtsnamens Kathleen Mansfield Beauchamp. Zwei Jahre später geht es zurück nach England, wo sie ein für damalige Verhältnisse zügellose Leben führt: Schwanger von einem Freund, heiratet sie einen anderen, dem sie noch in der Hochzeitsnacht den Laufpass gibt – wegen einer Liebesaffäre mit ihrer Freundin Baker. Daraufhin schickt ihre Familie sie nach Deutschland, damit sie als Unbekannte in Bad Wörishofen das Kind bekommen soll. Doch schon bei der Ankunft erleidet sie eine Fehlgeburt.

Zurück in England, erscheint 1911 ihr erster Titel „In a German Pension" („In einer deutschen Pension"), in dem sie ihre Erfahrungen und kritischen Beobachtungen im Kurbad verarbeitet. In ihren weiteren Geschichten thematisiert Mansfield, mittlerweile mit dem Literaturkritiker und Schriftsteller John Middleton Murry zusammenlebend, ihre Jugendzeit in Neuseeland. Trotz ihrer

Tuberkulose-Erkrankung heiratet sie ihren Partner 1918. Später reist sie mit ihrer langjährigen Freundin Baker durch Europa, ehe sie am 9. Januar 1923 in Fontainebleau bei Paris an ihrer Krankheit stirbt.

Für Literaturkritiker zählt sie zu den wichtigsten Autoren der modernen angelsächsischen Literatur. Auch wenn ihr Lebenswerk nicht unumstritten ist und teils als handlungsarm kritisiert wird, wird sie für ihren prosaischen Erzählstil und die Weiterentwicklung des Genres der Kurzgeschichte (Short Story) gewürdigt. Zu den bekanntesten Erzählungen ihrer insgesamt 73 Werke zählen neben der „Deutschen Pension" noch „Das Gartenfest" und „Prelude".

www.katherinemansfield.com

343 Keri Hulme – Blick in die Maori-Kultur

Am bekannten Strand des Küstendorfes Oamaru ist einer der wichtigsten neuseeländischen Romane entstanden: Für „The Bone People" („Unter dem Tagmond") erhielt Keri Hulme 1985 den renommierten britischen Literaturpreis Booker Prize.

Damit gilt die 1947 in Christchurch geborene Autorin als bedeutendste neuseeländische Schriftstellerin der Gegenwart. Ihre Werke zählen zu den wenigen, die auch in Europa bekannt sind. Die Frankfurter Buchmesse 2012 hat sie dennoch nicht besucht, obwohl Neuseeland seinerzeit Gastland und Partner der weltweit wichtigsten Literaturschau war. Und zwar aus Prinzip: Seit 1998 hat sie ihr Heimatland nicht mehr verlassen, sondern konzentriert sich aufs Schreiben.

In ihren Geschichten wie „The Bone People" oder „Stonefish" (Steinfisch) greift sie die Entwicklung und Probleme der bikulturellen Gesellschaft auf. So beschreibt sie in ihrem preisgekrönten Werk anhand der drei Protagonisten wie Maori und Pakeha (die Weißen) zusammenleben sollten. Bei ihren Schilderungen kann Hulme, die allein lebt, teils auch auf persönliche Erfahrungen zurückgreifen: Während väterlicherseits ihre Vorfahren aus Großbritannien stammen, ist ihre Mutter Maori.

344 Richard Taylor – Meister der visuellen Effekte

Ob die „Chroniken von Narnia“ oder die Trilogie „Der Herr der Ringe“: Ihre Erfolge wären nicht ohne die kreative Kraft von Richard Taylor möglich gewesen. Die von ihm gegründete Filmfirma Weta Workshop verleiht mit ihren preisgekrönten Spezialeffekten vielen Streifen den letzten Schliff.

Filmfreunde können auf kurzen Touren auch einen Blick hinter die Kulissen der im Wellingtoner Stadtteil Miramar ansässigen Firma werfen (siehe „Wellington“, Seite 214). Zu den Mitgesellschaftern zählt auch Starregisseur Peter Jackson. Von den ersten Anfängen – 1987 in der eigenen Wohnung – schuf Taylor mit seiner Lebens- und Geschäftspartnerin Tania Rodger eine Kreativschmiede der Extraklasse, die seit 1995 unter dem Namen Weka Workshop firmiert. Das große Repertoire der angesehen Produktionsgesellschaft umfasst neben visuellen Effekten auch die Bereiche Kostüme und Make-up.

Bislang erhielt der 1960 in der Nähe von Auckland geborene Firmenchef neben zahlreichen anderen Auszeichnungen fünf Oscars, davon allein vier für „Der Herr der Ringe“. Neben Weta Workshop betreiben Taylor und Rodger eine Produktionsgesellschaft für Kinderfilme und sind am traditionsreichen Filmpalast Roxy Cinema in Wellington beteiligt.

www.wetaworkshop.com
www.roxycinema.co.nz

345 Russell Crowe

Als römischer Feldherr im Kinofilm „Gladiator“ erhält Russell Crowe 2001 seinen ersten Oscar und wird zum Weltstar. Geboren 1964 in Wellington, lebt er als Jugendlicher mit seiner Familie zeitweilig in Australien. Für „Insider“ mit Al Pacino und „A Beautiful Mind“ wird Crowe jeweils für den Oscar nominiert. Er wirkte bislang in rund 40 Firmen mit und gründete 2007 für „Robin Hood“ seine eigene Produktionsfirma.

346 Lorde

Schon in jungen Jahren schafft Lorde, was vor ihr keinem neuseeländischen Sänger gelang: mit einem Song den ersten Platz der US-Charts zu erobern. Lorde, die 1996 als Ella Marija Lani Yelich-O'Connor in Devonport zur Welt kam, wird 2014 mit zwei Grammys ausgezeichnet. Zudem singt die Pop-Sängerin 2014 den Soundtrack für „Die Tribute von Panem – Mockingjay, Teil 1“.
www.lorde.co.nz

347 Crowded House

Mit „Don't Dream It's Over“ gelingt der australisch-neuseeländischen Rock-Band ihr größter Hit. Damit erklimmt Crowded House 1986 Platz eins der Charts in Neuseeland und Kanada sowie Platz zwei in den USA. Einzig „Something So Strong“ und „Weather with you“ können mit diesem Erfolg mithalten. Die 1985 gegründete Band verabschiedet sich 1995 im Opernhaus von Sydney und feiert 2006 ihr Comeback.

348 Sam Neill

Während der Militärzeit seines Vaters 1947 in Nordirland geboren, wächst der Schauspieler Sam Neill später in Christchurch auf. Zu seinen bekanntesten Filmen zählen „Jurassic Park", „Das Piano" und „Der Pferdeflüsterer". Neill, der einen Sohn sowie mit seiner Ehefrau eine Tochter hat, lebt in Queenstown und betreibt das Weingut Two Paddocks, das für seinen Pinot Noir berühmt ist.
www.twopaddocks.com

349 Kiri Te Kanawa

Ihr Auftritt bei der Hochzeit von Lady Diana und Prinz Charles macht die Opernsängerin aus Gisborne beim breiten Publikum bekannt. 1944 in Gisborne geboren, erhält Kiri Te Kanawa schon in jungen Jahren zahlreiche Preise. Ihren Durchbruch feiert die Sopranistin in „Otello" an der New Yorker Oper. Sie war die erste Maori, die als Opernsängern weltweit Erfolge feierte. 2009 zieht sie sich von der Bühne zurück.

350 Alan Duff

Als Sohn einer Maori und eines Europäers greift der Schriftsteller Alan Duff in seinem Büchern und Texten vor allem das Leben der Maori und ihre Probleme auf. Sein berühmtestes Werk „Once were Warriors" enthält autobiografische Elemente. Das von der Autorenvereinigung PEN prämierte Werk wurde 1994 verfilmt (siehe „Filme", Seite 416). Duff, 1950 in Rotorua geboren, lebt mit seiner Frau in Frankreich.

Wer an Neuseeland denkt, hat schnell die Hobbits im Kopf – hier als Miniaturszene.

Filme

Mit seinen gewaltigen und einzigartigen Landschaften schafft Neuseeland beste Voraussetzungen und bildet den würdigen Rahmen für große Leinwandmomente. Kaum ein Film profitierte davon so wie „Der Herr der Ringe": ein Welterfolg und zugleich beste Werbung für das Urlaubsziel Neuseeland. Doch auch andere Regisseure setzen auf die Schönheit des Landes (siehe „Drehorte", Seite 336).

351 Der Herr der Ringe – Bildgewaltiges Neuseeland

Kein Film hat so von den faszinierenden Landschaften Neuseelands als malerisch-verspielte und manchmal auch unwirkliche Kulisse für das Fantasieland „Mittelerde“ profitiert wie die Trilogie zu Tolkiens Fantasy-Roman. Aber auch kein Streifen zuvor hat die Faszination Neuseeland so sehr in die Welt getragen. Regisseur und Produzent Peter Jackson und sein Team haben ihrem Land mit der Verfilmung von „Der Herr der Ringe“ ein cineastisches Denkmal geschenkt. Die drei Filme wurden mit 17 Oscars ausgezeichnet. Allein in Deutschland sahen 33 Millionen Menschen die drei Filme.

Auch wenn der erste Teil von Jacksons Trilogie erst 2001 in die Kinos kam, hatten sich an der cineastischen Umsetzung schon zuvor mehrere bekannte Produktionsgesellschaften wie beispielsweise Walt Disney versucht.

1977 lief tatsächlich auch ein Zeichentrickfilm (nicht vom Disney-Konzern) in den Kinos. Mehr oder weniger ein Flop. Erst Jackson gelingt die komplexe Umsetzung, die insgesamt mehr als 190 Millionen Dollar kostete. Jackson hatte das Werk übrigens schon 1978 gelesen. Doch erst 1996 begann er, seinen „Lebenstraum“ auf die Leinwand zu bringen.

Die Story der Film-Trilogie ist wahrlich nicht neu: Schon 1954/55 veröffentliche der britische Schriftsteller John Ronald Reuel Tolkien sein Werk „Lord of the Rings“, dessen deutsche Übersetzung erst 1969/70 folgte. Im Mittelpunkt seiner fantasievollen Bücher steht Tolkiens eigene Mythologie, die er sein Leben lang entwickelte und dafür auch eigene Sprachen schuf. In den drei Bänden von „Der Herr der Ringe“ erzählt Tolkien die Geschichte eines Ringes, der bei seiner Vernichtung die böse Macht mit untergehen lässt. Zentrale Gegenspieler des bösen Herrschers Sauron sind vier Hobbits, die unfreiwillig für das Gute kämpfen. Außerdem treten Zwerge, Zauberer und viele weitere Geschöpfe aus der Fantasie Tolkiens auf – dargestellt von bis zu 20.000 Statisten an 150 Drehorten.

Das Werk gilt als eines der erfolgreichsten Bücher des 20. Jahrhunderts und Wegbereiter der modernen Fantasy-Literatur. Schätzungen zufolge wurde der Roman weltweit mehr als 150 Millionen Mal verkauft. Ebenfalls äußerst populär: sein Kinderbuch „Hobbit“, das schon 1937 erschien und quasi die Vorgeschichte zu seinem späteren Welterfolg erzählt. Aus der Feder des 1892 im heutigen Südafrika geborenen und späteren Professors für englische Sprache an der Universität von Oxford stammt auch das Epos „Das Silmarillion“. Es erschien erst 1977 nach seinem Tod (1973 in Bornemouth, Großbritannien) und wurde bislang nicht verfilmt.

www.herr-der-ringe-film.de

352 Das Piano – Prämiert mit drei Oscars

„Im tiefen, in dunkle Blau- und Grüntöne getauchten Urwald entspinnt sich ein komplexes erotisches Dreiecksspiel, das stets subtil und fragil bleibt“, urteilt die Fachzeitschrift Blickpunkt:Film und lobt das Werk von Regisseurin Jane Campion als „poetisches Meisterwerk“. Der Film „Das Piano“ kommt 1993 in die Kinos und gewinnt drei Oscars. Bis heute gilt er als eine der anspruchsvollsten Produktionen Neuseelands. Sam Neill als einem der Hauptdarsteller verhilft der Film endgültig zu seinem internationalen Durchbruch.

Schon die Einstiegsszenen – gedreht am schwarzen Sandstrand von Karekare Beach, 30 Minuten entfernt von Auckland an der Westküste gelegen – bleiben nachhaltig in Erinnerung und prägen die weitere Geschichte, die im 19. Jahrhundert angesiedelt ist. Die seit ihrem sechsten Lebensjahr stumme Witwe Ada (gespielt von Holly Hunter) wird von ihrem Vater im heimischen Schottland mit einem ihr unbekannten Neuseeländer verheiratet. Sie selbst sieht sich nicht als stumm an, sondern kommuniziert über ihre Leidenschaft: das Klavierspielen. Zudem ist ihre neunjährige Tochter der Gebärdensprache mächtig und fungiert als Übersetzerin.

Doch bei der Ankunft in Neuseeland muss sie ihr Klavier am Strand zurücklassen. Ihr Ehemann Alistair Stewart (Sam Neill) stört sich, anders als avisiert, doch an ihrer Stummheit und bringt kein Verständnis für ihre Leidenschaft auf. Anders hingegen sein Bekannter George Baines (Harvey Keitel): Er rettet das Klavier, tauscht es bei ihrem Ehemann gegen sein Stück Land ein. Und bietet Ada einen überraschenden erotischen Handel an: Sie muss für ihn spielen und ihm körperliche Nähe bieten, dafür bekommt sie „Taste für Taste“

ihr Klavier zurück. Ihrem Ehemann, der zwischenzeitlich ohnehin an ihrer geistlichen Verfassung zweifelt, kommt der ungewöhnlichen Liason auf die Schliche. Es folgen Wirrungen bis hin zu häuslicher Gewalt und sexuellem Missbrauch, ehe es auf Neuseelands Südinsel zum Happyend kommt.

Die anspruchsvolle Handlung wird weltweit ein Erfolg. Allein in den USA spielt der Film ein Vielfaches seiner Produktionskosten ein. Die stimmungsvolle Musik steuern die Münchner Philharmoniker ein, das Piano wiederum wird von Holly Hunter als Hauptdarstellerin selbst gespielt. Die Zuschauer schätzen die Schicksale der Charaktere der berührenden Liebesgeschichte und die liebenswerte Kulisse Neuseelands, die zu einer einzigartigen Symbiose verschmelzen.

DAS PIANO

Ein Film von JANE CAMPION

353 Whale Rider – Zwischen Tradition und Moderne

Weltweit begeisterte 2003 die Regisseurin und Filmemacherin Niki Caro mit ihrer erst dritten Produktion Zuschauer und Kritiker gleichermaßen. In „Whale Rider“ schildert sie die Geschichte eines zwölfjährigen Maori-Mädchens im Zwiespalt zwischen Jahrhunderte alten Traditionen und dem modernen Neuseeland. Der preisgekrönte Film basiert auf dem gleichnamigen, 1987 veröffentlichten Buch von Witi Tame Ihimaera-Smiler Er gilt als einer der wichtigsten lebenden Schriftsteller der Maori. Das Buch ist in Deutschland im Jahr 2003 unter dem Titel „Whale Rider: Die magische Geschichte vom Mädchen, das den Wal ritt“ erschienen.

„Die Kinoüberraschung des Sommers kommt aus Neuseeland. Ein grandioser, packender, bewegender Film über das Leben der Maoris zwischen Mythen und Moderne“, kommentierte der ARD-Kulturreport das Familiendrama um die Frage, ob ein Mädchen entgegen der Tradition zum Anführer eines Stammes werden kann. In einem mutigen Wettstreit gewinnt das junge Mädchen nach langen Kampf die Akzeptanz ihres Großvaters, der sie zunächst als Nachfolger ablehnt.

Für ihre Hauptrolle als Paikea wird die Australierin Keisha Castle-Hughes als jüngste Schauspielerin überhaupt für einen Oscar nominiert.

354 Der Hobbit – „Mittelerde“ entsteht

Tolkiens legendäres Kinderbuch von 1937 entwickelt Regisseur Jackson weiter zu einem dreiteiligen Kino-Epos für Erwachsene. In dem Buch kommt die Mythologie des fantasievollen Buchautoren erstmals zum Ausdruck. Tolkien erzählt die Geschichte eines Hobbit, einem menschenähnlichen Wesen, das im Auenland des sogenannten Kontinents „Mittelerde“ lebt. Sein beschauliches und geregeltes Leben gerät aus der Bahn, als ihn ein Zauberer und 13 Zwerge zum Kampf gegen den Drachen Smaug auffordern. Er soll als Meisterdieb den vom Drachen gestohlenen Schatz wiederbeschaffen. Basierend auf diesem Buch entsteht Jahre später „Der Herr der Ringe“.

Jackson dreht die drei Teile seiner Filmversion – es gab zuvor schon mehrere Filme – ab 2011 an zahlreichen Plätzen in Neuseeland. Wiederum wurde die Original-Handlung modifiziert und in diesem Fall auch kräftig ausgeschmückt. Trotz großen Zuspruchs der Zuschauer erreichte der „Hobbit“ nicht den Erfolg der Trilogie von „Herr der Ringe“. In die Kinos kamen die Filme zwischen 2012 und 2014; die Premiere für den ersten Teil war in Wellington. Neben den Studios in der Hauptstadt war erneut die Kleinstadt Matamata mit dem Set für Hobbiton einer der wichtigsten Drehorte.

www.derhobbit-film.de

355 The World's Fastest Indian

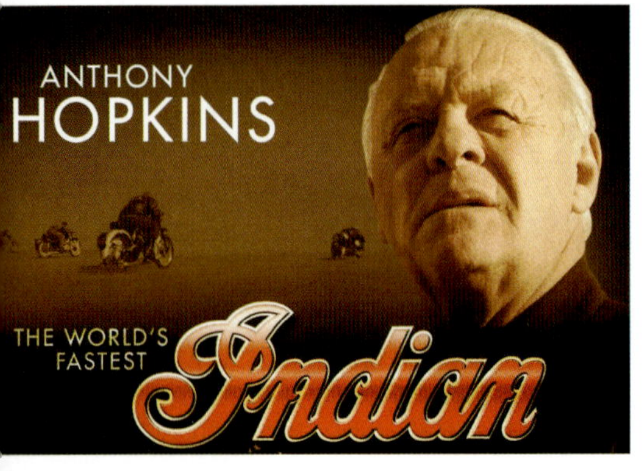

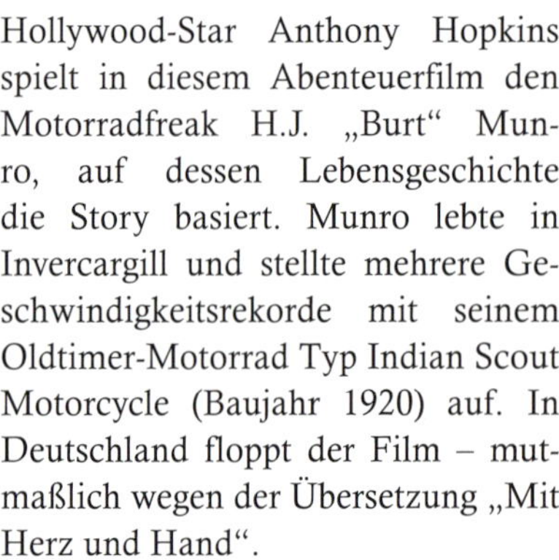

Hollywood-Star Anthony Hopkins spielt in diesem Abenteuerfilm den Motorradfreak H.J. „Burt" Munro, auf dessen Lebensgeschichte die Story basiert. Munro lebte in Invercargill und stellte mehrere Geschwindigkeitsrekorde mit seinem Oldtimer-Motorrad Typ Indian Scout Motorcycle (Baujahr 1920) auf. In Deutschland floppt der Film – mutmaßlich wegen der Übersetzung „Mit Herz und Hand".

356 Once were Warriors

Eine zerbrechende Maori-Familie steht im Mittelpunkt des 1994 erstmals gezeigten Films „Once were Warriors". Es basiert auf dem Erstlingswerk von Schriftsteller Alain Duff (siehe „Künstler", Seite 407). Im Deutschen übersetzt mit „Die letzte Kriegerin", ist die Handlung vom gewalttätigen Vater der in Auckland lebenden Familie geprägt. Erst die althergebrachte Tradition verschafft neuen Halt im Chaos.

357 Boy

Ein jugendlicher Fan, der als Maori in der Bay of Plenty von Michael Jackson, Reichtum und Anerkennung träumt – mit diesem Plot sorgte der junge neuseeländische Regisseur Taika Waititi 2010 für Aufsehen. Kaum eine unabhängige, einheimische Produktion erreichte in Neuseeland so einen schnellen Erfolg: „Boy" spielte in der ersten Woche mehr Geld ein als „Alice in Wonderland" und „Whale Rider".

358 Fünf Zimmer Küche Sarg

Die Horrorkomödie unter dem Originaltitel „What We Do in the Shadows" stammt von „Boy"-Macher Taika Waititi, der selbst eine Rolle übernimmt, und Jemaine Clement. Im Film verfolgen die Zuschauer aus der Position eines Kameramanns eine Wohngemeinschaft von Vampiren. Gedreht wurde in Auckland. Premiere hatte der Film 2012, wie schon „Boy" zwei Jahre zuvor, beim Sundance Film Festival in Utah/USA.

359 In meinem Himmel

Am beliebten Strand von Wharariki drehte Regisseur Peter Jackson die Strandszenen für das US-Filmdrama mit dem Originaltitel „The Lovely Bones" (siehe „Strände der Südinsel", Seite 54). In ihrem gleichnamigen Roman schildert die US-Schriftstellerin Alice Sebold die Jagd nach einem Vergewaltiger – aus der Perspektive des vergewaltigten und ermordeten Mädchens, das nun in einem Zwischenreich zu leben scheint.

360 Liebe auf Neuseeländisch

Ebenfalls von Taika Waititi stammt die Liebeskomödie, die 2007 unter dem Orginaltitel „Eagle vs. Shark" in die Kinos kam. Auf humorvolle und manchmal skurrile Art zeigt der Film, wie ein Mauerblümchen aus dem Fastfood-Laden zu ihrem Traumprinzen aus dem Computerspielladen auf der anderen Straßenseite findet. „Eine vertrackte Liebesgeschichte zwischen zwei modernen Großstadtsingles", urteilt der FILMDIENST.

Mein Neuseeland

General Manager Americas &
Europe bei Tourism New Zealand.

Eine Liebesbeziehung für das ganze Leben

Meine Liebesbeziehung mit Neuseeland fing mit 19 Jahren an – als ich zum ersten Mal als Backpacker das Land erkundete. Neuseeland war eigentlich nur als einmonatiger Aufenthalt geplant – als Teil einer ganzjährigen Weltreise. Aus dem einen Monat wurden sehr schnell drei. Es waren die spektakulären Landschaften, und die Möglichkeit, jeden Tag ein anderes Abenteuer zu erleben, die mich begeisterten. Wo sonst kann man an einem Tag im Kajak mit Seehunden paddeln, am nächsten Tag mit dem Rucksack durch dichten Regenwald wandern und am Tag danach in traumhafter Gebirgslandschaft entspannen?

Und dann waren da noch die unglaublich herzlichen Neuseeländer. Immer wieder luden mich wildfremde Leute zu sich nach Hause ein – eine Gastfreundschaft, die mich bis heute geprägt hat.

Während meiner Universitätszeit verbrachte ich weitere sechs Monate in Neuseeland. Als Praktikant für eine Jugendaustausch-Organisation lernte ich viele Familien im Land kennen. Von Wellington über Queenstown, von Napier bis nach Auckland – überall wurde ich unglaublich herzlich aufgenommen. Und etliche dieser Verbindungen sind bis heute geblieben.

Wie es das Schicksal so will, habe ich dann auf einer meiner Reisen – dieses Mal nicht in Neuseeland – meine Frau Jenny kennengelernt. Seitdem bin ich nun hoffnungslos in Neuseeland verliebt. Und in meiner täglichen Arbeit bei Tourism New Zealand habe ich das große Glück, der Welt von dieser Liebesbeziehung zu erzählen.

Heute ist Neuseeland für mich Heimat geworden. Meine Kinder fühlen sich als Neuseeländer. Und ich denke, die Liebesbeziehung wird für uns alle ein Leben lang anhalten.

Lieblingsplatz

Die Waitakere Ranges nahe Auckland – eine Art Mini-Neuseeland

Die Waitakere Ranges im Westen Aucklands sind mein absoluter Lieblingsort in Neuseeland. Nur 45 Minuten von der Innenstadt Aucklands entfernt, findet man sich im tiefsten Regenwald wieder. Mächtige Kauri-Bäume stehen neben urzeitlichen Riesenfarnen. Unzählige Wanderwege erschließen das Gebiet, das als Waitakere Ranges Regional Park heute geschützt ist.

Am Rande des Regenwaldes kommt man zu den imposanten Stränden der Tasman Sea wie beispielsweise Piha Beach. Dort laufen gewaltige Wellen über hunderte Kilometer ungebremst an der Küste auf und brechen auf den mystisch schwarzen Sandstränden. Ein echtes Surfer-Paradies.

Wenn man es etwas gemütlicher haben will, bieten zahlreiche kleine Cafés vorzüglichen Kaffee an und laden zum Entspannen ein. Wenn man sich nach Kunstgalerien sehnt, hat das Dorf Titirangi am Rande der Waitakere Ranges all das zu bieten.

Die Waitakere Ranges sind für mich ein echtes Mini-Neuseeland. Jede Minute gibt es etwas anderes zu erleben.

Mein Neuseeland

Fotografen und Filmemacher aus Österreich www.zwerger-schoner.at

Verliebt in Neuseeland

Wir sind seit mehr als 20 Jahren beruflich auf Reisen und durften schon viele beeindruckende Länder dieser Erde besuchen, bestaunen und die Erinnerungen daran mit unseren Kameras festhalten. Doch in Neuseeland haben wir uns verliebt.

Im Anschluss an unser letztes Projekt, Vietnam, waren wir uns schnell einig, dass das nächste Ziel Neuseeland sein wird. Schließlich haben wir schon seit Längerem immer wieder darüber nachgedacht. Bei den Vorbereitungen – es wurden Bücher gelesen, im Internet recherchiert – wuchs die Vorfreude, aber auch die Erwartungshaltung mit jedem Tag. Würde dieses kleine Land, das für viele Menschen als das Traumreiseziel gilt, wirklich halten, was alle Informationsquellen versprechen? Wird Neuseeland zu Recht das schönste Ende der Welt genannt? Ja, ja und nochmals ja – und es gibt so viele Gründe dafür!

Destination Neuseeland: Es braucht schon etwas Durchhaltevermögen, denn bei einer Flugzeit von zumindest 24 Stunden handelt es sich schon um ein „Kontinentenhopping" für Fortgeschrittene. Aber vorweg: Jede einzelne Sekunde ist die Mühe wert – denn erstmal angekommen, wird man mit einem derart facettenreichen Angebot an Naturjuwelen, den mit Abstand freundlichsten Menschen und einer überwältigenden Artenvielfalt, überrascht.

Neben der landschaftlichen Schönheit hat uns die bewusst gelebte Freiheit fasziniert. Besonders bewundernswert empfanden wir die immer noch lebendige und stolze Kultur der Maori. Zugleich ist es gerade die offene und überaus freundliche Art der Bewohner Neuseelands, die es einem leichtmacht, sich dort wohl – ja fast schon zuhause zu fühlen.

Uns „alten" Profis sind schon unzählige atemberaubende Motive vor die Linse gekommen. Doch diese intensiven Farbspiele oder auch bizarre Kulissen wie beispielsweise schneebedeckte Gletscherformationen umrahmt von immergrünem Regenwald – so etwas sehen auch wir nicht alle Tage. Wir konnten während unserer sechsmonatelangen Reise intensive Einblicke gewinnen und haben an Neuseeland gerne unser Herz verloren.

Lieblingsplatz

Castlepoint - Traum für Fotografen

Neuseeland macht es einem nicht leicht, sich auf einen Lieblingsplatz festzulegen, aber wir versuchen es mit dem Castlepoint auf der Nordinsel. Die Szenerie lässt jedes Fotografenherz höherschlagen: Bizarre Felsformationen, eine idyllische Bucht, das Rauschen des Meeres und mittendrin der einsame Hauptdarsteller – der Leuchtturm. Neuseeland verfügt über viele atemberaubende Fotomotive, doch hier bietet uns die exponierte Lage einzigartige Möglichkeiten. Dieser Platz vereint für uns das, was das schönste Ende der Welt ausmacht: Zum einen symbolisiert der Leuchtturm das Gefühl von allein, aber nicht einsam sein. Zum anderen wird die unendliche Weite spürbar, wenn der Blick über das Meer schweift. Und wer glaubt, er müsste auf die landschaftliche Schönheit verzichten … mitnichten … einmal umdrehen und das einzigartige Panorama genießen.

Mein Neuseeland

Inhaber der Neuseelandhaus GmbH, Bergkamen

Meine Liebe zu Neuseeland

Der Ursprung meiner Liebe zu Neuseeland liegt in Indien. Wie seinerzeit viele junge Menschen bin ich als 18-Jähriger Anfang der 1970er-Jahre für mehr als ein Jahr nach Indien gegangen. Nach meiner Rückkehr steckte ich einen Freund durch meine Erzählungen mit dem Reisefieber an – er reiste ebenfalls nach Indien, wo er aber nur für kurze Zeit blieb. Über Südostasien und Australien gelangte er nach Neuseeland, wo er seine spätere Frau kennenlernte. Er wanderte aus und avancierte vom Maurer zum Fischer und schließlich zum Möbelproduzenten.

Meine erste Frau (im Jahr 2014 verstorben) und ich blieben in Kontakt mit dem befreundeten Paar, und 1988 unternahmen wir unsere erste Neuseelandreise. Aus dem Kontakt entwickelte sich auch eine geschäftliche Beziehung. Im Jahr 1996 gründeten wir das Neuseelandhaus, das ursprünglich als Möbelgeschäft für Massivholzmöbel aus Neuseeland gedacht war. Dieses Konzept stellte sich schnell als wenig erfolgversprechend heraus. Am Ende blieben die schönen kunsthandwerklichen Dinge, die die Kiwis auch heute noch in Handarbeit produzieren, aber auch Wein, Bier und vor allem Honig. Über Katalogversand, Internet und Großhandel entwickelte sich daraus ein Unternehmen, das heute ganz Deutschland mit Manuka-Honig versorgt und immer noch die vielen kleinen Dinge verkauft, die unsere Liebe zu diesem schönen Land ausmachen.

Die netten Leute, ihre Einfachheit und Anspruchslosigkeit, die herrlichen Landschaften und das angenehme Klima lassen mich und meine zweite Frau immer wieder gerne in dieses herrliche Land reisen. Ohne diese Affinität zu Aotearoa wäre unser Unternehmen einfach nur ein Geschäft – dank der besonderen Beziehung bleibt trotz der nun erreichten Größe die Begeisterung, mit der alles begann.

Lieblingsplatz

Der Regenwald am Mount Taranaki

Sicher haben wir unendlich viele Lieblingsplätze in Neuseeland, aber besonders beeindruckt hat uns der Regenwald am Mount Taranaki. Er steht auch beispielhaft für das Klima Neuseelands, denn ohne Regen gibt es keinen Regenwald, und die ständig präsente Feuchtigkeit lässt diesen Wald wie ein Bild aus einem lange vergessenen Märchen erscheinen. Wenn sich dann nach einem Regentag die Wolken lichten und Mount Taranaki plötzlich in majestätischer Größe vor einem steht, kann man sich keine schönere Landschaft vorstellen.

Service – Informationen A-Z

Anreise

Kaum eine Region liegt weiter von Deutschland entfernt als die beiden neuseeländischen Hauptinseln. Die beiden Hauptstädte Berlin und Wellington trennen rund 18.000 Kilometer.

Neuseeland ist quasi nur via Flugzeug erreichbar: Die gesamte Flugzeit beträgt je nach Routenführung zwischen 24 und 30 Stunden. Mindestens ein Zwischenstopp mit Umsteigen ist in Asien (beispielsweise Singapur oder Hongkong), USA (Westküste) oder in der Golfregion (etwa Dubai) nötig. Die größte Fluggesellschaft des Landes ist Air New Zealand (Partner von Lufthansa, Singapore Airlines und anderen in der Star Alliance). Einige Anbieter, allen voran Singapore Airlines, offerieren attraktive Programme und Preise für einen längeren Aufenthalt am Zwischenziel (Stopover). Wichtigster internationaler Flughafen mit dem größten Angebot ist Auckland. Viele Airlines steuern überdies Christchurch an. Singapore Airlines fliegt neuerdings auch Wellington (mit Zwischenlandung in Australiens Hauptstadt Canberra) an. Von Australien aus ist überdies auch Queenstown erreichbar. Gabelflüge sind meist buchbar, also beispielsweise mit Ankunft in Auckland und Rückflug ab Christchurch.

Die Flugpreise betragen je nach Jahreszeit und Vorlauf zwischen Buchung und Abflug zwischen 950 und 1600 Euro in der Economy Class. Neben Air New Zealand bietet mittlerweile auch Singapore Airlines eine sogenannte Premium Economy an: Hier ist der Sitzabstand deutlich größer, auch die Sitze sind komfortabler. Die Premium Economy ragt natürlich nicht an den Komfort der flachen Betten in der Business Class heran, ist aber bei Weitem auch nicht so teuer. Tipp: Immer wieder bieten Airlines Sonderpreise für die Business Class an, wenn mindestens zwei Personen zusammen fliegen (*www.vorne-sitzen.de*).

Einreise

Urlauber aus Deutschland benötigen im Regelfall vorab kein Visum, wenn sie nicht länger als drei Monate in Neuseeland verbringen möchten. In diesem Fall wird das Visum automatisch bei der Einreise erteilt, sofern ein bestätigtes Rückflugticket vorliegt, ausreichend Geld (rund 1000 Dollar pro Monat) nachgewiesen werden kann und der Reisepass noch drei Monate über den Rückreisetag hinaus gültig ist. Längere Aufenthalte bis zu zwölf Monate sind möglich, ein Visum sollte dann vorab beantragt werden. Wer arbeiten bzw.

studieren möchte, muss vorab ein Visum beantragen. Bundesbürger im Alter unter 30 Jahren können ein sogenanntes Work&Travel-Visum beantragen, das einen Aufenthalt für ein Jahr und temporäres Arbeiten „zum Aufbessern der Reisekasse" ermöglicht. In jedem Fall ist bei der Ankunft eine sogenannte Einreisekarte auszufüllen. Weitere Informationen zu allen Bestimmungen rund ums Visum: *www.immigration.govt.nz.*

Neben dem Visum gelten für Neuseeland weitere Einreisebedingungen, die vor allem dem Schutz der heimischen Flora und Fauna vor eingeschleppten Krankheiten dient (Biosecurity): Daher gelten strenge Restriktionen für die Einfuhr von Lebensmitteln, vor allem für frische, nicht abgepackte Ware, Produkte aus Holz sowie für die Sauberkeit von Wander- bzw. Campingausrüstung. Schon so mancher Reisender musste vor den Augen der Beamten seine Ausrüstung vorzeigen und teils sogar reinigen. Die Bestimmungen werden streng überwacht und bei Verletzungen werden direkt teils harte Geldstrafen verhängt. Verstöße gegen die Biosecurity werden angeblich stärker kontrolliert und geahndet als beim Zoll. Weitere Informationen, auch zu den Zollbestimmungen (z. B. Einfuhr von Alkoholika und Zigaretten): *www.mpi.govt.nz/travel-and-recreation.*

Einreise- und Zollkontrollen (inkl. Biosecurity) erfolgen direkt nach der Landung an den internationalen Flughäfen. Wer einen Anschlussflug gebucht hat, muss sein Gepäck am Band abholen und bei der Kontrolle vorzeigen. Für den Weiterflug (in Auckland im Inlandsterminal!) ist das Gepäck neu aufzugeben.

Auskunft und Information

Gute und meist neutrale Informationen erhalten Reisende in den offiziellen Besucherzentren, die als „i-SITE Visitor Centre" gekennzeichnet sind. Landesweit gibt es 90 i-SITE-Büros. Andere „Visitor Information"-Stellen sind meist privat betrieben und informieren möglicherweise nicht unabhängig. Gute Tipps, vor allem für Wanderer, halten die Mitarbeiter der Naturschutzbehörde (Department of Conservation, DOC) bereit. Mehr als 20 DOC-Besucherzentren finden sich bei wichtigen Wanderwegen sowie in den Nationalparks.

Zu den wichtigsten Informationsquellen im Netz zählt die Website des neuseeländischen Fremdenverkehrsamts (*www.newzealand.com*), die Hinweise auch in deutscher Sprache bereitstellt und zudem zahlreiche Links zu örtlichen Anbietern enthält. Eine wahre Fundgrube an Reisetipps, vor allem zu Wanderwegen und Nationalparks, sowie weitergehende Erläuterungen finden Interessierte auf der Website der Naturschutzbehörde DOC (*www.doc.govt.nz*). Hilfreich ist auch das Angebot der Automobilclubs (*www.aa.co.nz, www.aatravel.co.nz*). Und nicht zu vergessen: Die Neuseeländer sind im Allgemeinen sehr hilfsbereit und stehen gern mit Tipps zur Seite, gerade natürlich die Mitarbeiter von Hotels und Campingplätzen. Auch das Magazin 360° Neuseeland hält aktuelle Informationen vor (*www.360grad-neuseeland.de*).

Beste Reisezeit

Die Frage nach dem besten Monat für eine Tour nach Neuseeland ist nicht leicht zu beantworten. Vom Klima her verspricht der Zeitraum von Dezember bis März die besten Voraussetzungen. Der Februar hat meist beständiges Wetter. Als gute Reisemonate gelten auch der Oktober und der November, wenn es langsam wieder wärmer und die Tage länger werden.

Allerdings: Zwischen Weihnachten und Mitte Januar sind Schulferien, so dass neben der Masse an ausländischen Besuchern auch viele Neuseeländer (und Australier) unterwegs sind und es überall, vereinfacht gesagt, „teuer und voll" ist. Für die Neuseeländer selbst gilt die Zeit zwischen Labour Weekend (letztes Wochenende im Oktober) und Ostern als Hauptreisezeit.

Eines sollten Reisende in jedem Fall beherzigen: Aufgrund seiner enormen Länge über mehrere Klimazonen hinweg bei zugleich vergleichsweise schmaler Breite sowie der abgeschiedenen Lage im südöstlichen Pazifik unterliegt das Wetter starken Schwankungen. Während die Temperaturen im Hochsommer (Januar) in Paihia in der subtropischen Bay of Islands durchaus die Marke von 30 Grad übersteigen können, wird es auf Stewart Island selten über 20 Grad warm. Grundsätzlich gilt die Nordinsel aufgrund der Lage naturgemäß als wärmer, während auf der Südinsel die Regionen östlich der Alpen trockener und sonniger sind – die Gipfel der Southern Alps fungieren als Wetterscheide und sorgen dafür, dass die Regenmassen und starken Winde an der Westküste abregnen. Als ganzjährig besonders sonnenreich und mit einem milden Klima gesegnet gilt der Abel Tasman National Park.

Gleichwohl, ungeachtet der Statistiken, in Neuseeland heißt es angesichts der Lage, Landschaft und Topografie: Vier Jahreszeiten an einem Tag! So können sich Reisende auf der Milford Road über bestes Wetter freuen, während die direkt anschließende Bootsfahrt auf dem Milford Sound kalt und nass wird.

Zugleich bleibt auch festzuhalten: Richtig kalt wird es in Neuseeland auch im Winter nur selten, und wenn eher in den Bergregionen. Allerdings sind zwischen Juni und September viele Aktivitäten nicht möglich. So sind zahlreiche Great Walks geschlossen. Zwei der schönsten und stark besuchten Ziele sind aber ganzjährig offen: der Abel Tasman National Park und der Milford Sound samt Boots- und Kajaktouren. Umgekehrt können Besucher den neuseeländischen Winter mit Skifahren und Co. genießen, während auf der Nordhalbkugel Sommer ist.

Und wie viel Zeit sollte man sich für eine Reise nach Neuseeland nehmen? Schon allein wegen der langen Anreise sowie der Flugkosten macht eine Tour unter drei Wochen wenig Sinn. Wer vier Wochen Zeit hat (inkl. An- und Abreise) hat ausreichend Zeit für die Hauptattraktionen für beide Inseln und gelegentlich auch eine mehrstündige Wanderung. Fünf Wochen sind ideal – und für viele Reisende ohnehin das absolute Maximum. Als Faustformel gilt: zwei Fünftel der Reisezeit für die Nordinsel einplanen, drei Fünftel für den südlichen Part des Landes.

Camping

Die sprichwörtliche „große Freiheit" erleben Reisende beim Campen oder im Wohnmobil. Campingplätze liegen oftmals an den schönsten Stellen und verhelfen zu besonderen Momenten in der Natur. Landesweit können Urlauber unter mehreren hundert Stellflächen auswählen – vom einfachen Platz ohne Toilette bis zur vollausgestatteten Anlage samt Internet, Pool und Waschmaschine. In der Hauptsaison sollten Stellplätze – gerade für Wohnmobile – vorreserviert werden. Besonders beliebte Plätze wie etwa am Abel Tasman National Park oder am Milford Sound können zwischen Weihnachten und Neujahr zuweilen sogar schon Monate im Voraus vollständig reserviert sein. Neben kommerziellen Anbietern wie der bekannten Kette Top 10 (meist sehr gut gelegen und mit guter Ausstattung) betreibt die Naturschutzbehörde DOC mehr als 200 Plätze. Der Traum vom „freien Campen" ist jedoch vielfach ausgeträumt und von den Gemeinden verboten. Die Strafen können teuer sein. Zudem ist wildes Campen nur noch gestattet, wenn das Wohnmobil über eine Toilette an Bord verfügt – diese Fahrzeuge sind als „Self Containment" gekennzeichnet.

Übersicht zum Thema: *www.nzcamping.co.nz*, *www.doc.govt.nz/parks-and-recreation/things-to-do/camping*, *www.holidayparks.co.nz;*
Apps: CamperMate, Camping NZ

Geld und Zahlungsmittel

Landeswährung ist der Neuseeländische Dollar, gern auch „Kiwi Dollar" genannt. Achtung: Rechnungen werden auf volle zehn Cent auf- oder abgerundet. Banken und Wechselstuben gibt es landesweit, um Geld zu tauschen oder Reiseschecks einzulösen. Praktikabler und sicherer ist es für viele, mit Kreditkarte zu bezahlen. Auch bei kleinen Beträgen ist Kartenzahlung möglich, außer bei manchen Restaurants. Allerdings erheben mittlerweile viele Anbieter bei Zahlung mit Kreditkarte einen Aufschlag von beispielsweise einem Prozent (hinzu kommt ggf. der Auslandszuschlag der Kreditkartenfirma). Nur bei einheimischen Debitkarten, für Reisende im Regelfall nicht erhältlich, fallen keine Gebühren an. Geldautomaten stehen landesweit zur Verfügung, je nach Kreditkarte und Bank können erheblich Kosten anfallen, während manche Banken mit kostenlosen Auszahlungen werben (beispielsweise DKB und ING Diba). Zudem verfügen manche Institute wie die Deutsche Bank über Partnerbanken in Neuseeland, so dass ebenfalls keine Gebühren fürs Bargeld am Automaten anfallen.

Geschichte und Staatsgründung

Auch wenn der holländische Entdecker Abel Tasman erst 1642 als erster Europäer Neuseeland sichtet – besiedelt wurde das Land schon weit früher. Vermutlich erreichten die ersten Polynesier vor rund 1000 Jahren die beiden Inseln. Über die ersten Menschen in Neuseeland ist bis heute noch nicht viel bekannt. Klar ist nur, dass um das Jahr 1500 mehrere zehntausend Maori vorrangig die Nordinsel bevölkern. Zur Zeit des Besuchs des englischen Entdeckers James Cook 1769 leben vermutlich schon rund 200.000 Maori im Land. In seinem Gefolge zieht es Walfänger, dann Händler und Missionare nach Neuseeland, in erster Linie in die Bay of Islands. Zwischen Maori und den weißen Siedlern kommt es fortan immer wieder zu gewalttätigen Konflikten. Auch der umstrittene Vertrag von Waitangi, geschlossen am 6. Februar 1840, bringt keinen dauerhaften Frieden, gilt aber als erste Verfassung und als Tag der Staatsgründung. Bis heute sind die Maori benachteiligt, noch immer schwelen Diskussionen um Landrechte.

Gesundheit und Versicherungen

Im Gegensatz zu anderen Fernreisezielen wie beispielsweise im südlichen Afrika oder Australien müssen Reisende in Neuseeland nicht mit besonderen Risiken rechnen. So sind selbst beispielsweise Moskitos und Sandfliegen zwar lästig, aber nicht gefährlich – gute Insektenschutzmittel können helfen. Giftige Schlangen gibt es nicht, gefährliche Spinnen sind äußerst rar. Neben den Standardimpfungen wie etwa Tetanus ist kein weiterer Schutz nötig, wobei Vielreisende oftmals freiwillig Wert auf Hepatitis-A- und Hepatitis-B-Impfungen legen. Die vergleichsweise größte Gefahr geht von der Sonne aus, deren UV-Stahlen angesichts des Ozonlochs hier besonders intensiv schnell die Haut schädigen können. Urlauber sollten deshalb auf guten Sonnenschutz mit Kopfbedeckung, Kleidung und Sonnencreme achten und so Sonnenbrand vorbeugen.

Das Gesundheitssystem in Neuseeland ist privatrechtlich organisiert, deutsche Krankenkassen kommen daher nicht für Kosten bei medizinischer Versorgung im Krankenhaus oder einem Arzt auf. Reisende sollten daher in jedem Fall eine Auslandsreisekrankenversicherung (inkl. Kostenübernahme für den Rücktransport) abschließen. Die Qualität des Gesundheitssystems ist im Regelfall hoch, Ärzte haben sich meist in Arztzentren zusammengeschlossen und haben so oftmals auch abends oder am Wochenende geöffnet.
www.crm.de

Kleidung und Ausrüstung

Urlauber sollten auf bequeme und vielseitig einsetzbare Kleidung setzen. Angesichts der schnellen Wetterumschwünge hat sich das „Schicht-Prinzip" mit mehreren Lagen als besonders sinnvoll erwiesen. Eine gute Fleece-Weste und eine atmungsaktive Regenjacke reichen meist als Schutz vor Wind und Regen und sollten in keinem Reisegepäck fehlen. Formelle Kleidung wird normalerweise nicht erwartet. Wer Wanderungen plant, sollte passende Ausrüstung wie etwa Wanderschuhe oder -stiefel mitbringen. Weitergehende Ausrüstung kann (kostenpflichtig) geliehen werden, bei organisierten Touren wird notwendiges Equipment häufig auch kostenlos gestellt. In vielen Orten kann notfalls auch Kleidung und Ausrüstung gekauft werden, die Firma „Kathmandu" ist ein bedeutender Outdoor-Ausrüster mit zahlreichen Filialen.

Maße und Gewichte

In Neuseeland gilt mittlerweile das metrische System. Entfernungen werden in Kilometern angegeben, Gewichte in Kilogramm.

Mietwagen und Wohnmobile

Mietwagen und Wohnmobile sind in Neuseeland in allen Größen und Preisklassen erhältlich. Die größte Auswahl an Mietwagen besteht in Auckland und Wellington sowie Christchurch und Queenstown. Wohnmobile können im Regelfall nur in Auckland, Christchurch und Queenstown sowie in Picton gemietet werden. Neben internationalen Anbietern wie beispielsweise Hertz und Avis für Mietwagen sowie Maui und Jucy für Wohnmobile existieren auch zahlreiche lokale Anbieter. Selbst große Wohnmobile fahren sich vergleichsweise einfach, allerdings sollten sich Mieter stets der großen Ausmaße bewusst sein. Zudem sind Wohnmobile tendenziell windanfälliger. Wenn Sprit und Kosten für Campingplätze eingerechnet werden, muss Wohnmobilurlaub nicht unbedingt preiswerter sein als die Kombination von Mietwagen und Hotel. Allerdings können Campingfreunde bei der Verpflegung sparen. Und unabhängig von den Kosten: Viele schätzen die größere Freiheit beim Reisen und die vor allem die Nähe zur Natur.

Wer sich in Neuseeland hinters Steuer setzen möchte, sollte sicherheitshalber einen Internationalen Führerschein oder eine beglaubigte Übersetzung mitnehmen. Auch wenn vielfach nicht danach gefragt wird, spart die Ausgabe von rund 20 Euro für einen Internationalen Führerschein im Zweifelsfall viel Ärger. Die Promillegrenze liegt bei 0,5 Promille, Fahrer unter 20 Jahren dürfen keinen Alkohol konsumieren. Wichtigster Unterschied zu deutschen Verkehrsregeln: In Neuseeland gilt Linksverkehr, man fährt gefühlt also auf der „falschen Seite". Trotz aller Warnhinweise passieren immer wieder folgenschwere Unfälle.

Öffnungszeiten

Auch wenn die Öffnungszeiten vom Gesetzgeber recht liberal gestaltet sind, haben die meisten Geschäfte in den Innenstädten meist nur bis 17.30 Uhr geöffnet – nur in Auckland ist Shopping teilweise bis 20 Uhr möglich. Einzig Souvenirgeschäfte, gerade in Queenstown, haben auch abends offen. Dafür sind vielfach Einkäufe auch am Sonntag möglich. Gut zu wissen: Supermärkte bieten deutlich längere Öffnungszeiten, oftmals bis 21 Uhr oder länger.

Politik

Der Monarch Großbritanniens – derzeit also Queen Elizabeth II – ist automatisch auch Staatsoberhaupt der Neuseeländer. Somit ist das Land eine parlamentarische Monarchie, die nach britischem Vorbild organisiert ist. Das Land gehört dem Commonwealth an und war Gründungsmitglied der Vereinten Nationen (UNO). Als erstes Land der Welt führte Neuseeland – mit aktuell rund 4,5 Millionen Einwohnern – das Wahlrecht für Frauen ein. Nationalfeiertag ist der Waitangi Day am 6. Februar, der an den berühmten, aber umstrittenen Vertrag zwischen Maori und Kolonialisten erinnert. Der Tourismus ist die wichtigste Einnahmequelle des Landes. 2016 entschied sich die Bevölkerung bei einem Referendum dafür, die bisherige Flagge beizubehalten, nachdem sich einzelne Gruppen für eine neue Staatsflagge stark gemacht hatten.

Preisniveau und Vergünstigungen

Allein durch den langen Flug von 24 Stunden und mehr ist Neuseeland kein preiswertes Reiseziel. Deutsche Urlauber geben laut Statistik rund 4200 Dollar während ihrer durchschnittlich 31 Tage dauernden Reise aus (Stand: 2013). Der Neuseeland-Dollar hat 2016 wieder geschwächelt und so für eine leichte Entlastung der Reisekasse gesorgt.

Neben der Wahl der Unterkunft – also preiswerte Hostels oder Motels im Vergleich zu teuren Hotels oder Lodges – belasten vor allem Aktivitäten die Reisekasse. Besonders Rundflüge, geführte Wanderungen und Ausflüge sowie Abenteuertrips wie Bungee Jumping, Tandem-Fallschirmsprünge oder Jetboat-Fahrten gehen ordentlich ins Geld. Wer viele Aktivitäten bucht, treibt die Reisekosten exponentiell nach oben. Vor allem Studenten, Backpacker, Familien und Senioren sollten stets nach Preisermäßigungen fragen. Hilfreich sind auch Mitgliedskarten vom Automobilclub oder Wohnmobilverleihern.

Richtwerte für ausgewählte Ausgaben (Stand Januar 2017)	
Restaurantbesuch (pro Person):	20-40 NZD
Mietwagen (Mittelklasse, pro Tag, Vollkasko):	60 EUR
Wohnmobil (mittlere Größe inkl. WC, pro Tag, Vollkasko):	110 EUR
Campingplatz (pro Stellplatz, mit Stromanschluss):	55 NZD
Unterkunft im Hotel (pro Zimmer, Auckland):	ab 150 NZD
Bett im Hostel (pro Bett im Schlafsaal, Auckland):	25 NZD
Rundflug Mount Cook (pro Person):	360 NZD
Bungee Jumping (pro Person):	275 NZD
Bootsausflug Milford Sound (pro Person):	80 NZD

Sicherheit und Kriminalität

Neuseeland gilt als sicheres Reiseland, das Risiko beim Reisen scheint nicht höher als in Westeuropa. Wie überall sollten dennoch Bargeld und Schmuck nur begrenzt mitgenommen werden. Größtes Risiko sind vor allem Diebstähle aus Fahrzeugen, gerade aus Wohnmobilen, an beliebten Nationalparks. Überfälle auf Touristen werden nur selten verzeichnet. Übergriffe und Belästigungen kommen erfreulicherweise nur selten vor.

Ein großes Risiko stellen Erdbeben dar. Christchurch war 2010 und 2011 mehrfach betroffen; das letzte große Beben datiert vom November 2016 mit Schwerpunkt im Norden der Südinsel. Aufgrund der Lage entlang zweier Kontinentalplatten in einer seismisch sehr aktiven Region muss kontinuierlich mit leichten Erdbeben gerechnet werden. (*www.auswaertiges-amt.de/DE/Laenderinformationen/00-SiHi/NeuseelandSicherheit.html*)

Telefon und Internet

Telefonate mit Mobiltelefonen können aufgrund von Roaminggebühren sehr teuer werden. Wer unterwegs viel telefonieren oder surfen möchte, um beispielsweise Unterkünfte und Ausflüge zu buchen, sollte sich eine SIM-Karte eines neuseeländischen Anbieters besorgen. Alle Netzbetreiber bieten preiswerte Pakete zum mobilen Telefonieren und Surfen. Auch preiswerte Smartphones (etwa für 40 Dollar) sind erhältlich, falls das deutsche Handy einen Wechsel der SIM-Karte nicht gestattet (SIM-Lock). Die meisten Hotels und Campingplätze bieten WLAN, teilweise gegen Gebühr. Viele Restaurants, Cafés und Fastfood-Ketten sowie Visitor Centre gewähren Kunden kostenlosen Internet-Zugang für eine begrenzte Zeit. Vielen Reisenden könnte das mittlerweile recht umfangreiche Angebot an kostenlosen oder preiswerten Hotspots genügen, so dass der Kauf einer örtlichen SIM-Karte kein Muss mehr darstellt.

Unterkünfte

Qual der Wahl: Vom Schlafplatz im Mehrbettzimmer eines Hostels für einige Dollar über gemütliche Bed&Breakfast-Häuser bis hin zu luxuriösen Lodges mit Zimmerpreisen jenseits der 500-Dollar-Marke reicht das Angebot in Neuseeland. Landesweit stehen an vielen Regionen – selbst an kleineren Orten wie am Lake Tekapo – Unterkünfte jeder Qualität und Preislage zur Auswahl. Eine preiswerte Alternative stellen sogenannte Cabins – quasi kleine Bungalows mit unterschiedlicher Ausstattung – auf Campingplätzen dar. Abgesehen von Budget und persönlicher Präferenz empfiehlt es sich zumindest in der Hauptsaison rund um Weihnachten und den Jahreswechsel, die Unterkunft im Vorfeld zu reservieren. Selbst Einzelbetten in Schlafsaal können zu solch beliebten Terminen an Hotspots wie Queenstown ausgebucht sein.

Transport

Auch wer nicht mit Mietwagen oder Wohnmobil Neuseeland erkunden möchte, kann sich gut durchs Land bewegen. Zahlreiche Buslinien und Inlandsflüge machen mobil. Eisenbahnen fahren hingegen nur auf wenigen Strecken, während eine entspannende Fahrt mit der Fähre die beiden Inseln miteinander verbindet und zugleich durch die wunderschönen Wasserstraßen der Marlborough Sounds führt.

Neben den öffentlichen Nahverkehr in den größeren Städten, allen voran in Auckland, Wellington und Christchurch, erschließt ein engmaschiges Fernbus-Netz das Land. Größter Anbieter ist InterCity (*www.intercity.co.nz*), der neben Einzahlfahrten auch Budget schonende Buspässe vertreibt. Neben landesweiten Anbietern existiert eine Vielzahl kleiner Unternehmen, die sich auf bestimmte Regionen konzentrieren. Parallel richten sich einige Unternehmen speziell an Backpacker und bieten neben dem reinen Transport von A nach B auch organisierte Ausflüge mit Gleichgesinnten zu attraktiven Preisen (z. B. *www.straytravel.com*).

Schneller kommen Reisende mit dem Flugzeug voran. Air New Zealand sowie Jetstar bieten eine Vielzahl von Inlandsflügen in alle Landesteile an. Wer früh bucht, kann viel Geld sparen. Hinzu kommen zahlreiche regionale Airlines, die beispielsweise Great Barrier Island oder Stewart Island ansteuern.

Abgesehen von Nahverkehrszügen in Auckland und Wellington findet sich in Neuseeland kein Bahnnetz mehr, das diesen Namen rechtfertigen würde. Lediglich drei Fernrouten von Kiwi Rail (*www.kiwirailscenic.co.nz*) haben den Lauf der Zeit überdauert. Sie sind gerade für Touristen eine Überlegung wert, da die Strecken durch landschaftlich sehenswerte Regionen führen. Besonders beliebt ist die Fahrt von Christchurch nach Greymouth. Diese Tour verläuft durch die Southern Alps und kann auch als Tagesausflug bzw. nur bis zum Zwischenhalt am Arthur's Pass (dann mit längerem Aufenthalt) gebucht werden. Die beiden weiteren Strecken führen von Christchurch nach Picton sowie von Wellington nach Auckland (unter anderem mit Stopp im kleinen Ort National Park Village am Mount Tongariro).

Zwischen Wellington und Picton fahren die Fähren der beiden konkurrierenden Gesellschaften Interislander (*www.interislander.co.nz*) und Bluebridge (*www.bluebridge.co.nz*). Beide Anbieter verbinden mit ihren großen Fähren mit viel Platz für Autos und Wohnmobile mehrfach täglich beide Inseln. Auf dem offenen Meer der Cook Strait können die Schiffe zuweilen heftig schaukeln, rund ein Drittel der Fahrt führt aber durch die geschützten und schönen Wasserstraßen der Marlborough Sounds.

Zeitunterschied

Der Zeitunterschied zwischen Deutschland und Neuseeland beträgt elf bzw. zwölf Stunden, je nach Jahreszeit und bedingt durch unterschiedliche Termi-

ne für die Umstellung zwischen Sommer- und Winterzeit. Zur Hauptreisezeit rund um Weihnachten liegen beide Länder zwölf Stunden auseinander.

Haftungshinweis/-ausschluss:
Alle Angaben wurden nach besten Wissen und Gewissen recherchiert. Allerdings übernehmen Redaktion und Verlag keine Gewähr bzw. Haftung bei Fehlern bzw. Änderungen. Insbesondere hinsichtlich der Einreise-/Visumbestimmungen erkunden Sie sich bitte individuell und vor der Buchung von Flügen gen Neuseeland. Stand der Informationen: Januar 2017.

Stichwortverzeichnis

A

Abel Tasman Coast Track 78
Abel Tasman NP 24, 66, 128, 228
Abenteuer.....................................102
Akaroa 41, 243
Akaroa Top 10...............................316
Alps2Ocean Cycle Trail.................134
Anreise..424
Aoraki/Mount Cook......................345
Aoraki/Mount Cook
NP... .... 29, 120, 124, 242
Apirana Turupa Ngata..................397
Arrowtown...................................267
Arthur's Pass 244
Arthur's Pass NP 30
Auckland.............................. 130, 154
- Auckland Museum 158, 367
- Devonport 160
- Mount Eden 162
- One Tree Hill..........................161
- Ponsonby...............................163
- Sky Tower...............................156
- Viaduct Harbour.....................163

Auckland Coast to Coast Walk........ 71
Auckland Museum,
Auckland.......................... .158, 367
Auskunft......................................425
Ausrüstung...................................429
Avon River, Christchurch 257

B

Barmber House, Auckland 332
Batten, Jean 397
Bay of Islands...................39, 131,166
Bay of Many Coves Lodge, Bay of
Many Coves..............................334
Bay of Plenty................................174
Blake, Peter...................................397
Blenheim 234
Blue Cod 377
Bluff..277
Bluff Hill 192
Botanic Garden, Wellington 210
Botanic Gardens, Christchurch.......252
Botswana Butchery, Auckland 387
Botswana Butchery, Queenstown....387
Boulder Beach 61
Boy...416
Bruce Bay 60
Bungee-Jumping 110

C

Cable Car, Wellington 214
Camping 427
Campingplätze..............................308
Canterbury 236
Canterbury Museum,
Christchurch.. 252
Cape Egmont................................202
Cape Foulwind 286
Cape Kidnappers 190
Cape Palliser.................................223
Cape Reinga 168
Cardrona Hotel.............................322
Cardrona Valley Road 307
Castlepoint 225, 421
Cathedral Cove 44, 344
Catlins Coast 272
Chocolate Fish Cafe, Wellington 386
Christchurch 246
- Avon River 257
- Botanic Gardens 252
- Canterbury Museum...............252
- Christchurch Cathedral 254
- Christchurch Gondola.............257
- Hagley Park............................256
- International Antarctic Centre..255
- Orana Wildlife Park 257
- Re:START Mall......................250
- Transitional Cardboard
Cathedral...............................256
- Willowbank Wildlife Reserve ...256

Christchurch Cathedral 254
Christchurch Gondola 257
Collingwood 234
Coromandel 186
Coromandel Coastal Walkway 71
Crayfish 377
Crowded House 406
Crowe, Russell 406
Cuba Street, Wellington 215
Curio Bay 34, 58
Curio Bay Holiday Park 310

D

Dart River 267
Das Piano 412
Der Herr der Ringe 410
Der Hobbit 415
Desert Road 306
Devil's Punchbowl Falls 101
Devonport, Auckland 160
Doubtful Sound 40, 270
Dowse Art Museum 224
Drehorte 336
Duff, Allan 407
Dunedin 262
Dusky Sound 110, 276

E

East Cape 191, 351, 366
Egmont NP 121
Einreise 424
Endless Summer Lodge, Ahipara 330

F

Fallschirm-Springen 108
Farewill Spit 232
Feijoa 377
Filme 408
Fiordland NP 26, 340
Flat White 376
Fleurs Place, Moeraki 384
Forgotten World Highway 307
Fox Glacier 284
Franz Josef Glacier 129, 280
Fünf Zimmer Küche Sarg 417

G

Gateway to Paradise 304
Geschichte 428
Gesundheit 428
Gillespies Beach 61
Gisborne 184, 192
Glenorchy 264
Glentanner Park Centre, Aoraki/ Mount Cook 317
Golden Bay 230
Gore Bay 244
Great Lake Trail 140
Greymouth Seaside Top 10 317

H

Haast Pass 285
Hagley Park, Christchurch 256
Haka 365
Hangi 365
Hanmer Springs 120, 245
Hapuku Lodge & Tree House, Kaikoura 325
Hastings 192
Hauraki Rail Trail 138
Hawera 202
Hawke's Bay 184, 192
Heaphy Track 80
Hillary, Sir Edmund 390
Hobbiton 338
Hogwartz Backpackers, Dunedin 327
Hokey Pokey Ice Cream 375
Hokianga Harbour 173
Hokitika 287
Hole in the Rock 106
Hone Heke Pokai 392
Hone Mihaka 362
Hooker Valley Track 70
Hot Water Beach 50

Huka Falls 99
Huka Lodge, Taupo 333
Hulme, Keri.................................404
Humboldt Falls.............................100
Hundertwasser-Building................173

I

In meinem Himmel.......................417
International Antarctic Centre, Christchurch.............................255
Invercargill...................................277

J

Jackson Bay.................................287
Jackson, Peter 400
Jackson's Retreat, Arthur's Pass 317
Jailhouse Accommodation, Wellington................................320
Jeep-Touren..................................109
Jet-Boating....................................111

K

Kahurangi NP 31
Kaikoura 38, 131, 240
Kaiteriteri Beach 59
Kakekare Beach 345
Kanutour im Dusky Sound 110
Kapiti Coast 218
Kapiti Island.................................220
Katamaran-Segeln.........................111
Kauri Coast Top 10 314
Kauri Museum 172
Kawakawa 173
Kawhia...182
Kawhia Kai Festival 366
Kepler Track 70, 74
Key Summit Routeburn Track......... 70
Kiri Te Kanawa.............................407
Kriminalität 432
Künstler..398

L

Lake Brunner 91
Lake Hawea.................................. 91
Lake Manapouri 91
Lake Matheson 88, 286
Lake Pukaki..............................89, 244
Lake Taupo 90, 180
Lake Te Anau 276
Lake Tekapo 86, 238
Lake Waikaremoana 90
Lake Waikaremoana Track............. 81
Lake Wakatipu 90, 342
Lake Wanaka................................. 84
Larnach Castle, Dunedin 326
Liebe auf Neuseeländisch 417
Logan Brown Restaurant, Wellington................................386
Lorde 406
Lyall Bay.......................................345
Lyttelton.......................................245

M

Manawatu-Wanganui....................194
Mangawhai Heads 143
Mansfield, Katherine 402
Manuka Cafe, Devonport..............386
Manuka-Honig 370
Maori-Kultur 352
Marlborough Sounds 233
Marokopa Falls.............................100
Maße und Gewichte......................429
Masterton.....................................224
Matakohe 172
Matiu 225
McCaw, Richie 396
Mehrtageswanderungen 72
Mietwagen....................................429
Milford Road 300
Milford Sound 68, 126, 274
Milford Track 79
Moeraki Boulders 56
Mono Lake...................................347

Mosquito Bay 60
Mount Arthur Tablelands 147
Mount Aspiring NP 30, 266
Mount Aspiring Road 302
Mount Eden, Auckland 162
Mount Hikurangi 192
Mount Hutt 120
Mount Maunganui 183, 291
Mount Sunday 344
Mount Taranaki 198, 344, 423
Mount Tarawera 183
Mount Tongariro 196
Mount Victoria, Wellington 212
Mountainbiking 111
Muriwai Beach 51
Museum Art Hotel, Wellington 335
Musick Point 145

N

Napier 192
Nationalparks 22
Neill, Sam 407
Nelson 226, 234
Nelson Lakes NP 30, 234
Neuseeländische Spezialitäten 368
New Plymouth 203
NZ Mussels 374
NZ Parliament, Wellington 215
Ninety Mile Beach 46, 172
Nins Bin, Kaikoura 380
Northland 164
Nugget Point 276

O

Oamaru 40, 266
Öffnungszeiten 430
Ohau Snow Fields 120
Okains Bay Maori & Colonial Museum 367
Okarito Lagoon 287
Old Ghost Road 139
Once were Warriors 416
One Tree Hill, Auckland 161
Oparara Basin 286
Orana Wildlife Park, Christchurch 257
Orbit 360° Dining, Auckland 382
Oriental Bay, Wellington 215
Otago 258
Otago Central Rail Trail 136
Otago Peninsula 36, 266

P

Pacific Coast Highway 305
Pakiri Beach 50
Palmerston North 203
Pancake Rocks 282
Paparoa NP 31
Paradise 267
Pavlova 376
Pencarrow Head 225
Persönlichkeiten 388
Picton 234
Piercy Island 106
Pies 376
Piha Beach 48
Ponsonby, Auckland 163
Poor Knights Island 172
Politik 430
Porpoise Bay 34, 58
Porters Ski Area 121
Preisniveau 431
Punakaiki 282
Punakaiki Beach 60
Purakaunui Falls 98

Q

Queen Charlotte Drive 307
Queen Charlotte Track 71, 80, 140
Queenstown 116, 265

R

Radstrecken 132
Raftingtouren 110
Raglan 182, 349

Rakiura Track ... 81
Rangitoto Island ... 163
Re:START Mall, Christchurch ... 250
Red Rocks Reserve ... 224
Rees-Dart-Track ... 81
Reisezeit ... 426
Restaurants ... 378
Rimutaka Cycle Trail ... 141
Rimutaka Forest Park ... 222
Rob Roy Valley Track ... 69
Rotorua ... 178
Routeburn Track ... 76
Ruahine Forest Park ... 202
Rundflüge ... 122
Rutherford, Ernest ... 395

S

Seen ... 82
Shelly Bay ... 345
Sheppard, Kate ... 396
Sky Tower, Auckland ... 156
Solscape-Tipi, Raglan ... 326
Somes Island ... 225
South Sea Hotel, Stewart Island ... 335
Southern Alps ... 118
Southern Scenic Route ... 306
Southland ... 268
Speights Ale House, Queenstown ... 387
Stamford Plaza Hotel, Auckland ... 334
Stewart Island ... 41, 131, 275, 289
Stirling Falls ... 96
Stirling Point ... 277
Strände der Nordinsel ... 42
Strände der Südinsel ... 52
Stratford ... 203
Sutherland Falls ... 101

T

Tageswanderungen ... 62
Takapuna Beach Holiday Park ... 315
Tamaki Village ... 367
Tapotupotu Bay ... 48
Tapotupotu Campsite, Cape Reinga ... 316
Taranaki Falls ... 101
Taranki ... 194
Tasman ... 226
Tasman Glacier ... 118, 245
Tasman's Great Taste Trail ... 141
Taupo ... 180
Tauranga ... 183
Taylor, Richard ... 405
Te Anau Glowworm Caves ... 277
Te Anau Top 10 ... 312
Te Ara Ahi ... 140
Te Papa Museum, Wellington ... 208, 364
Te Rauparaha ... 396
Te Urewera NP ... 31, 188, 293
Te Waonui Forest Restreat, Franz Josef Village ... 331
Tekapo ... 119
Telefon und Internet ... 432
The Foredeck Restaurant, Bay of Many Coves ... 385
The Hermitage Hotel,
Aoraki/Mount Cook ... 334
The Marlbourough Lodge, Blenheim ... 327
The Mussel Inn, Onekaka ... 387
The Rees Hotel, Queenstown ... 335
The World's Fastest Indian ... 416
Tierbeobachtungen ... 32
Tongariro Alpine Crossing ... 64
Tongariro NP ... 28, 121, 130, 343
Tongariro Northern Circuit ... 80
Totaranui Campground, Abel Tasman NP ... 316
Transitional Cardboard Cathedral, Christchurch ... 256
Transport ... 433
Traumstraßen ... 298
Trounson Kauri Park ... 41, 173
Tunnel Beach ... 61

U

Ungewöhnliche Übernachtungsplätze 318
Unterkünfte 328, 432

V

Versicherungen 428
Viaduct Harbour, Auckland 163
Von Haast, Julius 394

W

Währung 428
Wai-O-Tapu 176
Waiheke Island 162
Waikato 174
Waikato River Trail 141
Waipara Sleepers 327
Waipoua Forest 170
Waipu Cove Beach 51
Wairere Falls 100
Waitakere Ranges 162, 419
Waitangi 171
Waitangi Treaty Grounds 360
Waitomo Caves 181
Wanaka 114, 260
Wasserfälle 92
Wein 372
Wellington 204
• Botanic Garden 210
• Cable Car 214
• Cuba Street 215
• Mount Victoria 212
• NZ Parliament 215
• Oriental Bay 215
• Te Papa Museum 208, 364
• Wellington Museum 214
• Weta Cave 214
• Zealandia Sancturay 41, 213
Wellington Museum, Wellington 214
West Coast 278
Weta Cave, Wellington 214
Whakarewarewa 366
Whakatane 183
Whale Bay 51
Whale Rider 414
Whangamata Beach 50
Whangamomona Hotel 324
Whanganui 201
Whanganui River 200
Whanganui River Road 306
Whangarei Falls 94
Wharariki Beach 54
White Island 104, 130, 182
Willowbank Wildlife Reserve, Christchurch 256
Wintererlebnisse 112
Wohnmobil 429
Woodlyn Park, Otorohanga 326

Z

Zahlungsmittel 428
Zealandia Sancturay, ... Wellington 41, 213
Zeitunterschied 434

Bildnachweis:

21218849@No3 cc by 2.0 S. 316 u | 27614859 @N04 cc by 2.0 S, 121 u | 28628344@N02 cc by 2.0 S. 286 u | 42610811@No5 cc by 2.0 S. 306 o | 67148940@N00 cc by 2.0 S. 222 | 73416633@ N00 cc by 2.0 S. 372 | Abaconda Mgmt Group cc by-sa 2.0 S. 305 | Aidan cc by 2.0 S. 50 u, 218, 243 | AlasdairW cc by-sa 3.0 S. 335 u | Anonymous Dissident cc by 2.0 S. 160 | Anszu cc by-sa 3.0 S. 198/299 | Archives of New Zealand cc by 2.0 S. 360, 402 | Victoria B Assis cc ba-sa 4.0 S. 186 | Avenue cc by-sa 3.0 S. 34, 40 M, 124, 183 o, 342 | Bay of many Coves Lodge S. 328/329, 385 | Michael Becker S. 10 o, 142, 143 | Florain Berger S. 144, 145 | Bille Balle cc by-sa 3.0 S. 345 o | Ruth Bollongino S. 146, 147 | Borvan 53 cc by 2.0 S. 344 o | Botswana Butchery S. 387 u | Brewbooks cc by-sa 2.0 S. 330 | Christian Briggs, glaciercountry.co.nz S. 61 M | Bugie cc by 2.0 S. 174/175, 176 | Joan Campderros-i-Canas cc by 2.0 S. 274 | Canterbury Tourism New Zealand S. 30 u | Canuck85 cc by-sa 3.0 S. 215 M | Phillip Capper cc by 2.0 S. 193 u, 194/195, 225 o, 225 u | Cardrona Hotel S. 322 | Thierry Caro cc by-sa 3.0 S. 110 u | Rick Childs cc by 2.0 S. 345 u | Chiropracticae cc by 2.0. S. 101 o | Chocolate First Café S. 386 u | Cloudsky cc by-sa 3.0 S. 260 | Mike Cogh cc by 2.0 S. 235 u | Constanze.CH cc by 25.0 S. 406 M | Steve&Jern Copley cc by-sa 2.0 S. 50 M | Steve Collis cc by-sa 2.0 S. 86 | Coromandel Legend Photography S. 44 | Mark Croston cc by 2.0 S. 307 M | Crowded House S. 406 u | Ralph Daily cc by 2.0 S. 407 M | Madeleine Deaton cc by 2.0 S. 230 | Diego Delso cc by-sa 3.0 S. 278/279 | Destination Lake Taupo S. 28, 343 | Destination Northland S. 171 | CDOC S. 316 M | Christian Dose S. 10 u, 46, 61 u, 71 M, 78, 130 u, 131 u, 288, 289, 362 | Dschwen cc by-sa 3.0 S. 285 | Alan Duff S. 407 u | Dunedin NZ S. 61 o | Tobias M. Eckrich cc by-sa 4.0 S. 405 | Edwin.11 cc by 2.0 S. 119, 267 o, 280 | Einalem cc by-sa 2.0 S. 365 | Sheila Ellen cc by 2.0 S. 332 | Ruth Ellison cc by 2.0 S. 376 o | Fiordland Tourism NZ S. 68, 70 o | Fleurs Place S. 384 | Flissphil cc by 2.0 S. 220 | Alan Flora cc by 2.0 S. 366 u | Floreana cc by 2.0 S. 90 o | Murray Foubister cc by-sa 2.0 S. 54 | Hazel Fowler cc by 2.0 S. 376 u | Gadfium cc by 2.0 S. 49, 168 | Robyn Gallagher cc by-sa 2.0 S. 192 M | Hector Garcia cc by-sa 2.0 S. 66 | Grey Geezer cc by-sa 4.0 S. 254 | Sam Genas cc by-sa 3.0 S. 81 u | Richard Giddings cc by 2.0 S. 374 | John Gillespie cc by-sa 2.0 S. 376 M | Glenntanner Park Centre Aoraki/Mount Cook S. 317 u | gmoorenator cc by-ND 2.0 S. 91 u | Gobeirne cc by-sa 3.0 S. 92/93 | Ravi Gogna cc by-sa 2.0 S. 60 o | Goldenshears.com S. 224 u | Greymouth Seaside Top 10 S. 317 M | AJ-Hackett-Bungy NZ S. 110 M | Tom Hall cc by 2.0 S. 336/337 | Hamilton & Waikato Tourism S. 181, 182 M, 338 | Hapuku Lodge & Tree House S. 325 | Greg Hergill cc by 2.0 S. 257 | Kristina DC Hoeppner S. 398/399 | Eva Hoetzel S. 11 o, 290, 291 | Hogwartz Backpackers S. 327 o | Chee Hong cc by 2.0 S. 380 | Tzuhsun Hsu cc by-sa 3.0 S. 255 | I, Brucieb cc by-sa 3.0 S. 188 | I, Stevage cc by-sa 3.0 S. 121 M | iTravel NZ cc by 2.0 S. 100 u, 170, 423 | Jackson`s Retreat S. 317 o | Malcolm Jacobson cc by-sa 3.0 S. 265 | Kris Jacques cc by-sa 2.5 S. 234 o | Gérard Janot cc by-sa 3.0 S. 276 u | Neal Jennings cc by-sa 2.0 S. 192 o | John cc by-sa 2.0 S. 267 u | Donnie Ray Jones cc by 2.0 S. 99 | Judemasti 6670850647 cc by 2.0 S. 377 o | Kappa Pi Sigma cc by 2.0 S. 245 u | Kauri Coast Top 10 S. 314 | Karora cc by 2.0 S. 100 M | Johnny Keelty cc by 2.0 S. 316 o, 388/389 | Vlada Kennett cc by-sa 3.0 S. 264 | Kent 3ed cc by-sa 3.0 S. 190 | Kewl cc by 2.0 S. 9 | Killingsoe cc by 2.0 S. 182 o | Kiwi05 cc by-sa 3.0 S. 270 | Michael Klajban cc by-sa 4.0 S. 80 u, 94, 129, 202 M, 224 M, 276 M, 312 | Martin Klug S. 292, 293 | Akos Kokai cc by-sa 2.0 S. 31 o, 304 | Markus Koljonen cc by-sa 3.0 S. 234 M | Kowal 1964 cc by-sa 3.0 S. 91 M | Maksym Kozlenko cc by-sa 3.0 S. 257 u, 320 | Reinhard Kuhfuß S. 422 | Kumara cc by-sa 3.0 S. 344 M | Ulrich Lange cc by-sa 3.0 S. 60 M, 215 u, 324 | Larnach Castle S. 326 u | Pat Leahy cc by-sa 2.0 S. 101 M | Robert Linsdell cc by 2.0 S. 178, 367 u | Logan Brown Restaurant S. 386 o | Lundtoft cc by-sa 3.0 S. 131 M | Sylvain Machefert cc by-sa 3.0 S. 41 u | Thomas Maier S. 131 o | Christian Mairoll cc by-sa 2.5 S. 162 o | Man21 cc by-sa 3.0 S. 82/83 | Manuka Café S. 386 M | Manuka Health S. 368/369 | Matthew 25187 cc by-sa 2.5 S. 141 o | Mattinbgn cc by-sa 3.0 S. 91 o, 244 u | Ronnie Mc Donald cc by-sa 2.0 S. 152/153, 183 M | Jacqui McGowan cc by 2.0 S. 306 u |

Karora Andrew Mc Millan cc by 2.0 S. 202 u | Christian Michel cc by 2.0 S. 282 | Christian Mehlführer cc by-sa 3.0 S. 60 u | Jenny Menzel S. 11 u, 302, 315346, 347 | Sid Mosdell cc by-sa 2.0 S. 41 o | Anon Mouse cc by 2.0 S. 257 M | MSeses cc by-sa 3.0 S. 30 M, 20, o287 u, 300, 307 u | Matthias Müller S. 348, 349 | Museum Art Hotel S. 335 M | Museum Wellington cc by-sa 3.0 S. 214 u | Mussel Inn S. 377/378, 387 o | NOAA NMFS cc by 2.0 S. 39 | NorthlandNZ.com S. 51 M, 51 u, 164/165, 166, 172 o, 172 u, 173 o, 173 M, 173 u | Ohau Snowfields S. 120 o | Olaf cc by 2.0 S. 377 u | Otago Daily Times S. 404 | Jesse Palmer cc by-sa 2.0 S. 287 o | Jeffrey Pang cc by-sa 2.0 S. 64 | Pear285 cc by-sa 4.0 S. 210, 250 | Philliecasablanca cc by 2.0 S. 387 M | Guillaume Piolle cc by 2.0 S. 130 M | Portengeraud cc by 2.0 S. 308/309 | Possumgirl cc by-sa 2.0 S. 203 M | Jason Pratt cc by 2.0 S. 258/259 | Pseudopanax cc by 2.0. S. 31 u, 52/53, 56, 76, 80 M, 88, 96, 98, 100 o, 140 u, 226/227, 230, 245 o, 266 o, 266 M, 272, 284, 286 o, 286 M, 310 | Public domain S. 390, 392, 394, 395, 396 M, 396 u, 397 M, 397 u | Steve Punter cc by-sa 2.0 S. 396 o | RalphJD cc by 2.0 S. 333 | Eva Rinaldi cc by-sa 2.0 S. 406 o | Rfleming cc by 2.0 S. 130 o | Rotorua Tourism New Zealand . 40 u | Oren Rozen cc by-sa 3.0 S. 24, 32/33, 59, 128, 344 u | Oliver Rube S. 12 o | russellstreet cc by-sa 2.0 S. 202 o, 242 | Sabine's Sunbird cc by-sa 3.0 S. 36 | Sarang cc by 2.0 S. 377 M | Andrea Schaffer cc by 2.0 S. 228, 240 | Julia Schoon S. 350, 351 | Schwede66 cc by-sa 3.0 S. 141 u, 235 o, 256 o, 352/353, 367 M | Sean. Koo cc by 2.0 S. 407 o | Shinythings cc by 2.0 S. 358/359 | Sids 1 cc by 2.0 S. 367 o | Simon_see cc by 2.0 S. 382 | Sir Peter Blake Trust S. 397 o | Skihanmer.co.nz S. 120 u | Sozmark17 cc by 2.0 S. 163 u | Björn Spreitzer S. 12 u, S. 418, 419 | staggnz cc by-ND 2.0 S. 74 | Stamford Plaza Auckland S. 334 o | Stuartyeates cc by-sa 3.0 s. 224 o | Superchilum cc by-sa 4.0 S. 252, 256 u | Monique Surges S. 13 o | Szilas cc by 2.0 S. 158, 246/247 | Te Anau Glowworm Caves S. 277 o | Te Waonui Forest Retreat S. 331 | The Marlborough Lodge S. 327 u | The Rees Hotel S. 335 o | Chris Thompson cc by-sa 2.0 S. 183 u | Scott Thompson cc by-sa 2.0 S. 41 M | Thuroize cc by-sa 4.0 S. 408/409 | Tipi Forest Raglan S. 326 M | Tip Top New Zealand S. 375 | TNZ Cover, S. 90 M, 106, 138, 156, 184/185, 200 | TNZ Paul Abbitt S. 62 | TNZ Julian Apse S. 30 o, 42/43, 101 u, 116, 120 M, 162 M, 162 u, 163 o, 223, 238, 245 M, 256 M, 345 M | TNZ Destination Manawatu S. 203 u | TNZ Destination Lake Taupo S. 108 | TNZ Gareth Eyres S. 118 | TNZ Jay French S. 111 o | TNZ Blaine Harrington S. 71 u | TNZ Hedgehoghouse.com S. 89, 136 | TNZ James Heremia S. 110 o | TNZ Mike Heydon S. 80 o, 140 o, 216/217, 225 M, 234 u | TNZ Miles Holden S. 70 M, 70 u, 72/73, 126, 132/133, 134, 236/237, 244 M, 275, 276 o | TNZ Lake Wanaka Tourism S. 112/113 | TNZ Sven Martin S. 139 | TNZ Bob McCree S. 180 | TNZ Dean McKenzie S. 141 M | TNZ Chris McLennan S. 31 M, 50 o, 81 M, 90 u, 148/149, 193 o | TNZ NZONE The Ultimate Jump S. 102/103 | TNZ Pure Cruise S. 111 u | TNZ Camilla Rutherford S. 51 o, 71 o | TNZ Ray Sheldrake S. 193 M | TNZ Shotoverjet Queenstown S. 111 M | TNZ Chris Sisarich S. 104 | TNZ Small World Production S. 266 u | TNZ Southern Lakes Helicopters S. 122/123 | TNZ Chris Stephenson S. 40 o, S. 434/435 | TNZ Rob Suisted S. 18/19, 29, 38, 182 u, 198, 212, 233, 340 | TNZ Te Papa Museum . 204/205, 208 | TNZ Tourism Eastland Inc. 192 u, 366 M | TNZ Ian Trafford S. 22/23, 191, 214 o | TNZ Unlimited NZ S. 244 o | TNZ Scott Venning S. 48 | TNZ The Venture Souhtland S. 58, 81 o, 277 M, 277 u | TNZ David Wall S. 84, 262, 267 M | TNZ Weta Workshops S. 214 M | TNZ Ivor Wilkins S. 235 M | TNZ Martyn Williams S. 114 | TravelEssence S. 354, 355 | Markus Triebel S. 15 | Uploader cc by 2.0 S. 140 M, 161, 163 M | UserBgabel cc by-sa 3.0 S. 287 M, 334 u | Vallausa cc by 2.0 S. 69 | VillaK cc by-sa 4.0 S. 196 | Johannes Vogel cc by sa-3.0 S. 268/269 | VolvoB 12 b cc by 2.0 S. 109, 294/295, 334 M | Daniel Vorndran cc by-sa 4.0 S. 307 o | Alasdair W cc by-sa 3.0 S. 79 | Waipara Sleepers S. 327 M | Mike Walen cc by-sa 3.0 S. 400 | Andreas Walter S. 13 u, 318/319, 326 o, 364 | WellingtonNZ.com S. 213, 215 o | Jenny Whiting NZ cc by 2.0 S. 172 M | Ang Wichham cc by-sa 2.0 S. 201 | Les Williams Photography cc by 2.0 S. 306 M | Wirths PR S. 370 | www.freephotogallery.info cc by-sa 3.0 S. 121 o | Petra und Gerhard Zwerger-Schoner S. 366 o, 420, 421

DANKE

Der besondere Dank des Autors gilt den vielen Neuseeland-Fans, die auf Facebook an diesem Buch mitgewirkt haben, sowie unserer fachkundigen Jury, die unsere Umfrageergebnisse kritisch geprüft hat. So konnten Autor und Verlag einen einzigartigen Erfahrungsschatz zusammentragen.

Der Dank des Autoren gilt überdies auch dem Verlag 360° medien in Mettmann sowie seiner Familie und Freunden, die ihn ebenso kritisch wie motivierend begleitet haben – namentlich vor allem Jutta & Klaus-Michael Dose, Christine & Andreas Walter, Elvira & Dieter Wolff, Carolin Gerstenmeier sowie Marlene Raddatz, Jörg Lenz, Björn Mehrmann, Matthias Kasper und Karin & Olaf Czirr.

Christian Dose

Notizen